Die wirtschaftliche Risikoverteilung bei Architektenverträgen unter besonderer Berücksichtigung der Kostendeckelung

Marem-Lisa Athie

Die wirtschaftliche Risikoverteilung bei Architektenverträgen unter besonderer Berücksichtigung der Kostendeckelung

Springer

Marem-Lisa Athie
Heinrich-Heine-Universität
Düsseldorf, Deutschland

Zugl. Dissertation, Juristische Fakultät der Heinrich-Heine-Universität, 2024

ISBN 978-3-658-46944-3 ISBN 978-3-658-46945-0 (eBook)
https://doi.org/10.1007/978-3-658-46945-0

Die Deutsche Nationalbibliothek verzeichnet diese Publikation in der Deutschen Nationalbibliografie; detaillierte bibliografische Daten sind im Internet über https://portal.dnb.de abrufbar.

Planung/Lektorat: Karina Kowatsch
Springer ist ein Imprint der eingetragenen Gesellschaft Springer Fachmedien Wiesbaden GmbH und ist ein Teil von Springer Nature.
Die Anschrift der Gesellschaft ist: Abraham-Lincoln-Str. 46, 65189 Wiesbaden, Germany

Vorwort

Die vorliegende Arbeit wurde im Sommersemester 2022 an der Juristischen Fakultät der Heinrich-Heine-Universität Düsseldorf als Dissertationsschrift angenommen. Rechtsprechung und Literatur konnten bis einschließlich Mai 2022 berücksichtigt werden.

Besonderer Dank gilt meinem Doktorvater, Herr Prof. Dr. Jan Busche, welcher meine Arbeit mit wertvollen Anregungen begleitet hat. Bedanken möchte ich mich auch für knapp acht Jahre studentische und wissenschaftliche Mitarbeit an seinem Lehrstuhl, die mich juristisch und persönlich sehr geprägt haben.

Für die Erstellung des Zweitgutachtens danke ich Herrn Prof. Dr. Dirk Looschelders.

Für inhaltliche und formale Auseinandersetzung mit der Untersuchung danke ich Frau Henrike Camphausen, Frau Theresa Lühnen, Herrn Dr. Mathias Bähr, Herrn Dr. Tom Langerhans und Herrn Dr. Tobias Lantwin. Für die emotionale Unterstützung danke ich Herrn Thomas Hanneken. Danken möchte ich auch dem gesamten Team des Lehrstuhls von Herrn Prof. Dr. Busche, welches mich im Rahmen meiner Dissertation und meines gesamten Studiums stets mit gutem Rat und lieben Worten begleitet hat.

Mein größter Dank gilt meinen Eltern Frau Ute Erkelenz-Athie und Herrn Mohamed Athie, denen ich diese Arbeit widme. Ich konnte immer auf ihre Unterstützung zählen und ohne ihren Beistand wäre diese Arbeit nicht möglich gewesen.

Marem-Lisa Athie

Inhaltsverzeichnis

Abkürzungsverzeichnis

a. A.	andere Ansicht
ABKG	Berliner Architekten- und Baukammerngesetz
Abs.	Absatz
AGG	Allgemeines Gleichbehandlungsgesetz
AllgPersönlR	Allgemeines Persönlichkeitsrecht
Alt.	Alternative
Anh	Anhang
Anm.	Anmerkung
ArchG BW	Architektengesetz Baden-Württemberg
ArchG RP	Architektengesetz Rheinland-Pfalz
ArchIngG M-V	Architekten- und Ingenieurgesetz Mecklenburg-Vorpommern
ArchIngKG	Architekten- und Ingenieurkammergesetz
ArchtG-LSA	Architektengesetz des Landes Sachsen-Anhalt
ARGE	Arbeitsgemeinschaft/Planungsgemeinschaft
Art.	Artikel
AT	Allgemeiner Teil
BauFordSiG	Bauforderungssicherungsgesetz
BauKaG NRW	Baukammerngesetz Nordrhein-Westphalen
BauR	Baurecht, Zeitschrift für das gesamte öffentliche und zivile Baurecht
BauVG	Bauvertragsgesetz
BayArchG	Bayrisches Architektengesetz
BB	Betriebs-Berater

Bd.	Band
BDA	Bund deutscher Architekten
BeckOF-Baurecht	Beck'sche Online-Formulare Baurecht
BeckOGK-BGB	beck-online.GROSSKOMMENTAR zum Bürgerlichen Gesetzbuch
BeckOK-BauO Nds	Beck'scher Online-Kommentar zur Niedersächsischen Bauordnung
BeckOK-BauvertragsR	Beck'scher Online-Kommentar zum Bauvertragsrecht
BeckOK-BGB	Beck'scher Online-Kommentar zum Bürgerlichen Gesetzbuch
BeckOK-Grundgesetz	Beck'scher Online-Kommentar zum Grundgesetz
BeckOK-ZPO	Beck'scher Online-Kommentar zur Zivilprozessordnung
BeckRS	Beck-Rechtsprechung
BeckVOB	Beck'scher VOB-Kommentar, Vergabe- und Vertragsordnung für Bauleistungen
Begr.	Begründer
BGB	Bürgerliches Gesetzbuch
BGH	Bundesgerichtshof
BGHZ	Amtliche Sammlung der Entscheidungen des Bundesgerichtshofes in Zivilsachen
BrBp	Baurecht und Baupraxis
BremArchG	Bremisches Architektengesetz
BR-Drucks.	Bundesrat-Drucksache
BRR/Arch	Besondere Bedingungen und Risikobeschreibungen für die Berufshaftpflichtversicherung von Architekten, Bauingenieuren und Beratenden Ingenieuren – Musterbedingungen des GDV
BT-Drucks.	Bundestags-Drucksache
BverwG	Bundesverwaltungsgericht
bzw.	beziehungsweise
ca.	circa
DAB	Deutsches Architektenblatt
DIN	Deutsches Institut für Normung e.V.
DIN 276	DIN-Norm zur Kostenplanung im Bauwesen
DM	Deutsche Mark
DS	Der Sachverständige
DWDS	Digitales Wörterbuch der deutschen Sprache
epoc	Das Magazin für Archäologie und Geschichte

et al.	und andere
etc.	et cetera
e. V.	eingetragener Verein
EU	Europäische Union
EuErbVO	Verordnung (EU) Nr. 650/2012 des europäischen Parlaments und des Rates vom 4. Juli 2012 über die Zuständigkeit, das anzuwendende Recht, die Anerkennung und Vollstreckung von Entscheidungen und die Annahme und Vollstreckung öffentlicher Urkunden in Erbsachen sowie zur Einführung eines Europäischen Nachlasszeugnisses
EuGH	Europäischer Gerichtshof
EuUnthVO	Verordnung (EG) Nr. 4/2009 des Rates vom 18. Dezember 2008 über die Zuständigkeit, das anwendbare Recht, die Anerkennung und Vollstreckung von Entscheidungen und die Zusammenarbeit in Unterhaltssachen
EuZW	Europäische Zeitschrift für Wirtschaftsrecht
f.	folgende(r)
ff.	fortfolgende(r)
Fn.	Fußnote
FS	Festschrift
GE	Das Grundeigentum – Zeitschrift für die gesamte Grundstücks-, Haus- und Wohnungswirtschaft
gem.	gemäß
GDV	Gesamtverband der Deutschen Versicherungswirtschaft e.V.
GG	Grundgesetz
ggfs.	gegebenenfalls
HASG	Hessisches Architekten- und Stadtplanergesetz
h. M.	herrschende Meinung
HmbArchtG	Hamburgisches Architektengesetz
HOAI	Honorarordnung für Architekten und Ingenieure
Hrsg.	Herausgeber
HuntProt	Haager Unterhaltsprotokoll
IBR	Zeitschrift für Immobilien- und Baurecht
incl.	inclusive
IngAlG	Ingenieur- und Architektenleistungengesetz
insbes.	insbesondere

i. S. d.	im Sinne des
i. S. v.	im Sinne von
i. V. m.	in Verbindung mit
jurisPK	juris Praxiskommentar
JuS	Juristische Schulung
KG	Kammergericht
LG	Landgericht
lit.	Buchstabe
LPH	Leistungsphase
Lw	Landwirtschaftssachen
max.	maximal
MDR	Monatsschrift für Deutsches Recht
Mio.	Millionen
MüKo-BGB	Münchener Kommentar zum Bürgerlichen Gesetzbuch
MwSt	Mehrwertsteuer
NArchtG	Niedersächsisches Architektengesetz
NJOZ	Neue Juristische Online-Zeitschrift
NJW	Neue Juristische Wochenschrift
NJW-RR	Neue Juristische Wochenschrift – Rechtsprechungsreport
NJW-Spezial	Neue Juristische Wochenschrift – Spezial
Nr.	Nummer
NVwZ	Neue Zeitschrift für Verwaltungsrecht
NZBau	Neue Zeitschrift für Baurecht und Vergaberecht
NZM	Neue Zeitschrift für Miet- und Wohnungsrecht
o. ä.	oder ähnliches
OLG	Oberlandesgericht
ProstG	Prostitutionsgesetz
Rn.	Randnummer
Rom-I-VO	Verordnung (EG) Nr. 593/2008 des Europäischen Parlaments und des Rates vom 17. Juni 2008 über das auf vertragliche Schuldverhältnisse anzuwendende Recht
Rom-II-VO	Verordnung (EG) Nr. 864/2007 des Europäischen Parlaments und des Rates vom 11. Juli 2007 über das auf außervertragliche Schuldverhältnisse anzuwendende Recht

Rom-III-VO	Verordnung (EU) Nr. 1259/2010 des Rates vom 20. Dezember 2010 zur Durchführung einer Verstärkten Zusammenarbeit im Bereich des auf die Ehescheidung und Trennung ohne Auflösung des Ehebandes anzuwendenden Rechts
S.	Seite; Satz
SächsArchG	Sächsisches Architektengesetz
SAIG	Saarländisches Architekten- und Ingenieurkammergesetz
sog.	sogenannte(r)
spol. s. r. o	Spoločnosť s ručením obmedzeným
Syst	Systematische Darstellung
ThürAIKG	Thüringer Architekten- und Ingenieurkammergesetz
u. a.	unter anderem
v. Chr.	vor Christus
verb.RS	verbundene Rechtssache
vgl.	vergleiche
VOB/B	Vergabe- und Vertragsordnung für Bauleistungen – Teil B
Vor	Vorbemerkungen
WPM	Wertpapiermitteilungen
z. B.	zum Beispiel
ZfBR	Zeitschrift für deutsches und internationales Baurecht
Ziff.	Ziffer
zit.	zitiert

1 Einleitung

Ein Bauvorhaben birgt in der Regel für alle Baubeteiligten Risiken, wobei insbesondere der Bauherr[1] ein nicht unerhebliches wirtschaftliches Risiko für das Bauvorhaben übernimmt. Um seine wirtschaftlichen Interessen zu schützen, möchte der Bauherr die Baukosten deckeln. Zu diesem Zwecke stehen ihm verschiedene Möglichkeiten zur Verfügung. Architektenverträge enthalten aus diesem Grund regelmäßig die Vereinbarung einer Kostendeckelung. Ziel der Kostendeckelung ist die Verpflichtung des Architekten, seine Leistung innerhalb eines bestimmten wirtschaftlichen Rahmens zu erbringen, welcher nicht überschritten werden soll.[2] Der Architekt ist zwar auch ohne die Vereinbarung einer Kostendeckelung bei der Planung eines Bauvorhabens zur Berücksichtigung der wirtschaftlichen Bedürfnisse und Vorgaben des Auftraggebers verpflichtet,[3] mit der Vereinbarung einer Kostendeckelung besteht für den Bauherren jedoch die Möglichkeit, das finanzielle Risiko des Bauvorhabens für sich weitergehend zu reduzieren, indem er den Architekten an die Einhaltung eines bestimmten Betrages binden kann. Durch die Vereinbarung einer Kostendeckelung kann der Bauherr sein persönliches wirtschaftliches Risiko folglich reduzieren, während das Risiko für den Architekten steigt.

Mit der Kostendeckelung gehen jedoch einige Unsicherheiten einher, insbesondere stellt sich dabei regelmäßig die Frage, welche Rechtsnatur sie haben soll.

---

[1] In der folgenden Arbeit wird aus Gründen der besseren Lesbarkeit im Text verallgemeinernd das generische Maskulinum verwendet. Sämtliche Personenbezeichnungen gelten gleichermaßen für alle Geschlechter.

[2] *Kuhn*, in: Thode/Wirth/Kuffer, § 13 Haftung im Kostenbereich Rn. 2.

[3] *Bernhard*, in: BeckOGK-BGB, § 650p BGB (Stand: 15.05.2022) Rn. 127; *Kehrberg*, in: Die Haftung des Architekten, Kapitel L Rn. 6.

M.-L. Athie, *Die wirtschaftliche Risikoverteilung bei Architektenverträgen unter besonderer Berücksichtigung der Kostendeckelung*,
https://doi.org/10.1007/978-3-658-46945-0_1

Dies hat weitreichende Auswirkungen auf die wirtschaftliche Risikoverteilung, da sich je nach Rechtsnatur sehr unterschiedliche Rechtsfolgen für die Überschreitung der Kostendeckelung ergeben.[4] Die unterschiedlichen Sachverhalte sind dabei jedoch nicht immer eindeutig, sodass es einer genauen Untersuchung des jeweiligen Einzelfalles bedarf.

In der Rechtsprechung finden sich einige Beispiele für solche unklar formulierten Kostendeckelungen, die einer Überprüfung bedürfen – so zum Beispiel in dem am 02.05.2007 durch das OLG Frankfurt entschiedenen Sachverhalt.[5] Dem Sachverhalt lag insbesondere ein Schriftstück mit folgendem Inhalt zugrunde:

> *„(Kostengruppe 100 bis 700)*
>
> *Baukosten incl. Grundstück*
>
> *max. 3.500.000,- DM Brutto*
>
> *Dadurch Honorarerhöhung*
>
> *Von Brutto 20.000,- DM*
>
> *(= 195.000,- DM Gesamthonorar)*
>
> *Bei Baukostenminderung von*
>
> *Je 100.000,- DM erfolgt ein*
>
> *Honorarbonus von 10.000,- DM*
>
> *Incl. 16 % MwSt.“*[6]

Dieses Schriftstück wurde im Rahmen eines Gesprächs zwischen dem Bauherren und dem Architekten erstellt. Zwischen den Parteien bestand jedoch Uneinigkeit darüber, ob es sich sowohl bei dem Gespräch als auch bei dem dargelegten Schriftstück um die Vereinbarung einer Kostendeckelung in Höhe von 3,5 Mio. DM drehte oder lediglich um eine Bezugsgröße für die Honorarvereinbarung des Architekten. Weder der Sachverhalt noch die Kostenvereinbarung selbst waren diesbezüglich eindeutig, sodass es einer Auslegung der Vereinbarung und aller mit ihr einhergehenden, relevanten Umstände bedarf, um die Rechtsnatur

---

[4] *Kuhn*, in: Thode/Wirth/Kuffer, § 13 Haftung im Kostenbereich Rn. 2; vgl. *Zahn*, in: Locher/Koeble/Frik, Einleitung Rn. 285.

[5] Ausführlich zu dem Sachverhalt siehe OLG Frankfurt, Urteil vom 02.05.2007, 3 U 211/06 BeckRS 2011, 24415.

[6] LG Gießen, Urteil vom 21.07.2006, 3 O 203/05 (nicht veröffentlicht) S. 4.

der Kostendeckelung zu bestimmen. Dafür soll nachfolgend eine entsprechende Untersuchungsmethode entwickelt werden.

Bevor jedoch eine solche Untersuchungsmethode entworfen wird, muss die wirtschaftliche Risikoverteilung im Rahmen von Architektenverträgen allgemein untersucht werden. Dafür bedarf es zunächst einer Betrachtung aller Baubeteiligten. Der zentrale Akteur des Bauvorhabens ist eigentlich der Bauherr, da sich nach seinen Vorstellungen und Interessen das gesamte Bauvorhaben richtet. Grundsätzlich bestimmt er also Inhalt und Umfang des Bauvorhabens. Der Architekt ist jedoch der Experte auf dem Gebiet und hilft dem Bauherren bei der Umsetzung seiner Wünsche. Im Fokus der Untersuchung steht daher der Architekt. Die Arbeit beginnt dementsprechend auch mit Ausführungen zu ihm als Baubeteiligten. Außerdem setzt sie sich mit den Verhältnissen der jeweiligen Baubeteiligten mit dem Architekten auseinander.

Darauf folgt eine Auseinandersetzung mit der Einführung des Architektenvertrages in das Bürgerliche Gesetzbuch. Insbesondere wird auf die unterschiedlichen Inhalte eingegangen, die einem Architektenvertrag zugrunde liegen können. Auch daraus können sich interessante Erwägungen im Hinblick auf die grundsätzliche wirtschaftliche Risikoverteilung bei Architektenverträgen ergeben.

Daraufhin befasst sich die Untersuchung mit der Kostendeckelung und wie diese von anderen Arten der Kostenvereinbarung abgegrenzt wird. Zudem setzt sie sich mit den unterschiedlichen Rechtsnaturen einer Kostendeckelung auseinander und damit, welche Rechtsfolgen sich jeweils aus einer Überschreitung ergeben können. Anschließend hat die Ausarbeitung zum Ziel eine Methode zu entwickeln, wie die Rechtsnatur einer Kostendeckelung bestimmt werden kann. Die Ausarbeitung beleuchtet dafür alle für die Auslegung der Kostendeckelung relevanten Faktoren. Diese Untersuchungsmethode wird sodann auf ausgewählte Rechtsprechung angewendet. Das dadurch erlangte Ergebnis ist dann mit den Ergebnissen der Gerichte abzugleichen.

Die Baubeteiligten 2

Bei den Baubeteiligten ist zwischen dem Architekten selbst, dem Bauherren, den Sonderfachleuten und dem Unternehmer zu unterscheiden.[1]

2.1 Der Architekt

2.1.1 Der klassische Architektenbegriff

In Literatur und Rechtsprechung findet sich bisher keine einheitliche Definition des Architektenbegriffes. Es bestehen insgesamt zahlreiche Möglichkeiten sich der Bedeutung des Architektenbegriffes anzunähern und seinen tatsächlichen Inhalt zu erfassen. Zunächst kann vorliegend eine an landes- und bundesrechtliche Normen anknüpfende Betrachtung vorgenommen werden. Neben diese rechtlich basierte Untersuchung treten dann noch allgemeine Betrachtungen des Architektenbegriffs.

2.1.1.1 Landesrechtliche Regelungen

Möglicherweise könnte zunächst ein Blick in landesrechtliche Architektengesetze bei der Begriffsbestimmung Abhilfe schaffen. Es findet sich dort zunächst keine Definition des Architektenbegriffes, allerdings gibt es Regelungen bezüglich seiner Aufgaben. Letztendlich stellt der Architektenberuf einen Beruf dar, welcher sich vor Allem über die von dem Architekten ausgeübten Tätigkeiten definieren

[1] *Schrammel*, Die Werkaufgabe des Architekten in Abgrenzung zu den anderen Baubeteiligten, S. 23.

M.-L. Athie, *Die wirtschaftliche Risikoverteilung bei Architektenverträgen unter besonderer Berücksichtigung der Kostendeckelung*,
https://doi.org/10.1007/978-3-658-46945-0_2

lässt.[2] Ein Blick auf die von Architekten nach den landesrechtlichen Architektengesetzen ausgeübten Tätigkeiten könnte daher Rückschlüsse auf eine Definition des Architektenbegriffes ermöglichen.

In § 1 Abs. 1 Baukammerngesetz NRW (BauKaG NRW) wird beispielsweise folgendes geregelt:

„Berufsaufgabe der Architekten und Architektinnen ist die gestaltende, technische, energetische, wirtschaftliche, ökologische und soziale Planung von Bauwerken.“

Die Tätigkeit des Architekten wird daher durch viele unterschiedliche Planungselemente charakterisiert. Für die Planung von Bauwerken sind demnach gestaltende, technische, energetische, wirtschaftliche, ökologische und soziale Planungselemente von Bedeutung.

An dieser Stelle darf jedoch nicht unberücksichtigt bleiben, dass es sich lediglich um eine landesrechtliche Regelung handelt. In den einschlägigen Gesetzen der anderen Bundesländer[3] finden sich zwar vergleichbare Regelungen, trotzdem mangelt es an einer einheitlichen, bundesländerübergreifenden Regelung zum Architektenbegriff. Dies mag wohl daran liegen, dass den Landesgesetzgebern hier keine Gesetzgebungskompetenz zuteil wird.[4]

2.1.1.2 Bundesrechtliche Regelungen

Auch mit der Einführung des neuen Bau- und Architektenrechts zum 01.01.2018[5] wurde der Begriff des Architekten nicht durch den Gesetzgeber legal definiert und es wurde im Übrigen auch keine einheitliche Definition des Architektenbegriffes entwickelt. § 650p Abs. 1, 2 BGB definieren jedoch die vertragstypischen Pflichten des Architekten und damit seinen Aufgabenbereich.

---

[2] So auch *Neuenfeld*, in: Handbuch des Architektenrechts, Teil 1 Rn. 17.

[3] Vgl. zu den Aufgaben des Architekten: § 1 Abs. 1 ArchG BW (Baden-Württemberg); Art. 1 Abs. 1 BayArchG Bayern (Bayern); § 1 Abs. 1 ABKG Berlin (Berlin); § 1 Abs. 1 BremArchG (Bremen); § 1 Abs. 1 Nr. 1 HmbArchtG (Hamburg); § 2 Abs. 1 Nr. 1 HASG (Hessen); § 1 Abs. 1 ArchIngG M-V (Mecklenburg-Vorpommern); § 2 Abs. 1 NArchtG (Niedersachsen); § 1 Abs. 1 ArchG RP (Rheinland-Pfalz); § 1 Abs. 1 SAIG (Saarland); § 2 Abs. 1 SächsArchG (Sachsen); § 1 Abs. 1 Nr. 1 ArchtG-LSA (Sachsen-Anhalt); § 1 Abs. 1 Nr. 1 ArchIngKG (Schleswig-Holstein); § 1 Abs. 1 ThürAIKG (Thüringen).

[4] Vgl. *Seiler*, in: BeckOK Grundgesetz, Art. 70 GG (Stand: 15.08.2021) Rn. 25; *Kment*, in: Jarass/Pieroth, Art. 70 GG Rn. 70, da den Bundesländern immer dann eine Gesetzgebungskompetenz zuteil wird, wenn das Grundgesetz keine Gesetzgebungskompetenz des Bundes begründet.

[5] BT-Drucks. 18/8486.

2.1.1.2.1 § 650p Abs. 1 BGB

Der Aufgabenbereich des Architekten erstreckt sich gemäß § 650p Abs. 1 BGB auf eine Planungs- und Überwachungsfunktion. Die Parteien haben zunächst eine Vereinbarung über die wesentlichen Planungs- und Überwachungsziele zu treffen. Solche Planungs- und Überwachungsziele können beispielsweise die Art des Daches, die Anzahl der Dachgeschosse oder ähnliche grundlegende Fragen der Planung sein.[6] Um diese Ziele zu erreichen, hat der Architekt gemäß § 650p Abs. 1 BGB dann die entsprechend notwendigen Planungs- und Überwachungsleistungen zu erbringen.

Mit der Übernahme der Aufgabe der Bauplanung hat der Architekt eine mangelfreie, funktionstaugliche und dauerhaft genehmigungsfähige Planung zu leisten.[7]

Die Bauüberwachung meint daneben die Verwirklichung eines plangerechten und mangelfreien Werkes.[8] Der Architekt ist im Rahmen dessen dazu verpflichtet, die Mangelfreiheit des von Dritten, in der Regel also von Bauunternehmern, errichteten Werkes zu überwachen, über die Ursachen sichtbar gewordener Mängel aufzuklären und nicht zuletzt den Bauherren darüber zu informieren.[9]

Sowohl Planung als auch Überwachung müssen sich grundsätzlich durch ihren gestaltenden Charakter auszeichnen, damit sie dem Architektenrecht unterfallen.[10]

§ 650p Abs. 1 BGB selbst konkretisiert die Planungs- und Überwachungsleistungen nicht weiter, da der Gesetzgeber auf die individuellen Parteivereinbarungen abstellt.[11]

In der HOAI werden die in der Regel zu erbringenden Leistungsbilder und Leistungsphasen eines Architektenvertrages jedoch dargelegt, ohne dass diese ohne weiteres Zutun verbindlich sind.[12] Bei der HOAI handelt es sich um eine Gebührenordnung und damit um reines Preisrecht, sodass dort keine dispositiven

---

[6] *Stelzner*, in: jurisPK, § 650p BGB Rn. 64.

[7] *Busche*, in: MüKo-BGB, § 650p BGB Rn. 25.

[8] *Stelzner*, in: jurisPK, § 650p BGB Rn. 63; *Busche*, in: MüKo-BGB, § 650p BGB Rn. 27.

[9] *Busche*, in: MüKo-BGB, § 650p BGB Rn. 28.

[10] Vgl. BT-Drucks. 18/8486, S. 66; BR-Drucks. 123/16, S. 73.

[11] *Schwenker/Wessel*, in: Messerschmidt/Voit, § 650p BGB Rn. 11.

[12] *Schwenker/Wessel*, in: Messerschmidt/Voit, § 650p BGB Rn. 11.

Vertragsinhalte geregelt werden.[13] Entsprechend wurde aus rechtssystematischen Gründen ein Verweis des Gesetzgebers im Rahmen der Beschreibung der Planungs- und Überwachungsziele auf die HOAI unterlassen.[14] Die Vertragsinhalte sollen sich vielmehr allein aus dem Architektenvertrag nach Maßgabe der Regelungen des BGB und den getroffenen Inhalten ergeben.[15] Es besteht seitens der Vertragsparteien jedoch die Möglichkeit, die Leistungsphasen der HOAI schuldrechtlich zu transformieren.[16] Die vertraglichen Vereinbarungen orientieren sich dann an den Leistungsphasen der HOAI.[17]

Im Folgenden soll ein Blick auf die Leistungsphasen der HOAI geworfen werden, auch wenn sie nicht zwingend Inhalt eines Architektenvertrages sind. Sie bieten jedenfalls einen ersten Anhaltspunkt, um einen Überblick über die Aufgaben eines Architekten bei der Planung eines Bauwerkes zu erlangen. § 34 Abs. 3 HOAI umschreibt das Leistungsbild für Gebäude und Innenräume und unterteilt das Leistungsbild hierbei in die folgenden neun Leistungsphasen:

Leistungsphase 1	Grundlagenermittlung
Leistungsphase 2	Vorplanung
Leistungsphase 3	Entwurfsplanung
Leistungsphase 4	Genehmigungsplanung
Leistungsphase 5	Ausführungsplanung
Leistungsphase 6	Vorbereitung der Vergabe
Leistungsphase 7	Mitwirkung bei der Vergabe
Leistungsphase 8	Objektüberwachung – Bauüberwachung und Dokumentation
Leistungsphase 9	Objektbetreuung

---

[13] BGH, Urteil vom 22.10.1998, VII ZR 91/97 NJW 1999, 427 (= BauR 1999, 187); BGH, Urteil vom 24.10.1996, VII ZR 283/95 BGHZ 133, 399 (= NJW 1997, 586); *Motzke*, BauR 1999, 1251, 1261.

[14] BT-Drucks. 18/8486, S. 68; *Schwenker/Wessel*, in: Messerschmidt/Voit, § 650p BGB Rn. 11.

[15] BGH, Urteil vom 24.10.1996, VII ZR 283/95 BGHZ 133, 399 (= NJW 1997, 586); vgl. *Bernhard*, in: BeckOGK-BGB, § 650p BGB (Stand: 15.05.2022) Rn. 64.

[16] *Schmalzl/Lauer/Wurm*, Haftung des Architekten und Bauunternehmers, Rn. 491; vgl. *Bernhard*, in: BeckOGK-BGB, § 650p BGB (Stand: 15.05.2022) Rn. 64.

[17] BGH, Urteil vom 24.06.2004, VII ZR 259/02 BGHZ 159, 376, 382 (= NJW 2004, 2588); *Bernhard*, in: BeckOGK-BGB, § 650p BGB (Stand: 15.05.2022) Rn. 64; *Seifert*, in: FS Motzke, S. 393, 401.

Hieraus wird bereits deutlich, dass das Leistungsbild eines Architekten sehr umfangreich und vielfältig ist.[18] Durch die wachsende Komplexität der Aufgaben – was sich beispielsweise auf Belange des Umweltschutzes und Energiebedarfs zurückführen lässt[19] oder auf die vermehrt vorkommenden Großprojekte im Wohnungs- und Industriebau sowie in der Infrastruktur[20] – wird die Einschaltung von Sonderfachleuten immer öfter notwendig, sodass das Aufgabenfeld des Architekten zunehmend von den ursprünglich charakteristischen Leistungen eines Architekten wegrückt.[21] Anfänglich wurden insbesondere die Planung des Bauobjektes, die Vorbereitung der Vergabe von Bauleistungen und das Mitwirken bei der Vergabe sowie die Überwachung der Ausführung des Objektes als Aufgaben des Architekten charakterisiert.[22] Aufgrund der Vielzahl und Komplexität seiner Aufgaben gehört mittlerweile auch die Koordinierungspflicht zum normalen Leistungsbild des Architekten.[23]

2.1.1.2.2 § 650p Abs. 2 BGB

Gemäß § 650p Abs. 2 BGB ist der Architekt für die Erstellung von Planungsunterlagen und einer Kosteneinschätzung zuständig, wenn es an einer Einigung über alle wesentlichen Planungs- und Überwachungsziele mangelt. In dieser Phase wird zunächst die Erstellung einer Planungsgrundlage gefordert – auch erste Skizze oder Beschreibung genannt[24] – auf welche die Planung dann aufbauen kann.[25] Der Gesetzgeber wählte hier bewusst das Wort „*Planungsgrundlage*“, um zu verdeutlichen, dass es gerade nicht um die Planung selbst geht.[26] Die Anforderungen an die Planungsgrundlage als sogenannte erste Skizze sind entsprechend geringer und die Planungsgrundlage steht hinter dem Begriff der „*Planung*“ zurück.[27]

---

[18] *Schrammel*, Die Werkaufgabe des Architekten in Abgrenzung zu den anderen Baubeteiligten, S. 29.

[19] *Kemper*, Architekten und Ingenieure als Generalplaner, S. 9.

[20] *Kemper/Demko*, DAB 1999, 658.

[21] *Kemper/Demko*, DAB 1999, 658.

[22] *Schmalzl*, Die Haftung des Architekten und des Bauunternehmers, Rn. 4.

[23] *Jagenburg*, in: Bindhardt/Jagenburg, § 1 Rn. 36.

[24] BT-Drucks. 18/8486, S. 67; BR-Drucks. 123/16, S. 74; *Mansel*, in: Jauernig, § 650p BGB Rn. 10; *Schwenker/Wessel*, in: Messerschmidt/Voit, § 650p BGB Rn. 15.

[25] BT-Drucks. 18/8486, S. 67.

[26] BT-Drucks. 18/8486, S. 67.

[27] Siehe dazu insgesamt unter 3.2.2.1.

Insgesamt verdeutlicht die bundesrechtliche Regelung insbesondere den planerischen Charakter der Architektentätigkeit, unabhängig davon, ob der Architekt im Sinne von § 650p Abs. 1 oder Abs. 2 BGB tätig wird. Zudem wurde die Notwendigkeit des gestalterischen Charakters der Architektentätigkeit und die Stellung des Architekten als Koordinator des Bauvorhabens, der die anderen Unternehmer koordiniert, verdeutlicht.

2.1.1.3 Etymologie des Architektenbegriffes

Der Definition des Architekten kann man sich weiterhin über die Etymologie des Wortes annähern. Das Wort Architekt ἀρχιτέκτων (*architéktōn*) stammt aus dem Altgriechischen.[28] Die Vorsilbe des Wortes setzt sich zusammen aus ἀρχ(ι)- (*arch(i)-*), was für Ober- und Haupt- steht, sowie aus ἄρχειν (*árchein*), was *„der Erste sein"*, *„anfangen"* und *„anführen"* bedeutet.[29]

Aus der Vorsilbe ergibt sich daher zunächst, dass der Architekt nicht nur der Erste unter seines Gleichen ist, sondern auch an deren Spitze gestellt wird und ihr mit Befehlsbefugnissen ausgestatteter Vorgesetzter und Leiter ist.[30]

Betrachtet man nun den zweiten Bestandteil des Wortes Architekt, τέκτων (*téktōn*), so ist die Verwandtschaft mit dem Begriff τέχνη (*téchnē*) nicht zu übersehen. *téchnē* bedeutet Kunst im Sinne von Kunstfertigkeit jeder Art, insbesondere das Handwerk.[31] Der Begriff *téktōn* steht im Hinblick darauf gewissermaßen für den Kunstausübenden in Form des Zimmermanns und Handwerkers.[32]

Insgesamt ergibt sich damit für den Begriff des Architekten, dass dieser den Baumeister und Fachmann auf dem Gebiet der Baukunst darstellt.[33] Er ist dabei jedoch nicht selbst als Handwerker tätig, sondern als Oberleiter der Handwerker, welcher diese delegiert.[34] Die Ausführungen zur Etymologie des Architektenbegriffes bestätigen die Stellung des Architekten als Koordinator des Bauvorhabens. Dabei wird letztlich jedoch lediglich auf die Bauüberwachungsaufgabe des Architekten eingegangen, während die Planungsaufgabe des

---

[28] *Fabricius*, Architektenspiegel, S. 22.

[29] DWDS, Etymologie – Architekt, abrufbar unter: https://www.dwds.de/wb/Architekt (zuletzt abgerufen am: 09.05.2019).

[30] *Fabricius*, Architektenspiegel, S. 23.

[31] *Fabricius*, Architektenspiegel, S. 22 f.

[32] Vgl. DWDS, Etymologie – Architekt, abrufbar unter: https://www.dwds.de/wb/Architekt (zuletzt abgerufen am: 09.05.2019).

[33] DWDS, Etymologie – Architekt, abrufbar unter: https://www.dwds.de/wb/Architekt (zuletzt abgerufen am: 09.05.2019).

[34] *Fabricius*, Architektenspiegel, S. 24; vgl. *Schulz-Eickhorst*, Die Bauherren-Architekten-Beziehung, S. 42.

Architekten in den Hintergrund rückt. Dies stimmt nicht mit dem zuvor dargelegten Aufgabenfeld eines Architekten überein, welches zu großen Teilen auch durch die Planung des Bauobjektes geprägt wird.

2.1.1.4 Rechtsprechung des Bundesgerichtshofes

Ein Blick auf die Rechtsprechung des Bundesgerichtshofes (BGH) könnte weiteren Aufschluss darüber bringen, was unter dem Architektenbegriff zu verstehen ist. Bereits am 26.11.1959 befasste sich der BGH mit der Tätigkeit eines Architekten:

„*Der auch mit der Oberleitung und Bauführung betraute Architekt schuldet zwar nicht das Bauwerk selbst als körperliche Sache. Er hat aber durch zahlreiche ihm obliegende Einzelleistungen dafür zu sorgen, daß das Bauwerk plangerecht und frei von Mängeln entsteht und zur Vollendung kommt. Die erforderlichen Verhandlungen mit Behörden, die Massen- und Kostenberechnung, das Einholen von Angeboten, das Vergeben der Aufträge im Namen des Bauherrn, insbes. der planmäßige und reibungslose Einsatz der an dem Bauwerk beteiligten Unternehmer und Handwerker, die Überwachung ihrer Tätigkeit auf Einhaltung der technischen Regeln, behördlichen Vorschriften und vertraglichen Vereinbarungen, die Abnahme der Arbeiten, die Feststellung der Aufmasse, die Prüfung der Rechnungen, alle diese Tätigkeiten dienen der Verwirklichung des im Bauplan verkörperten geistigen Werks und haben somit den Zweck, den dem Bauherrn geschuldeten Erfolg, nämlich die mängelfreie Errichtung des geplanten Bauwerks zu bewirken.*“[35]

Schon hier wird deutlich, dass sich der Leistungskatalog längst nicht mehr auf die ursprünglich gestalterische und organisatorische Tätigkeit beschränkt, sondern mittlerweile ein umfassender Leistungskatalog die Tätigkeit des Architekten bestimmt.[36] Der BGH benennt eine Vielzahl von Aufgaben, die dem Architekten zuteilwerden und verdeutlicht dabei, dass alle diese Tätigkeiten im Ergebnis dazu dienen, den Erfolg in Form eines mangelfrei errichteten Bauwerkes zu erzielen.

Im Jahr 1977 beschrieb der BGH den Architekten zudem als „*technische und geschäftliche Oberleitung*“ des Baus.[37] Dadurch wird im Einklang mit der Literatur[38] auch in der Rechtsprechung der Architekt als Koordinator des Bauvorhabens anerkannt.

---

[35] BGH, Urteil vom 26.11.1959, VII ZR 120/58 BGHZ 31, 224, 227 f. (= NJW 1960, 431).

[36] *Schrammel*, Die Werkaufgabe des Architekten in Abgrenzung zu den anderen Baubeteiligten, S. 28.

[37] BGH, Urteil vom 10.11.1977, VII ZR 321/75 BGHZ 70, 12, 14 (= NJW 1978, 322).

[38] Siehe 2.1.1.2.1.

Darüber hinaus wurde – ebenfalls in Übereinstimmung mit der Literatur[39] – der Architekt vom BGH als „*Sachwalter des Bauherren*“[40] betitelt. Sachwalter stellen in der Regel Verhandlungsgehilfen dar, welche sich durch besondere Sachkunde und Zuverlässigkeit auszeichnen, sodass sie zu einem Garanten der Vertragsdurchführung werden.[41] Die Verwendung dieser Bezeichnung verdeutlicht die umfangreichen Beratungspflichten des Architekten gegenüber dem Bauherren sowie das besondere Vertrauen, welches dem Architekten durch den Bauherren entgegengebracht wird. Dadurch wird zudem veranschaulicht, dass der Architekt durch seine besondere Sachkunde bei der Planung des gesamten Bauvorhabens eine große Verantwortung trägt, welcher er nur durch eine umfassende Koordination aller Beteiligten gerecht werden kann.

Auch in der Rechtsprechung wurden somit wesentliche, bereits bekannte Merkmale des Architektenbegriffes aufgegriffen und gleichzeitig der umfassende Leistungskatalog eines Architekten fixiert.

2.1.1.5 Sonstige Ansätze

Im Schrifttum finden sich viele unterschiedliche Versuche den Architektenbegriff zu definieren.[42] Die im Folgenden aufgeführten und analysierten Definitionen sind keineswegs allumfassend, sondern stellen lediglich einen Auszug der bestehenden Definitionen dar.

Schon *Marcus Vitrivius Pollop (Vitruv)*, römischer Architekt im 1. Jahrhundert v.Chr., befasste sich in seinem Werk „*De architectura libri decem*“ („Zehn Bücher über die Baukunst“) mit dem Architektenbegriff und setzte sich mit den Aufgaben des Architekten auseinander.[43] Er stellte zunächst fest, dass es niemandem möglich sei, auf so vielen unterschiedlichen Gebieten jegliche Besonderheiten berücksichtigen zu können und alle theoretischen Grundsätze der Kunst kennenzulernen und vollumfänglich zu erfassen.[44] *Vitruv* betonte außerdem, dass die Ausführung der Werke in der Verantwortung derjenigen liegen solle, die

---

[39] *Schmalzl*, Die Haftung des Architekten und des Bauunternehmers, Rn. 5 (siehe Fn. 9 für weitere Nachweise).

[40] BGH, Urteil vom 16.03.1978, VII ZR 145/76 BGHZ 71, 144, 149 (= NJW 1978, 1311); BGH, Urteil vom 23.11.1972, VII ZR 197/71 BGHZ 60, 1, 3 (= NJW 1973, 237).

[41] *Stadler*, in: Jauernig, § 311 BGB Rn. 64; *Emmerich*, in: MüKo-BGB, § 311 Rn. 193.

[42] Eine Auflistung weiterer Definitionen in *Neuenfeld*, in: Handbuch des Architektenrechts, Teil 1 Rn. 16.

[43] Vgl. *Petroski*, epoc 2011, (02), 58, abrufbar unter: http://www.kunz-bauleitungen.ch/wp-content/uploads/2017/03/Vitruv.pdf (zuletzt abgerufen am: 08.05.2020).

[44] *Vitruv*, Zehn Bücher über Architektur, Erster Band, Erstes Buch, Erstes Kapitel, S. 33.

auf diesem Gebiet der Kunst zur Ausführung ausgebildet wurden.[45] Aus diesem Grund solle es genügen, wenn der Architekt die einzelnen Themengebiete und ihre Methoden zumindest zum Teil kenne, sodass es ihm möglich sei, die aufgeführten Werke und Kunsterzeugnisse zu beurteilen und sie zu überprüfen.[46] Damit erkannte er zutreffend die Notwendigkeit zur Unterstützung des Architekten, Bauunternehmer und Sonderfachleute in das Bauvorhaben zu integrieren. Weiterhin machte er deutlich, dass dem Architekten – neben der künstlerischen Tätigkeit[47] – aufgrund der Vielzahl der unterschiedlichen Tätigkeitsbereiche im Rahmen eines Bauprojektes auch eine organisatorische Aufgabe zuteil wird. Der Architekt hatte somit schon nach *Vitruv* die Werke der anderen Unternehmer und Sonderfachleute zu überprüfen und zu beurteilen, um sicherzustellen, dass am Ende das versprochene Werk entstehen kann. Diese Ausführungen stimmen folglich mit den zuvor getroffenen Aussagen überein.

Der Architekt *Eugen Fabricius* entwickelte im Jahr 1957 einen eigenen Ansatz zum Architektenbegriff. Er bestimmte den Architekten als *„Baumeister, der in schöpferischem Triebe und verantwortungsbewusster Baugesinnung architektonische Werke persönlicher Prägung, zweckvoller Ordnung und werkgerechter Durchbildung hervorbringt"*[48]. Dieser Architektenbegriff scheint sich nahezu ausschließlich auf den gestalterischen Charakter der Architektentätigkeit zu konzentrieren. Die Definition ist daher nicht an den umfangreichen Leistungskatalog des Architekten angepasst, welcher sich keineswegs auf die gestalterische Tätigkeit beschränkt, sondern aufgrund der wachsenden Komplexität der Aufgaben insbesondere auch organisatorische Tätigkeiten enthält.

Das Nachschlagewerk Brockhaus enthält eine weitere Definition des Architekten. Es handelt sich demnach um einen *„Bauberuf, dessen Aufgabe in der Gestaltung der baulichen Umwelt besteht und der die Fähigkeit erfordert, individuelle und gesellschaftliche Ansprüche in ein technisch und wirtschaftlich realisierbares Ordnungskonzept umzusetzen und diesem auch eine künstlerisch befriedigende Form zu geben. Seine Tätigkeit umfasst [die] Planung und Betreuung von Bauwerken aller Art […]"*[49]. Diese Definition behandelt zutreffend die zwei wesentlichen Bestandteile der Architektentätigkeit. Der künstlerische Aspekt der Tätigkeit des Architekten wird hier berechtigterweise hervorgehoben. Dieser

---

[45] *Vitruv*, Zehn Bücher über Architektur, Erster Band, Erstes Buch, Erstes Kapitel, S. 35.

[46] *Vitruv*, Zehn Bücher über Architektur, Erster Band, Erstes Buch, Erstes Kapitel, S. 23, 35.

[47] *Vitruv*, Zehn Bücher über Architektur, Erster Band, Erstes Buch, Erstes Kapitel, S. 25.

[48] *Fabricius*, Architektenspiegel, S. 62.

[49] Brockhaus, „Architekt", abrufbar unter: https://brockhaus.de/ecs/enzy/article/architekt (zuletzt abgerufen am: 03.06.2019).

ursprüngliche Kern der Tätigkeit sollte trotz wachsender Komplexität nicht in Vergessenheit geraten,[50] um die Architektur weiterhin als eine Kunstform aufrecht zu erhalten. Daneben wird hier zutreffend die Verknüpfung der künstlerischen mit der planerischen Ebene beleuchtet und auch die wirtschaftliche Komponente wird ins Spiel gebracht. Damit wird zutreffend ein weiterer, wesentlicher Aspekt der Architektenleistung identifiziert.

Auch der Bund Deutscher Architekten (BDA) entwickelte im Rahmen des Entwurfes eines Architektengesetzes im Jahr 1949 eine eigene Definition des Architektenbegriffes.[51] Demnach sei Architekt, *„wer Bauwerke und Räume künstlerisch, wirtschaftlich und technisch richtig gestaltet, die notwendige Erfahrung in der Leitung und Überwachung von Bauarbeiten besitzt und bei bauwirtschaftlicher Unabhängigkeit als Sachwalter des Bauherrn wirkt“*[52]. Diese Definition greift die Erwägungen aus der Etymologie des Wortes auf, indem sie den Architekten zutreffend als die Person herausstellt, die die Leitung und Überwachung des Bauprojektes übernimmt. Dadurch wird die Position des Architekten als derjenige, welcher das Bauvorhaben überwacht und Leistungen von Sonderfachleuten und Bauunternehmern kontrolliert, zutreffend verdeutlicht. Gleichzeitig geht sie, wie schon der BGH[53], davon aus, dass der Architekt der Sachwalter des Bauherren ist. Auch der BDA differenziert zwischen einer künstlerischen, technischen und wirtschaftlichen Ebene der Planung, sodass auch hier die Kosten als weiterer, elementarer Bestandteil der Planung erkannt wurden.

Klaus Neuenfeld definiert den Architekten als *„ein[en] mit künstlerischen und technischen Fähigkeiten ausgestattete[n] Mensch[en], den Ausbildung und praktische Erfahrungen in die Lage versetzen, freischaffend und eigenverantwortlich oder in abhängiger Stellung, allein oder im Verbund mit anderen, die künstlerische, technisch einwandfreie und wirtschaftliche Planung, Gestaltung und Leitung der Durchführung von Bauwerken sowie die Ausarbeitung städtebaulicher Pläne zu vollbringen.“*[54] Auch diese Definition umfasst die bereits herausgearbeiteten Bestandteile der Architektentätigkeit und identifiziert insbesondere die wirtschaftliche Ebene als wesentlichen Teil der Tätigkeit eines Architekten. Der

[50] Dazu bereits unter 2.1.1.3.

[51] Bund deutscher Architekten, Mitteilung der Hauptverwaltung des Bundes Deutscher Architekten BDA in Frankfurt vom 13.09.1949 (= der architekt 1949, (10), 4).

[52] Bund deutscher Architekten, Mitteilung der Hauptverwaltung des Bundes Deutscher Architekten BDA in Frankfurt vom 13.09.1949 (= der architekt 1949, (10), 4).

[53] BGH, Urteil vom 16.03.1978, VII ZR 145/76 BGHZ 71, 144, 149 (= NJW 1978, 1311); BGH, Urteil vom 23.11.1972, VII ZR 197/71 BGHZ 60, 1, 3 (= NJW 1973, 237).

[54] *Neuenfeld*, in: Handbuch des Architektenrechts, Teil 1 Rn. 37.

Architekt wird hier ebenfalls zutreffend als Leiter des Bauvorhabens herausgestellt. *Neuenfeld* beschäftigte sich jedoch als Einziger mit den unterschiedlichen Möglichkeiten, wie die Tätigkeit des Architekten ausgeübt werden kann. Dabei differenziert er zwischen der Arbeit als Freiberufler und in abhängiger Stellung sowie zwischen der Tätigkeit allein und im Verbund mit weiteren Architekten.

2.1.1.6 Fazit

Insgesamt finden sich sowohl in der landes- und bundesrechtlichen Gesetzgebung, als auch in der Etymologie, der Literatur und in der Rechtsprechung viele unterschiedliche Ansätze zur Bestimmung des Architektenbegriffes. Eine wesentliche Gemeinsamkeit weisen jedoch der Großteil der vorstehenden Betrachtungen auf – eine Beschreibung dessen, was Gegenstand einer Architektenleistung sein kann. Im Hinblick darauf, dass der Architektenberuf sich vor Allem über die von dem Architekten ausgeübten Tätigkeiten definieren lässt, genügt für das Begriffsverständnis die Beschreibung des Tätigkeitenfeldes des Architekten. Die vorstehenden Ausführungen geben dabei lediglich einen Überblick darüber, was theoretisch alles Gegenstand einer Architektenleistung sein kann. Es wurde insgesamt aber deutlich, dass der Aufgabenbereich des Architekten in der Regel sehr umfassend ist. Was im Endeffekt Inhalt der einzelnen Architektenleistung ist, bestimmt sich jedoch nicht nach einer etwaigen, allgemeingültigen Definition, sondern nach dem jeweiligen Architektenvertrag. Es kommt also darauf an, was die Vertragsparteien zum Inhalt der Architektenleistung bestimmt haben und welche Aufgaben auf den Architekten übertragen wurden. Dies muss gegebenenfalls mittels einer Vertragsauslegung bestimmt werden.

Entsprechend kann vorliegend davon abgesehen werden, eine allgemeingültige Definition festzulegen, da es letztlich ohnehin auf die Umstände des Einzelfalles ankommt, um den Gegenstand der Architektenleistung zu bestimmen.

2.1.2 Kategorisierung des Architektenberufes

Die vorstehenden Erwägungen haben verdeutlicht, dass es gerade keinen typischen Architekten gibt, sondern der Architektenberuf sich in sehr unterschiedlichen Ausprägungen darstellen kann. Die dem Architekten übertragenen Aufgaben können dabei sehr weitgehend variieren. Typischerweise können daher die nachfolgend beschriebenen Erscheinungsformen von Architektenleistungen unterschieden werden.

An erster Stelle steht als klassischer Architektentyp (i) der Architekt, der sowohl bauplanende, als auch bauüberwachende Aufgaben hat. Der Architekt übernimmt in dem Fall nicht nur die Planung des Objektes, sondern hat auch für die Umsetzung des mangelfreien Werkes zu sorgen. Um dies zu gewährleisten, hat der Architekt die Leistungen der Sonderfachleute und der Bauunternehmer – mit Hilfe der Sonderfachleute – zu überwachen und den Bauherren auf auftretende Mängel hinzuweisen. Er erbringt jedoch die Bau- und Ingenieurleistungen nicht selbst, sodass die mangelhafte Leistung des Architekten nicht bereits in der mangelhaften Leistung von Sonderfachleuten liegt. Es bedarf vielmehr einer Pflichtverletzung des Architekten im Hinblick auf die von ihm diesbezüglich übernommenen Aufgaben der Bauüberwachung oder Mängelhinweispflicht.

Neben dem klassischen Architektentypen ist als zweiter Architektentyp (ii) der lediglich bauplanende Architekt einzuordnen. Dieser ist nur für die Planung zuständig und gerade nicht für die Bauüberwachung. Diese Aufgabe übernimmt gegebenenfalls ein anderer Architekt oder auch der Bauherr selbst.

Als dritter Architektentyp ist (iii) der lediglich bauüberwachende Architekt festzuhalten. Dieser stellt das Äquivalent zu dem lediglich bauplanenden Architekten dar, da er nur die Umsetzung der Planung überwacht.

Die wohl umfassendsten Aufgaben übernimmt (iv) der Architekt in Form des Generalplaners, da er die gesamte Objekt- und Fachplanung des Bauvorhabens übernimmt.

2.1.2.1 Der Architekt als Generalplaner

Aufgrund der sukzessiven erheblichen strukturellen Veränderungen von Bauvorhaben, sucht der Bauherr vermehrt nach Entlastung im Rahmen der grundsätzlich ihm obliegenden Funktion im Planungsbereich.[55] Die Beauftragung eines Generalplaners als Kumulativleistungsträger[56], welcher alle notwendigen Architekten- und Ingenieurleistungen zu erbringen hat[57], kann hierbei Abhilfe schaffen. Der Generalplaner ist vergleichbar mit dem Generalunternehmer, der für eine Entlastung bei der Bauausführung sorgen soll.[58] Anstelle des traditionellen Architektenvertrages[59], der von einem Nebeneinander der Vertragsbeziehungen

---

[55] *Kemper*, Architekten und Ingenieure als Generalplaner, S. 9; *Kemper/Demko*, DAB 1999, 658.

[56] *Diederichs*, Immobilienmanagement im Lebenszyklus, S. 47; *Richter*, in: Messerschmidt/Voit, Generalunternehmer/Subunternehmer Rn. 183.

[57] *Korbion*, Generalplaner und Subplaner, S. 2; *Korbion*, in: Korbion/Mantscheff/Vygen, Teil B – Grundlagen des Architekten- und Ingenieurrechts I Rn. 73.

[58] *Kemper*, Architekten und Ingenieure als Generalplaner, S. 9; *Korbion*, in: Korbion/Mantscheff/Vygen, Teil B – Grundlagen des Architekten- und Ingenieurrechts I Rn. 73; *Fischer*, in: Thode/Wirth/Kuffer, § 18 Mehrere am Bau Beteiligte Rn. 179.

[59] Dazu noch ausführlich unter 3.2.

des Bauherren mit den anderen Baubeteiligten geprägt ist[60], geht der Bauherr hierbei lediglich ein Vertragsverhältnis mit dem Architekten als Generalplaner ein, welcher jegliche für die Projektrealisierung erforderlichen Planungs-, Koordinierungs-, Organisations-, Betreuungs-, Beratungs- und Überwachungsleistungen übernimmt.[61] Eine Definition des Generalplaners findet sich weder im BGB noch in der HOAI. *Locher* definierte den Generalplaner zutreffend als *„ein[en] Planer, dem der Auftraggeber alle oder zumindest den wesentlichen Teil der für eine Baumaßnahme erforderlichen Leistungen hinsichtlich [der] Planung, Koordinierung, Organisation, Beratung und Überwachung mit der Maßgabe übertragen hat, dass dieser berechtigt ist Leistungen durch Subplaner zu erbringen“*[62].

2.1.2.1.1 Herkömmliche Organisation von Bauprojekten

Der Bauherr geht gewöhnlich neben einem Vertrag mit dem Architekten auch Vertragsbeziehungen mit Sonderfachleuten, Bauunternehmern und Fachhandwerkern ein.[63] Er übernimmt somit auch die Beauftragung der Sonderfachleute grundsätzlich selbst.[64] Daraus ergibt sich für den Bauherren eine Vielzahl von Vertragsabschlüssen und Vertragspartnern[65], dessen Anzahl aufgrund der zunehmenden Komplexität und unterschiedlichen Besonderheiten der jeweiligen Bauprojekte weiter ansteigt. Sowohl die Architekten als auch die Sonderfachleute schulden ihre jeweilige Leistung einzig dem Bauherren als Auftraggeber.[66] Zwischen dem Architekten und den Sonderfachleuten besteht keinerlei vertragliche Beziehung, sondern nur zwischen dem Architekten und dem Bauherren sowie zwischen den Sonderfachleuten und dem Bauherren, sodass der Architekt nicht für die Leistung der Sonderfachleute einzustehen hat.[67]

---

[60] So auch *Korbion*, in: Korbion/Mantscheff/Vygen, Teil B – Grundlagen des Architekten- und Ingenieurrechts I Rn. 73.

[61] *Kemper*, Architekten und Ingenieure als Generalplaner, S. 9 f.; *Fischer*, in: Thode/Wirth/Kuffer, § 18 Mehrere am Bau Beteiligte Rn. 179, 182.

[62] *Locher*, in: Locher/Koeble/Frik, 10. Auflage 2010, Einleitung Rn. 361.

[63] *Korbion*, Generalplaner und Subplaner, S. 1.

[64] *Korbion*, Generalplaner und Subplaner, S. 1; *Kemper/Demko*, DAB 1999, 658.

[65] *Kemper*, Architekten und Ingenieure als Generalplaner, S. 10.

[66] *Kemper/Demko*, DAB 1999, 658.

[67] *Kemper/Demko*, DAB 1999, 658; *Fischer*, in: Thode/Wirth/Kuffer, § 18 Mehrere am Bau Beteiligte Rn. 19 f.; vgl. *Preisser*, in: BeckOGK-BGB, § 633 BGB (Stand: 01.04.2022) Rn. 268 ff.; *Kehrberg*, in: Die Haftung des Architekten, Kapitel C Rn. 50.

2.1.2.1.2 Organisation von Bauprojekten mit Generalplaner

Durch die Beauftragung des Generalplaners übernimmt dieser die gesamte Objekt- und Fachplanung des Bauvorhabens[68], sodass der Bauherr bezüglich dieser Leistungen nur noch einen Ansprechpartner hat.[69] Bei der Generalplanung wird im Wesentlichen zwischen drei unterschiedlichen Organisationsformen differenziert. Die Generalplanung wird entweder (i) durch ein Büro durchgeführt, das alle Planungsleistungen selbst erbringt, (ii) durch ein Büro, welches nur einen Teil der Leistung selbst erbringt und die sonstigen Leistungen an selbstständige Büros, sogenannte Subplaner, vergibt oder (iii) durch einen Zusammenschluss von mehreren Büros zu einer Planungsgemeinschaft, sog. ARGE.[70] Oft hängt die Organisationsform des Generalplaners dabei von dem Arbeitsumfang des Bauprojektes ab.[71] Die typische Organisationsform des Generalplaners stellt jedoch die Zweite der beschriebenen Varianten dar.[72] Dies lässt sich insbesondere auf die Tatsache zurückführen, dass Generalplaner vorwiegend bei komplexen Bauvorhaben beauftragt werden, die aufgrund ihres hohen Arbeitsaufwands die Planungskapazitäten eines einzelnen Büros meist überschreiten.[73] Liegt die zweite Variante vor, so übernimmt der Architekt die Beauftragung der Sonderfachleute im eigenen Namen und auf eigene Rechnung.[74] Er muss in diesem Fall nicht nur für seine eigene Leistung, sondern auch für die Leistungen der Sonderfachleute einstehen.[75]

2.1.2.1.3 Vor- und Nachteile der Beauftragung eines Generalplaners

Die Beauftragung eines Generalplaners birgt sowohl Vor- als auch Nachteile. Ein Vorteil ist zunächst, dass der Bauherr die Planung vollkommen aus der Hand geben kann und mit dem Generalplaner einen Ansprechpartner hat zulasten

---

[68] *Richter*, in: Messerschmidt/Voit, Generalunternehmer/Subunternehmer Rn. 318.

[69] Vgl. *Korbion*, in: Korbion/Mantscheff/Vygen, Teil B – Grundlagen des Architekten- und Ingenieurrechts I Rn. 73.

[70] *Kemper*, Architekten und Ingenieure als Generalplaner, S. 11; *Korbion*, Generalplaner und Subplaner, S. 22 ff.; *Richter*, in: Messerschmidt/Voit, Generalunternehmer/Subunternehmer Rn. 318; zur ARGE siehe *Messerschmidt*, in: Messerschmidt/Niemöller/Preussner, Grundlagen Rn. 42, 54 ff.

[71] *Kemper*, Architekten und Ingenieure als Generalplaner, S. 11.

[72] *Kemper*, Architekten und Ingenieure als Generalplaner, S. 11.

[73] Vgl. *Korbion*, Generalplaner und Subplaner, S. 21.

[74] *Kemper/Demko*, DAB 1999, 658.

[75] *Kemper/Demko*, DAB 1999, 658.

dessen bei Planungsmängeln eine eindeutige Haftungsregelung aus dem zugrundeliegenden Vertrag vorliegt.[76] Der Bauherr steht dadurch nicht mehr vor der Schwierigkeit, komplexen Problemen eine Ursache zuzuordnen.[77] Darüber hinaus wird das Kostenrisiko des Bauherren, soweit im Generalplanervertrag eine Kostendeckelung vereinbart wurde, minimiert und die Terminsicherheit verbessert, da die Planung nur durch den Generalplaner vorgenommen wird und dieser für die Einhaltung etwaiger Vereinbarungen zu sorgen hat.[78] Zudem kann die Einschaltung eines Generalplaners aufgrund der Erfahrungen im Projektmanagement zu beschleunigten Abstimmungsprozessen zwischen den Planungsteams und insgesamt zu einer wirtschaftlicheren und schnelleren Planungsabwicklung führen.[79] Die Sonderfachleute haben aufgrund der Konzentration der Planungsaufgabe außerdem schon während des eigentlichen Planungsprozesses die Möglichkeit sich in die Entwicklung und Ausarbeitung des Bauvorhabens einzubringen.[80]

Die Einflussmöglichkeiten des Bauherren auf die Auswahl der Subplaner wird durch die Beauftragung eines Generalplaners andererseits wesentlich verringert, es sei denn, der Bauherr hat diesbezüglich eine vertragliche Regelung getroffen.[81] Eine Auswahl der Subplaner nach Qualität, Preis und Leistungsfähigkeit bleibt ihm dadurch ansonsten meist verwehrt.[82] Darüber hinaus besteht regelmäßig keine Möglichkeit einer Durchgriffshaftung auf die Subplaner, sodass nur der Generalplaner für Planungsmängel einzustehen hat.[83] Dazu tritt auch das erhöhte Insolvenzrisiko für den Bauherren, da im Falle einer Insolvenz des Generalplaners

---

[76] *Diederichs*, Immobilienmanagement im Lebenszyklus, S. 50; *Korbion*, Generalplaner und Subplaner, S. 4; *Messerschmidt*, in: Messerschmidt/Niemöller/Preussner, Grundlagen Rn. 43; *Fischer*, in: Thode/Wirth/Kuffer, § 18 Mehrere am Bau Beteiligte Rn. 182.

[77] *Diederichs*, Immobilienmanagement im Lebenszyklus, S. 47; *Korbion*, Generalplaner und Subplaner, S. 4; *Fischer*, in: Thode/Wirth/Kuffer, § 18 Mehrere am Bau Beteiligte Rn. 226.

[78] *Korbion*, Generalplaner und Subplaner, S. 3 f.; *Fischer*, in: Thode/Wirth/Kuffer, § 18 Mehrere am Bau Beteiligte Rn. 227 f.

[79] *Diederichs*, Immobilienmanagement im Lebenszyklus, S. 50; *Schulz-Eickhorst*, Die Bauherren-Architekten-Beziehung, S. 28.

[80] *Fischer*, in: Thode/Wirth/Kuffer, § 18 Mehrere am Bau Beteiligte Rn. 226.

[81] *Diederichs*, Immobilienmanagement im Lebenszyklus, S. 50; *Messerschmidt*, in: Messerschmidt/Niemöller/Preussner, Grundlagen Rn. 44.

[82] Vgl. *Diederichs*, Immobilienmanagement im Lebenszyklus, S. 47.

[83] *Wirth*, in: Korbion/Mantscheff/Vygen, Teil B – Grundlagen des Architekten- und Ingenieurrechts Rn. 364; *Messerschmidt*, in: Messerschmidt/Niemöller/Preussner, Grundlagen Rn. 44.

dem Bauherren keine weiteren Haftenden zur Verfügung stehen.[84] Diesem Problem kann jedoch beispielsweise durch eine Vertragserfüllungsbürgschaft[85] oder nach Beendigung der Leistung durch eine Gewährleistungsbürgschaft[86] seitens des Generalplaners abgeholfen werden.[87] Zudem kann hiergegen eingewendet werden, dass sich der Bauherr die Gewährleistungsansprüche gegenüber den Subplanern von dem Generalplaner abtreten lassen kann.[88]

Gleichzeitig wird auch die Flexibilität bezüglich Planungsänderungen seitens des Bauherren nicht unwesentlich verringert.[89] Nicht zuletzt wird meist ein Generalplanerzuschlag für den Koordinationsaufwand des Generalplaners verlangt oder der Generalplaner behält sich einen Teil des Honorars der Subplaner ein, sodass darüber der Koordinationsaufwand ausgeglichen wird.[90]

Die Bestellung eines Generalplaners lohnt sich insbesondere bei komplexen Bauvorhaben mit großen Schnittstellenrisiken der einzelnen Baubeteiligten.[91] Als Schnittstellen werden Übergabepunkte für Lieferungen und/oder Leistungen bezeichnet.[92] Folglich hat jeder, der leistet oder Leistungen annimmt, Schnittstellenmanagement zu betreiben.[93] Je komplexer das Bauvorhaben, desto mehr Schnittstellen müssen koordiniert werden.[94] Durch die Bestellung eines Generalplaners wird diese Aufgabe von dem Bauherren auf den Generalplaner übertragen[95] und eine klare Haftungszuordnung geschaffen, was für den Bauherren eine enorme Entlastung darstellt[96].

---

[84] *Korbion*, Generalplaner und Subplaner, S. 5; *Fischer*, in: Thode/Wirth/Kuffer, § 18 Mehrere am Bau Beteiligte Rn. 231.

[85] Zur Vertragserfüllungsbürgschaft siehe *Wolff*, in: Messerschmidt/Voit, Sicherung der Ansprüche aus dem Werkvertrag Rn. 72 ff.

[86] Zur Gewährleistungsbürgschaft siehe *Mansel*, in: Staudinger, § 765 Rn. 59 ff.

[87] *Korbion*, Generalplaner und Subplaner, S. 5; *Fischer*, in: Thode/Wirth/Kuffer, § 18 Mehrere am Bau Beteiligte Rn. 231.

[88] *Korbion*, Generalplaner und Subplaner, S. 5; *Fischer*, in: Thode/Wirth/Kuffer, § 18 Mehrere am Bau Beteiligte Rn. 231.

[89] Vgl. *Diederichs*, Immobilienmanagement im Lebenszyklus, S. 47.

[90] *Richter*, in: Messerschmidt/Voit, Generalunternehmer/Subunternehmer Rn. 320.

[91] *Messerschmidt*, in: Messerschmidt/Niemöller/Preussner, Grundlagen Rn. 43; *Richter*, in: Messerschmidt/Voit, Generalunternehmer/Subunternehmer Rn. 321.

[92] *Volkmann*, DAB 1997, 545.

[93] *Volkmann*, DAB 1997, 545.

[94] Vgl. *Volkmann*, DAB 1997, 545.

[95] Vgl. *Korbion*, Generalplaner und Subplaner, S. 12; *Volkmann*, DAB 1997, 545.

[96] *Richter*, in: Messerschmidt/Voit, Generalunternehmer/Subunternehmer Rn. 319.

Insgesamt kann daher festgehalten werden, dass es sich eher anbietet, auf einen Generalplaner zu verzichten, wenn der Bauherr selbst über eine hohe fachliche und personelle Kompetenz und Kapazität verfügen sollte.[97] Wird ein individuelles Bauwerk errichtet, welches hohe Planungsflexibilität verlangt[98] oder handelt es sich um ein kleineres Bauvorhaben, bei welchem der Architekt die Generalplaneraufgaben mitübernehmen kann[99], sollte ebenfalls auf einen Generalplaner verzichtet werden.

2.1.2.2 Wirtschaftliche Risikoverteilung der unterschiedlichen Architektentypen

Die Aufgabenfelder der vier Architektentypen können insgesamt sehr unterschiedlich sein, was gewiss Auswirkungen auf die wirtschaftliche Risikoverteilung hat. Vergleicht man die Architektentypen miteinander, so wird deutlich, dass der Generalplaner aufgrund der Übernahme der gesamten Planung wohl das höchste, wirtschaftliche Risiko trägt. Der Generalplaner verbleibt dem Bauherren als einziger Ansprechpartner und trägt damit mehr Verantwortung als ein herkömmlicher Architekt. Ihm wird entsprechend der umfassendste Aufgabenkatalog inklusive der Leistungen von Sonderfachleuten zu teil, für welche er grundsätzlich einzustehen hat. Die Beauftragung des Architekten als Generalplaner ist aufgrund des umfassenden Aufgabenkataloges und des hohen wirtschaftlichen Risikos für den Architekten jedoch atypisch und daher wenig praxisrelevant.

Der sowohl bauplanende, als auch bauüberwachende Architekt übernimmt im direkten Vergleich ein geringeres Risiko als der Generalplaner, da er die Leistungen der Sonderfachleute nicht selbst erbringen muss.

Der lediglich bauplanende Architekt ist im Hinblick auf das wirtschaftliche Risiko vor dem lediglich bauüberwachenden Architekten einzuordnen. Im Vergleich zur Bauplanung steht die Aufgabe der Bauüberwachung gewissermaßen zurück, da der bauüberwachende Architekt nur für die Überwachung der Leistungen Dritter zuständig ist, für die er selbst nicht unmittelbar einstehen muss. Der lediglich bauüberwachende Architekt übernimmt damit wohl das geringste wirtschaftliche Risiko. Aufgrund dieser insgesamt sehr unterschiedlich weitreichenden Risiken, kann eine pauschale Untersuchung der wirtschaftlichen Risikoverteilung für „den einen“ Architekten nicht vorgenommen werden. Vielmehr soll eine Unterscheidung nach den vorbeschriebenen vier Architektentypen bei der Untersuchung der wirtschaftlichen Risikoverteilung weiterhelfen.

---

[97] *Diederichs*, Immobilienmanagement im Lebenszyklus, S. 47.

[98] *Diederichs*, Immobilienmanagement im Lebenszyklus, S. 47.

[99] *Richter*, in: Messerschmidt/Voit, Generalunternehmer/Subunternehmer Rn. 321.

2.2 Der Bauherr

2.2.1 Der Begriff des Bauherren

Bislang wurde privatrechtlich noch nicht gesetzlich definiert, was unter dem Begriff des Bauherren zu verstehen ist. Der Bauherr ist typischerweise die im Bauvertragsrecht des Bürgerlichen Gesetzbuches (BGB) als Besteller der Bauleistung (z. B. § 650b BGB) und in der Verordnung über die Honorare für Architekten- und Ingenieurleistungen (HOAI) sowie in der Vergabe- und Vertragsordnung für Bauleistungen – Teil B: Allgemeine Vertragsbedingungen für die Ausführung von Bauleistungen (VOB/B) als Auftraggeber (z. B. § 8 VOB/B, § 4 HOAI) betitelte Person.[100] Der Begriff des Bauherren selbst wird jedoch nur im Bauordnungsrecht der Länder verwendet. Demnach ist Bauherr, wer auf eigene Verantwortung und auf eigenes Risiko eine bauliche Anlage errichtet.[101] Der Bauherr im Sinne der Landesbauordnungen hat dabei alle sich aus den jeweiligen Gesetzen ergebenden bauordnungsrechtlichen Pflichten zu erfüllen, sowie alle erforderlichen Anträge, Anzeigen und Nachweise zu stellen.[102] Es muss jedoch zwischen dem Begriff des Bauherren im öffentlich-rechtlichen Sinne und im privatrechtlichen Sinne differenziert werden.[103]

Die im Bauvertragswesen als Bauherr bezeichnete Person *„ist [regelmäßig], wer selbst oder durch Dritte ein Bauwerk für eigene oder fremde Rechnung erstellt bzw. erstellen lässt“*[104]. Eigentum und Besitz an dem Baugrundstück sind für die Einstufung als Bauherr dabei unerheblich.[105] Maßgeblich ist hingegen, dass der Bauherr das Realisierungs- und Verwendungsrisiko des Bauprojektes übernimmt.[106]

---

[100] *Thierau*, in: Kapellmann/Messerschmidt, Anhang VOB/B Baubeteiligte und Unternehmereinsatzformen Rn. 2.

[101] *Ohler*, in: Messerschmidt/Voit, Beteiligte des Bau- und Planervertrages, Unternehmereinsatzformen Rn. 5.

[102] *Ohler*, in: Messerschmidt/Voit, Beteiligte des Bau- und Planervertrages, Unternehmereinsatzformen Rn. 5.

[103] Dazu ausführlich *Scorl*, Der Bauherr als Rechtsbegriff, S. 107 ff.

[104] *Ohler*, in: Messerschmidt/Voit, Beteiligte des Bau- und Planervertrages, Unternehmereinsatzformen Rn. 5.

[105] *Ohler*, in: Messerschmidt/Voit, Beteiligte des Bau- und Planervertrages, Unternehmereinsatzformen Rn. 5; *Busche*, in: MüKo-BGB, § 631 BGB Rn. 47; a. A. *Scorl*, Der Bauherr als Rechtsbegriff, S. 210 ff.

[106] *Ohler*, in: Messerschmidt/Voit, Beteiligte des Bau- und Planervertrages, Unternehmereinsatzformen Rn. 6.

Bauherren können nicht nur natürliche, sondern auch juristische Personen sein.[107] Zudem gibt es neben privaten Bauherren auch öffentliche Bauherren in Form des Bundes, Landes oder in Form von Kommunen.[108] Die bekanntesten Beispiele für das Tätigwerden von öffentlichen Auftraggebern in Deutschland stellen wohl – auch aufgrund ihrer kostenrechtlichen Brisanz – die Elbphilharmonie in Hamburg, der Berliner Flughafen und Stuttgart 21[109] dar. Insgesamt ergibt sich aus diesen Erwägungen ein großes Spektrum an verschiedenen potenziellen Bauherren, was die möglicherweise bestehenden vielseitigen und unterschiedlichen Interessenlagen etwaiger Bauherren verdeutlicht.[110]

2.2.2 Das Verhältnis des Bauherren zum Architekten

Der Bauherr setzt den Bauprozess zunächst überhaupt erst in Gang.[111] Er ist zudem gemäß §§ 650q Abs. 1 i. V. m. 642 Abs. 1 BGB zur Mitwirkung bei der Herstellung des Bauvorhabens verpflichtet.[112]

2.2.2.1 Die Mitwirkungsobliegenheit des Bauherren im Allgemeinen

Diese Pflicht zur Mitwirkung besteht nicht nur gegenüber den Unternehmern, sondern auch gegenüber dem Architekten und richtet sich nach der Art und der Beschaffenheit des Werkes.[113] Das vertraglich geschuldete Werk des Architekten besteht im Vergleich zu den Unternehmern nicht in dem körperlichen Bauwerk,[114] sondern in der dahinterstehenden planerischen und geistigen Leistung.[115] Die

---

[107] *Busche*, in: MüKo-BGB, § 631 BGB Rn. 46.

[108] *Schrammel*, Die Werkaufgabe des Architekten in Abgrenzung zu den anderen Baubeteiligten, S. 23.

[109] *Diekmann/Kröger/Reimann*, Wie die Politik die Bürger täuscht, abrufbar unter: https://www.spiegel.de/politik/deutschland/grossprojekte-der-politik-warum-ber-s21-und-co-so-teuer-werden-a-876311.html (zuletzt abgerufen am: 14.06.2019).

[110] *Schrammel*, Die Werkaufgabe des Architekten in Abgrenzung zu den anderen Baubeteiligten, S. 23.

[111] *Schulz-Eickhorst*, Die Bauherren-Architekten-Beziehung, S. 26.

[112] Beispielhafte Auflistung von Mitwirkungspflichten des Bauherren bei *Kehrberg*, in: Die Haftung des Architekten, Kapitel B Rn. 68.

[113] Vgl. *Schrammel*, Die Werkaufgabe des Architekten in Abgrenzung zu den anderen Baubeteiligten, S. 24; *Retzlaff*, in: Grüneberg, § 642 BGB Rn. 1.

[114] Siehe dazu noch unter 2.3.1.

[115] *Busche*, in: MüKo-BGB, § 640 BGB Rn. 68; *Klein*, BauR 2015, 358, 364.

Aufgabe des Bauherren ist es, die Planung und Durchführung des Bauvorhabens zu fördern und über alle aufkommenden Fragen unverzüglich zu entscheiden.[116] Das Verhältnis zwischen dem Bauherren und dem Architekten ist daher geprägt von zahlreichen Mitwirkungsobliegenheiten des Bauherren sowie umfangreichen Rechten und Pflichten des Architekten.[117] Der Bauherr ist während des gesamten Bauplanungsprozesses der maßgebliche Entscheidungsträger und muss Entscheidungen treffen,[118] auf welche der Architekt dann mit entsprechenden Maßnahmen zu reagieren hat. Der Planungsprozess zeichnet sich somit auch durch seine einzigartige Dynamik aus, die es erforderlich macht, dass Bauherr und Architekt in besonderem Maße kooperieren, um auch komplexere Bauvorhaben realisieren zu können.[119] Nur durch eine enge, dynamische Zusammenarbeit kann gewährleistet werden, dass etwaige Entscheidungen des Bauherren in der Planung des Architekten Eingang finden.

Aufgrund des meist fehlenden Fachwissens des Bauherren entsteht in Bezug auf den Architekten regelmäßig ein Informationsgefälle, welches den Handlungs- und Gestaltungsspielraum des Architekten grundsätzlich deutlich erweitert.[120] Früher führte dies zu einer hierarchischen Stellung des Architekten, der das Aussehen des Bauvorhabens aufgrund seines Wissensvorsprungs nahezu allein bestimmte.[121] Mittlerweile wird der Bauherr jedoch immer mehr in die Entwicklung des Bauprojektes einbezogen, was auch darauf zurückzuführen ist, dass ihm zunehmend Mechanismen zur Kontrolle des Architekten zur Verfügung stehen.[122]

2.2.2.2 Die Sonderfachleute im Verhältnis zwischen Bauherr und Architekt

Das Verhältnis zwischen Bauherr und Architekt wird wesentlich durch den jeweils beteiligten Architektentypen und die wirtschaftliche Risikoverteilung charakterisiert. Setzt der Bauherr einen Generalplaner ein, so ist der Generalplaner für die von ihm selbst erbrachten Leistungen und solche von den von ihm unter

---

[116] *Fischer*, Architektenrecht für Praktiker, S. 49 f.

[117] *Kehrberg*, in: Die Haftung des Architekten, Kapitel B Rn. 50.

[118] *Schulz-Eickhorst*, Die Bauherren-Architekten-Beziehung, S. 26.

[119] *Kehrberg*, in: Die Haftung des Architekten, Kapitel B Rn. 51 ff.

[120] *Kehrberg*, in: Die Haftung des Architekten, Kapitel D Rn. 2; *Widmann*, DAB 2000, 560.

[121] *Widmann*, DAB 2000, 560, 561.

[122] *Widmann*, DAB 2000, 560, 561 f.

Umständen beauftragten Sonderfachleuten (auch Subplaner genannt) verantwortlich.[123] Die Subplaner stellen im Verhältnis zum Bauherren Erfüllungsgehilfen des Generalplaners gemäß § 278 BGB dar.[124] Er bedient sich ihrer um seiner Verpflichtung gegenüber dem Bauherren, die allumfassende Planung des Bauwerkes vorzunehmen und diese dem Bauherren sowie den Bauunternehmern zur Verfügung zu stellen, gerecht zu werden. Der Bauherr muss entsprechend weniger Aufgaben übernehmen, da er die komplette Planung auf den Architekten in Form des Generalplaners übertragen hat, sodass der Architekt hier insgesamt ein höheres wirtschaftliches Risiko übernimmt.

Im Übrigen sind Sonderfachleute keine Erfüllungsgehilfen des Architekten gegenüber dem Bauherren, solange ihre Leistung nicht zu den primären Leistungspflichten des Architekten zugeordnet wird.[125] Der Architekt bedient sich der Sonderfachleute meist aufgrund seiner fehlenden Fachkenntnisse auf einem Gebiet.[126] Er kann in dem entsprechenden Fachbereich keine Überprüfung vornehmen, wenn er nicht über die entsprechende Expertise verfügt.[127] Folglich können diese Leistungen regelmäßig auch nicht zu den primären Leistungspflichten des Architekten gehören.[128] Der Architekt muss daher selbst dann nicht für die Leistungen der Sonderfachleute einstehen, wenn er diese selbst beauftragt hat.[129]

Ist der Architekt nicht als Generalplaner beauftragt – also handelt es sich um einen bauplanenden und bauüberwachenden Architekten, einen lediglich bauplanenden oder lediglich bauüberwachenden Architekten –, so tritt neben

---

[123] *Kemper*, Architekten und Ingenieure als Generalplaner, S. 25; *Korbion*, Generalplaner und Subplaner, S. 87; *Fischer*, in: Thode/Wirth/Kuffer, § 18 Mehrere am Bau Beteiligte Rn. 210.

[124] *Kemper*, Architekten und Ingenieure als Generalplaner, S. 25; *Korbion*, Generalplaner und Subplaner, S. 87; *Fischer*, in: Thode/Wirth/Kuffer, § 18 Mehrere am Bau Beteiligte Rn. 210.

[125] *Motzke*, in: Die Haftung des Architekten, Kapitel R Rn. 56; vgl. OLG Düsseldorf, Urteil vom 06.03.2014, I-5 U 84/11 NZBau 2014, 506, 507 (= BauR 2015, 1509).

[126] OLG Stuttgart, Urteil vom 24.04.2012, 10 U 7/12 BeckRS 2014, 4831 (= BauR 2014, 865); *Motzke*, in: Die Haftung des Architekten, Kapitel R Rn. 56.

[127] OLG Stuttgart, Urteil vom 24.04.2012, 10 U 7/12 BeckRS 2014, 4831 (= BauR 2014, 865); *Gautier/Zerhusen*, BauR 2015, 410, 419.

[128] *Motzke*, in: Die Haftung des Architekten, Kapitel R Rn. 56.

[129] *Motzke*, in: Die Haftung des Architekten, Kapitel R Rn. 56; vgl. OLG Düsseldorf, Urteil vom 06.03.2014, I-5 U 84/11 NZBau 2014, 506, 507 (= BauR 2015, 1509).

die zuvor dargestellten Aufgaben des Bauherren gegebenenfalls noch die Verpflichtung, dem Architekten die mangelfreie und ausführungsreife Planung der Sonderfachleute zur Verfügung zu stellen.[130]

Teilweise wird im Hinblick auf den (auch) bauplanenden Architekten vertreten, dass Sonderfachleute grundsätzlich im Verhältnis zum bauplanenden Architekten keine Erfüllungsgehilfen des Bauherren gemäß § 278 BGB darstellen.[131] Dies könne insbesondere damit begründet werden, dass der Bauherr kein entsprechendes Fachwissen habe, um eine etwaige Sonderplanung zur Verfügung zu stellen und dementsprechend nicht zur Bereitstellung einer solchen Planung verpflichtet sein könne.[132] Etwas anderes könne sich lediglich dann ergeben, wenn der Bauherr ausnahmsweise die Leistung von Sonderfachleuten (z. B. von einem Statiker) schulde.[133] Dies bestimme sich nach der jeweiligen vertraglichen Vereinbarung[134] und setze jedenfalls voraus, dass die Sonderfachleute planerisch tätig werden[135]. Zumindest bei größeren Bauvorhaben, die eine spezielle Statikerleistung erfordern, sei daher davon auszugehen, dass der Bauherr dem Architekten diese Planung zur Verfügung stellen müsse.[136]

Hierbei wird jedoch übersehen, dass es zur mangelfreien Herstellung des Bauwerkes grundsätzlich einer ausführungsreifen Objektplanung bedarf.[137] Damit der Architekt eine solche Planung überhaupt liefern kann, müsste der Bauherr dem Architekten Sonderfachleute zur Seite stellen und im Rahmen seiner Mitwirkungspflicht (§ 642 Abs. 1 BGB) für eine fehlerfreie Planung der Sonderfachleute

---

[130] *Motzke*, BauR 1994, 47, 49.

[131] BGH, Urteil vom 10.07.2003, VII ZR 329/02 NJW-RR 2003, 1454, 1455 f. (= NZBau 2003, 567); BGH, Urteil vom 04.07.2002, VII ZR 66/01 NJW-RR 2002, 1531 (= NZBau 2002, 616); *Vorwerk*, in: Thode/Wirth/Kuffer, § 19 Gesamtschuldnerische Haftung Rn. 50.

[132] *Schrammel*, Die Werkaufgabe des Architekten in Abgrenzung zu den anderen Baubeteiligten, S. 254; *Motzke*, in: Die Haftung des Architekten, Kapitel R Rn. 61; *Schmalzl*, in: FS Locher, S. 225, 231 f.

[133] OLG Frankfurt, Urteil vom 16.03.1990, 2 U 117/88 NJW-RR 1990, 1496, 1497 (= BeckRS 9998, 08920); *Schrammel*, Die Werkaufgabe des Architekten in Abgrenzung zu den anderen Baubeteiligten, S. 254 f.; *Jagenburg*, in: Bindhardt/Jagenburg, § 8 Rn. 18; vgl. *Vorwerk*, in: Thode/Wirth/Kuffer, § 19 Gesamtschuldnerische Haftung Rn. 50.

[134] BGH, Urteil vom 10.07.2003, VII ZR 329/02 NJW-RR 2003, 1454, 1455 (= NZBau 2003, 567).

[135] *Langen*, in: Kapellmann/Messerschmidt, § 13 VOB/B Rn. 124.

[136] OLG Frankfurt, Urteil vom 16.03.1990, 2 U 117/88 NJW-RR 1990, 1496, 1497 (= BeckRS 9998, 08920).

[137] *Motzke*, in: Die Haftung des Architekten, Kapitel R Rn. 91.

sorgen.[138] Die Sonderfachleute würden somit zu Erfüllungsgehilfen des Bauherren, da er sich ihrer zur Erfüllung seiner Obliegenheit bedienen würde. Dies könnte zu einer Entschärfung der Haftung des Architekten führen, da er gemäß §§ 278, 254 Abs. 2 S. 3 BGB nur noch für einen um das Mitverschulden des Bauherren reduzierten Betrag einstehen müsste.[139] Es ist insgesamt vorzugswürdig, die Sonderfachleute als Erfüllungsgehilfen des Bauherren anzusehen, um den Architekten davor schützen zu können, dass er durch den Bauherren unverhältnismäßig in Anspruch genommen wird.

Der (auch) bauplanende Architekt hat im Vergleich zum Generalplaner daher ein geringeres Risiko übernommen, da der Bauherr die Leistungen der Sonderfachleute zur Verfügung stellen und entsprechend dafür einstehen muss.

Die Sonderfachleute stellen außerdem Erfüllungsgehilfen des Bauherren gegenüber dem (auch) bauüberwachenden Architekten dar, da den Bauherren gegenüber dem (auch) bauüberwachenden Architekten die Obliegenheit trifft, eine mangelfreie und ausführungsreife Planung zur Verfügung zu stellen.[140] Eine Planung ist jedoch nur dann ausführungsreif, wenn sie jegliche Besonderheiten berücksichtigt, weshalb die Beauftragung von Sonderfachleuten und die Zurverfügungstellung ihrer Arbeit zu der Leistungspflicht des Bauherren gegenüber dem (auch) bauüberwachenden Architekten gehört.[141] In diesem Kontext werden die Sonderfachleute unter ein weiteres Begriffsverständnis der Erfüllungsgehilfen gefasst[142], nach welchem es genügt, wenn sich der Geschädigte einer Person zur Wahrung seiner eigenen Rechtsgüter und Interessen bedient[143]. Folglich schuldet der Bauherr dem (auch) bauüberwachenden Architekten die Planung der Sonderfachleute, welche regelmäßig seine Erfüllungsgehilfen sind.

Der Bauherr schuldet dem lediglich bauüberwachenden Architekten zwar nicht die Übergabe einer mangelfreien Bauplanung des bauplanenden Architekten, jedoch bedarf es zur Herstellung eines mangelfreien Bauwerkes einer solchen.[144]

---

[138] *Motzke*, in: Die Haftung des Architekten, Kapitel R Rn. 91.

[139] *Motzke*, in: Die Haftung des Architekten, Kapitel R Rn. 92.

[140] Vgl. BGH, Urteil vom 14.07.2016, VII ZR 193/14 NJW 2016, 3022 (= BauR 2016, 1943) Rn. 15; *Busche*, in: MüKo-BGB, § 634 BGB Rn. 126.

[141] Vgl. *Hartung*, in: BeckVOB, Vorbemerkung § 3 Rn. 91.

[142] BGH, Urteil vom 15.05.2013, VII ZR 257/11 BGHZ 197, 252 (= NZBau 2013, 519) Rn. 20; *Busche*, in: MüKo-BGB, § 634 BGB Rn. 136.

[143] BGH, Urteil vom 03.07.1951, I ZR 44/50 BGHZ 3, 46, 50 (= BB 51, 713); *Busche*, in: MüKo-BGB, § 634 BGB Rn. 136.

[144] BGH, Urteil vom 15.05.2013, VII ZR 257/11 BGHZ 197, 252 (= NZBau 2013, 519) Rn. 20; *Busche*, in: MüKo-BGB, § 634 BGB Rn. 136; vgl. *Motzke*, in: Die Haftung des Architekten, Kapitel R Rn. 61.

Insofern liegt es auch im Interesse des Bauherren, dem lediglich bauüberwachenden Architekten eine mangelfreie Planung zur Verfügung zu stellen, sodass den Bauherren gegenüber dem lediglich bauüberwachenden Architekten diese Obliegenheit trifft.[145] In diesem Kontext wird der bauplanende Architekt ebenfalls unter das weitere Begriffsverständnis der Erfüllungsgehilfen gefasst[146]. Folglich stellt der bauplanende Architekt auch gegenüber dem lediglich bauüberwachenden Architekten einen Erfüllungsgehilfen des Bauherren dar, dessen Handlungen ihm im Rahmen des Mitverschuldens nach §§ 254 Abs. 2 S. 2, 278 BGB zugerechnet werden.

Die Aufgabe des Bauherren, dem lediglich bauüberwachenden Architekten die mangelfreie Bauplanung inklusive der Leistungen der Sonderfachleute zur Verfügung zu stellen, führt insgesamt zu einer Haftungsentschärfung zugunsten des bauüberwachenden Architekten.

2.2.2.3 Die Bauunternehmer im Verhältnis zwischen Bauherr und Architekt

Bauunternehmer stellen im Verhältnis zum bauplanenden Architekten in der Regel keine Erfüllungsgehilfen des Bauherren dar. Der Bauherr ist nicht zu einer mangelfreien Ausführungsleistung der Bauunternehmer verpflichtet, da Bauunternehmer als die eigentlichen Fachleute auf ihrem Gebiet anzusehen sind.[147] Gleiches gilt grundsätzlich auch im Verhältnis zum bauüberwachenden Architekten.[148] Der Bauherr schuldet auch dem bauüberwachenden Architekten in der Regel keine mangelfreie Ausführungsleistung der Bauunternehmer.[149] Folglich bedient sich der Bauherr zur Erfüllung seiner Pflicht nicht der Bauunternehmer und die Bauunternehmer sind keine Erfüllungsgehilfe des Bauherren. Entsprechend ergibt sich hier keine Haftungsentschärfung zugunsten des Architekten, die im Rahmen der wirtschaftlichen Risikoverteilung zu berücksichtigen wäre.

---

[145] BGH, Urteil vom 15.05.2013, VII ZR 257/11 BGHZ 197, 252 (= NZBau 2013, 519) Rn. 20; *Busche*, in: MüKo-BGB, § 634 BGB Rn. 136; vgl. *Motzke*, in: Die Haftung des Architekten, Kapitel R Rn. 61.

[146] BGH, Urteil vom 15.05.2013, VII ZR 257/11 BGHZ 197, 252 (= NZBau 2013, 519) Rn. 20; *Busche*, in: MüKo-BGB, § 634 BGB Rn. 136.

[147] *Schrammel*, Die Werkaufgabe des Architekten in Abgrenzung zu den anderen Baubeteiligten, S. 252.

[148] *Werner/Pastor*, Der Bauprozess, Rn. 2930.

[149] *Vorwerk*, in: Thode/Wirth/Kuffer, § 19 Gesamtschuldnerische Haftung Rn. 47.

2.2.2.4 Zwischenfazit

Insgesamt ergibt sich also aus der Zuordnung zu einem Architektentypus, inwieweit der Bauherr dazu verpflichtet ist, die Planung von Sonderfachleuten und gegebenenfalls des bauplanenden Architekten zur Verfügung zu stellen. Hat er dafür Sorge zu tragen, dass eine solche Planung zur Verfügung gestellt wird, so kann dies zu einer Haftungsentschärfung zugunsten des Architekten führen, da ihm etwaige Planungsmängel gemäß §§ 254 Abs. 2 S. 2, 278 BGB im Rahmen eines Mitverschuldens angerechnet werden. Der Architekt trägt in einem solchen Fall ein geringeres wirtschaftliches Risiko, als der Generalplaner, der die Leistungen der Sonderfachleute selbst schuldet.

2.2.2.5 Die Architektenvollmacht

Das Verhältnis zwischen Bauherr und Architekt, sowie die wirtschaftliche Risikoverteilung können jedoch nicht nur durch die Zuordnung zu einem Architektentypus beeinflusst werden, sondern auch durch die Erteilung einer Vollmacht. Grundsätzlich ist der Architekt nur Sachwalter im technischen Bereich, sodass er nicht als rechtsgeschäftlicher Vertreter des Bauherren auftreten und folglich keine Verträge mit Sonderfachleuten (oder Bauunternehmern) für den Bauherren abschließen kann.[150] Durch die Beauftragung eines Architekten wird dieser nicht automatisch zum rechtsgeschäftlichen Vertreter ernannt, sondern es wird zunächst lediglich eine sogenannte originäre Vollmacht erteilt.[151]

Diese Vollmacht erstreckt sich nur auf solche Aufgaben, die zur Erfüllung seiner vertraglichen Pflichten notwendig sind.[152] Damit der Architekt zum rechtsgeschäftlichen Vertreter werden kann, bedarf es einer ausdrücklichen rechtsgeschäftlichen Vollmacht des Bauherren, welche über die originäre Vollmacht hinausgeht.[153] Diese Vollmacht müsste die Berechtigung des Architekten enthalten, die Vergabe einzelner Bauleistungen vorzunehmen, Weisungen zu erteilen, Mängel zu rügen oder Leistungen abzunehmen.[154] Eine stillschweigende Vollmacht kann dafür grundsätzlich nicht genügen.[155] Durch eine solche Vollmachtserteilung wird der Architekt Vertreter des Bauherren und kann im

---

[150] *Funke*, in: BeckVOB, Vorbemerkung § 2 Rn. 25.

[151] *Motzke*, in: Die Haftung des Architekten, Kapitel E Rn. 226; vgl. *Bernhard*, in: BeckOGK-BGB, § 650q BGB (Stand: 15.05.2022) Rn. 540 f.

[152] *Bernhard*, in: BeckOGK-BGB, § 650q BGB (Stand: 15.05.2022) Rn. 541.

[153] *Motzke*, in: Die Haftung des Architekten, Kapitel E Rn. 227 ff.

[154] *Schmalzl*, Die Haftung des Architekten und des Bauunternehmers, Rn. 11.

[155] *Funke*, in: BeckVOB, Vorbemerkung § 2 Rn. 32, siehe hier auch zu Ausnahmen, wann eine konkludent erteilte Vollmacht vorliegen kann; ebenso *Peters*, in: Staudinger, Vorbemerkungen zu §§ 650p ff. BGB Rn. 24.

Sinne von § 164 Abs. 1 S. 1 BGB mit Wirkung für und gegen den Bauherren Rechtsgeschäfte vornehmen. Das Rechtsgeschäft kommt folglich mit dem Bauherren zustande und dieser hat die daraus erwachsenden Rechte und Pflichten zu tragen.[156] Die wirtschaftliche Risikoverteilung wird somit auch dadurch beeinflusst, wie weitreichend die Vollmacht ausgestaltet ist und welche Aufgaben dem Architekten übertragen werden. Je nach dem worauf sich die Vollmacht erstreckt, übernimmt der Architekt mehr Verantwortung, da er zum rechtsgeschäftlichen Vertreter des Bauherren wird. Die Ausgestaltung der Vollmacht muss daher ebenfalls bei der Beurteilung der wirtschaftlichen Risikoverteilung berücksichtigt werden. Aber auch bei einer weitreichend ausgestalteten Vollmacht muss der Architekt grundsätzlich nicht für die Leistungen der Sonderfachleute einstehen, da es sich dabei nicht um Erfüllungsgehilfen des Architekten handelt. Wird der Architekt zur Beauftragung der Sonderfachleute bevollmächtigt, so muss er jedoch für die Auswahl der Sonderfachleute einstehen.[157]

2.2.2.6 Fazit

Letztlich hat entweder der Bauherr dafür zu sorgen, dass dem Architekten die Fachplanung von Sonderfachleuten jederzeit zur Verfügung steht oder er gibt diese Aufgabe ab, indem er dem Architekten eine entsprechende Vollmacht erteilt oder ihn von vorneherein als Generalplaner beauftragt. Hat der Bauherr jedoch selbst dafür zu sorgen, so kommt es zu einer Haftungsentschärfung zugunsten des Architekten. Die wirtschaftliche Risikoverteilung wird daher wesentlich von dem jeweiligen Verhältnis zwischen Bauherren und Architekten geprägt.

2.3 Der Bauunternehmer

2.3.1 Der Begriff des Bauunternehmers

Der Bauunternehmer (teils auch nur als Unternehmer betitelt) ist jeder selbstständige Handwerker, der an der Herstellung des Bauwerkes beteiligt ist.[158] Er führt die Planung des Architekten aus und ist gewissermaßen im Sinne einer Exekutive am Bauvorhaben beteiligt.[159] Er schuldet dem Bauherren mit der Verwirklichung

---

[156] *Schubert*, in: MüKo-BGB, § 164 BGB Rn. 245.

[157] *Motzke*, in: Die Haftung des Architekten, Kapitel R Rn. 56.

[158] *Herding/Schmalzl*, Vertragsgestaltung und Haftung im Bauwesen, S. 335.

[159] *Schrammel*, Die Werkaufgabe des Architekten in Abgrenzung zu den anderen Baubeteiligten, S. 33; vgl. *Schulz-Eickhorst*, Die Bauherren-Architekten-Beziehung, S. 28.

des Planes den materiellen Teil des Bauvorhabens.[160] Unerheblich ist hierbei, ob der Bauunternehmer das gesamte Bauwerk errichtet oder nur einen einzelnen Beitrag zur Errichtung erbringt.[161] Von dem Begriff des Bauunternehmers werden daher neben dem Rohbauunternehmer zum Beispiel auch der Zimmerer, Installateur, Dachdecker und Fußbodenleger erfasst.[162] Sie alle unterstützen den Bauherren bei der Verwirklichung des Bauvorhabens und stellen unabhängig von dem Umfang ihres Bauauftrages einen Bauunternehmer dar.

2.3.2 Das Verhältnis des Bauunternehmers zum Architekten

In der Regel werden die Bauunternehmer vom Bauherren beauftragt.[163] Grundsätzlich fehlt es daher an einer vertraglichen Beziehung zwischen dem Bauunternehmer und dem Architekten.[164] Hat der Bauherr dem Architekten jedoch eine entsprechende rechtsgeschäftliche Vollmacht erteilt, kann der Architekt regelmäßig auch die Beauftragung von Bauunternehmern vornehmen.[165] Diese erfolgt im Namen des Bauherren, sodass hier gerade keine vertragliche Beziehung zwischen dem Bauunternehmer und dem Architekten entsteht. Die Vollmacht des Architekten kann sich des Weiteren darauf erstrecken, dass dieser die Leistungen der Bauunternehmer auf Mängel überprüft und abnimmt.[166] Bei der Beurteilung der wirtschaftlichen Risikoverteilung spielt also auch hier die Ausgestaltung der Vollmacht eine besondere Rolle. Der Architekt übernimmt gewiss ein deutlich höheres Risiko, wenn er für die Beauftragung der Bauunternehmer zuständig ist oder die Leistungen der Bauunternehmer auf Mängel überprüft und abnimmt, sodass dies berücksichtigt werden muss. Der Architekt muss in jedem Fall jedoch nicht für die Leistung der Bauunternehmer einstehen, da Bauunternehmer weder Erfüllungsgehilfen (§ 278 BGB) des bauplanenden noch des bauüberwachenden

---

160 *Herding/Schmalzl*, Vertragsgestaltung und Haftung im Bauwesen, S. 335; *Busche*, in: MüKo-BGB, § 650e BGB Rn. 12.

161 BGH, Urteil vom 24.03.1977, VII ZR 220/75 BGHZ 68, 208, 211 (= NJW 1977, 1146); BGH, Urteil vom 21.12.1955, VI ZR 246/54 BGHZ 19, 319, 321 (= NJW 1956, 1195).

162 *Herding/Schmalzl*, Vertragsgestaltung und Haftung im Bauwesen, S. 335.

163 *Fischer*, in: Thode/Wirth/Kuffer, § 18 Mehrere am Bau Beteiligte Rn. 19; vgl. *Korbion*, Generalplaner und Subplaner, S. 1.

164 *Vorwerk*, in: Thode/Wirth/Kuffer, § 19 Gesamtschuldnerische Haftung Rn. 29.

165 Im Ergebnis so auch *Schrammel*, Die Werkaufgabe des Architekten in Abgrenzung zu den anderen Baubeteiligten, S. 33 f.

166 *Schulz-Eickhorst*, Die Bauherren-Architekten-Beziehung, S. 52.

Architekten gegenüber dem Bauherren darstellen, zumal der Architekt nicht das Bauwerk als körperliche Sache schuldet, sondern lediglich die Umsetzung des Bauwerkes als geistige Leistung.[167] Gleiches muss auch für den Generalplaner gelten, der zwar für die Planung des gesamten Werkes verantwortlich ist, aber ebenfalls das Bauwerk nicht als körperliche Leistung schuldet. Diesbezüglich ist es dementsprechend irrelevant, um welchen Architektentypus es sich handelt, da es auf die Vollmachtserteilung ankommt.

Der Bauunternehmer verwirklicht das von dem Architekten geplante Bauwerk, sodass sich der bauplanende Architekt und der Bauunternehmer in ihrer Arbeit grundsätzlich gegenseitig beeinflussen, auch wenn es an einer vertraglichen Beziehung zwischen ihnen fehlt.[168] Der Architekt ist auf die handwerksgerechte Ausführung der Bauunternehmer angewiesen, da die Planung im Ergebnis nur so gut sein kann wie ihre Ausführung.[169] Gleichermaßen ist auch der Bauunternehmer von der Planung des Architekten abhängig, damit sich seine Bauleistung sinnvoll in das Gesamtgefüge des Bauwerkes integrieren kann. Insgesamt ergibt sich daraus ein tatsächliches Abhängigkeitsverhältnis zwischen den einzelnen Bauunternehmern und dem Architekten.[170] Trotz des tatsächlichen Abhängigkeitsverhältnisses zwischen dem bauplanenden Architekten und dem Bauunternehmer folgt daraus aber keine Übernahme eines wirtschaftlichen Risikos des Architekten gegenüber dem Bauherren, da dieser für die Leistungen der Bauunternehmer nicht einstehen muss.[171]

Der bauüberwachende Architekt hat hingegen zumindest dafür zu sorgen, dass die Bauunternehmer bei ihrer Tätigkeit durch die Sonderfachleute überwacht und ihre Leistungen in technischer Hinsicht überprüft werden.[172] Dementsprechend übernehmen der bauplanende und bauüberwachende Architekt, sowie der lediglich bauüberwachende Architekt diesbezüglich ein höheres wirtschaftliches Risiko, auch wenn sie erneut nicht für die Bauunternehmerleistung einstehen

---

167 *Jagenburg*, in: Bindhardt/Jagenburg, § 8 Rn. 20.

168 *Schrammel*, Die Werkaufgabe des Architekten in Abgrenzung zu den anderen Baubeteiligten, S. 33.

169 *Schrammel*, Die Werkaufgabe des Architekten in Abgrenzung zu den anderen Baubeteiligten, S. 33.

170 *Schrammel*, Die Werkaufgabe des Architekten in Abgrenzung zu den anderen Baubeteiligten, S. 33.

171 Vgl. *Jagenburg*, in: Bindhardt/Jagenburg, § 8 Rn. 20.

172 BGH, Urteil vom 06.07.2000, VII ZR 82/98 NJW-RR 2000, 1468, 526 (= BauR 2000, 1513); *Zahn*, in: Kniffka, § 650p BGB Rn. 170; *Busche*, in: MüKo-BGB, § 650p BGB Rn. 29; *Thierau/Schmidt*, in: Thode/Wirth/Kuffer, § 9 Vertragliche Haftung des Architekten Rn. 48.

müssen. Dem Generalplaner wird dabei das größte wirtschaftliche Risiko zugeordnet, da er im Vergleich zu den anderen Architektentypen nicht nur für die Überwachung der Sonderfachleute und deren Leistungen zuständig ist, sondern die Leistungen der Sonderfachleute selbst erbringt. Dementsprechend muss er selbst auch die Überwachung der Bauunternehmerleistungen gewährleisten.

2.4 Die Sonderfachleute

2.4.1 Der Begriff der Sonderfachleute

Der Begriff der Sonderfachleute umfasst „*Ingenieure, die nicht die Objektplanung als solche übernehmen, sondern denen Sonderleistungen wie Statik, Akustik, Heizung, Lüftung, Versorgungsanlagen etc. übertragen werden*“[173]. Die Sonderfachleute sind daher in der Regel mit einem spezifischen Teil der Planung beauftragt, für welchen Spezialkenntnisse benötigt werden.[174] Dadurch ist selten nur ein Ingenieur an der Planung beteiligt, sondern regelmäßig eine Vielzahl von Sonderfachleuten.[175] Wie auch der Architekt schulden die Sonderfachleute eine dauerhaft genehmigungsfähige Planung.[176] Ihre Leistung wird entsprechend parallel zu der Architektenleistung erbracht.[177]

2.4.2 Das Verhältnis der Sonderfachleute zum Architekten

Der Einsatz von Sonderfachleuten gewinnt immer mehr an Bedeutung, da durch stetig komplexer werdende Bauvorhaben kontinuierlich höhere Anforderungen an das Wissen des Architekten gestellt werden.[178] Diesen Anforderungen kann der Architekt allein regelmäßig nicht mehr gerecht werden, sodass er für die

---

[173] *Schrammel*, Die Werkaufgabe des Architekten in Abgrenzung zu den anderen Baubeteiligten, S. 30.

[174] *Kehrberg*, in: Die Haftung des Architekten, Kapitel C Rn. 10.

[175] *Kehrberg*, in: Die Haftung des Architekten, Kapitel C Rn. 1.

[176] BGH, Urteil vom 21.12.2000, VII ZR 17/99 NJW 2001, 1642, 1643 (= NZBau 2001, 261).

[177] *Schulz-Eickhorst*, Die Bauherren-Architekten-Beziehung, S. 28.

[178] *Schrammel*, Die Werkaufgabe des Architekten in Abgrenzung zu den anderen Baubeteiligten, S. 31; *Kehrberg*, in: Die Haftung des Architekten, Kapitel C Rn. 1.

Heranziehung von Sonderfachleuten Sorge zu tragen hat, sobald eine Frage des Bauherren über seinen Wissensstand hinausgeht.[179]

Die Sonderfachleute werden nur für einen begrenzten Bereich des Bauprojektes herangezogen, für welchen sie die benötigte Expertise besitzen, die dem Architekten fehlt.[180] Sie tragen auch nur für diesen Bereich die Verantwortung, wobei jedoch erwartet wird, dass sie mit Blick auf die grundsätzliche Gebrauchstauglichkeit des Bauvorhabens mit dem Allgemeinplaner – für gewöhnlich dem Architekten – regelmäßig Rücksprache halten.[181] Dieser muss ihre Ergebnisse in seine eigene Planung integrieren.[182]

Handelt es sich bei dem Architekten um einen Generalplaner, so ist der Architekt selbst für die Erbringung der Leistungen der Sonderfachleute zuständig. Entsprechend muss er grundsätzlich die jeweiligen Sonderfachleute im eigenen Namen und auf eigene Rechnung beauftragen und gegenüber dem Bauherren für ihre Fehler einstehen. In dem Fall handelt es sich bei den Sonderfachleuten um Erfüllungsgehilfen des Architekten nach § 278 BGB und der Architekt übernimmt daher ein höheres wirtschaftliches Risiko.[183]

Wurde der Architekt hingegen nicht als Generalplaner beauftragt, so erfolgt die Beauftragung der Sonderfachleute, wie bereits erläutert, grundsätzlich durch den Bauherren selbst.[184] Ist dies der Fall, so kann der Architekt gegenüber dem Bauherren lediglich dazu verpflichtet sein, auf die Notwendigkeit zur Heranziehung von Sonderfachleuten hinzuweisen.[185] Das wirtschaftliche Risiko ist daher für die anderen Architektentypen im Vergleich zum Generalplaner deutlich geringer.

Erteilt der Bauherr dem Architekten jedoch eine Vollmacht, Sonderfachleute im Namen und auf die Rechnung des Bauherren zu bestellen, so interagiert

---

[179] *Jagenburg*, in: Bindhardt/Jagenburg, § 6 Rn. 7; *Kehrberg*, in: Die Haftung des Architekten, Kapitel C Rn. 10 f.

[180] Vgl. *Kehrberg*, in: Die Haftung des Architekten, Kapitel A Rn. 11.

[181] *Motzke*, BauR 1994, 47, 53.

[182] *Schulz-Eickhorst*, Die Bauherren-Architekten-Beziehung, S. 28.

[183] Siehe unter 2.2.2.2.

[184] Vgl. *Schrammel*, Die Werkaufgabe des Architekten in Abgrenzung zu den anderen Baubeteiligten, S. 31.

[185] *Schrammel*, Die Werkaufgabe des Architekten in Abgrenzung zu den anderen Baubeteiligten, S. 31.

der Architekt mit den Sonderfachleuten, ohne dabei jedoch selbst eine vertragliche Beziehung einzugehen.[186] Beim Vorliegen einer solchen Vollmacht muss der Architekt für die Auswahl eines unzuverlässigen Sonderfachplaners einstehen.[187] Bei einer entsprechenden Vollmacht kann der Architekt zudem für eine mangelhafte Überprüfung der Leistungen der Sonderfachleute verantwortlich gemacht werden,[188] nicht jedoch für eine etwaige mangelhafte Leistung der Sonderfachleute selbst. Die Erteilung einer solchen Vollmacht führt dazu, dass der Architekt ein höheres wirtschaftliches Risiko trägt.

[186] *Schrammel*, Die Werkaufgabe des Architekten in Abgrenzung zu den anderen Baubeteiligten, S. 31; *Fischer*, in: Thode/Wirth/Kuffer, § 18 Mehrere am Bau Beteiligte Rn. 21; *Jagenburg*, in: Bindhardt/Jagenburg, § 6 Rn. 9.

[187] BGH, Urteil vom 14.02.2001, VII ZR 176/99 BGHZ 147, 1, 4 f. (= NZBau 2001, 270).

[188] *Motzke*, in: Die Haftung des Architekten, Kapitel R Rn. 56.

Der Architektenvertrag 3

3.1 Einführung in den Architektenvertrag

Der Architektenvertrag wurde erstmalig durch das Gesetz zur Reform des Bauvertragsrechts vom 01.01.2018 in das Bürgerliche Gesetzbuch aufgenommen (§ 650p BGB). Neben dem Architekten- und Ingenieurvertrag wurden durch das Gesetz zur Reform des Bauvertragsrechts auch der Bauvertrag (§ 650a BGB), Verbraucherbauvertrag (§ 650i BGB) und Bauträgervertrag (§ 650u BGB) in das BGB eingeführt. Damit wurde das private Baurecht vollumfassend neu geregelt.

3.1.1 Zweck der Einführung des neuen Bauvertragsrechts

Die Einführung der neuen Vertragstypen sollte dem Umstand Abhilfe schaffen, dass das bis dahin geltende Werkvertragsrecht im Hinblick auf die unterschiedlichen Vertragsgegenstände im privaten Baurecht sehr allgemein gehalten war.[1] Die Komplexität von Bauvorhaben erforderte grundsätzlich spezielle Regelungen, welche im allgemeinen Werkvertragsrecht fehlten.[2]

Beim Architektenvertrag im Speziellen beruhte die Notwendigkeit der Regelung vornehmlich auf der Tatsache, dass der vertraglich geschuldete Erfolg, insbesondere in frühen Planungsphasen, regelmäßig noch nicht abschließend festgelegt werden kann.[3] In diesem Fall soll es Teil der Erfolgsverpflichtung des Architekten sein, die Vorstellungen des Bauherren zu spezifizieren oder überhaupt

[1] BT-Drucks. 18/8486, S. 24.

[2] BT-Drucks. 18/8486, S. 24.

[3] BT-Drucks. 18/8486, S. 24.

M.-L. Athie, *Die wirtschaftliche Risikoverteilung bei Architektenverträgen unter besonderer Berücksichtigung der Kostendeckelung*,
https://doi.org/10.1007/978-3-658-46945-0_3

erst zu entwickeln.[4] Diesen Besonderheiten wurde durch das bis zum damaligen Zeitpunkt geltende Werkvertragsrecht nicht Genüge getan, da bei den klassischen Werkverträgen der vertragliche Erfolg bei Abschluss des Vertrages grundsätzlich bereits abschließend definiert ist.[5] So geht § 631 Abs. 1 BGB beispielsweise davon aus, dass der Unternehmer durch den Werkvertrag zur Herstellung des versprochenen Werkes verpflichtet ist. Hier wird also deutlich, dass bei Abschluss des Werkvertrages bereits das zu leistende Werk feststeht. Erst mit der Einführung des § 650p Abs. 2 BGB wurde für den Architektenvertrag eine spezielle Regelung für den Fall geschaffen, dass die Planungs- und Überwachungsziele – und damit das Werk – noch nicht bestimmt wurden. Zudem sollte der ungleichen finanziellen Belastung von Architekten in Bezug auf die gesamtschuldnerische Haftung mit den bauausführenden Unternehmen abgeholfen werden.[6] Diese zeichnete sich in dem bis dahin geltenden Recht insbesondere durch eine schwere Durchsetzbarkeit von Ausgleichsansprüchen der Architekten gegenüber den mitverantwortlichen Bauunternehmern aus.[7]

3.1.2 Gesetzessystematik

Die Rechtsnatur des Architektenvertrages war lange Zeit – unter anderem aufgrund der Mannigfaltigkeit der Aufgaben des Architekten[8] – umstritten, bis eine Entscheidung des BGH[9] den Architektenvertrag endgültig als Werkvertrag qualifizierte.[10] Dieser Entscheidung hat sich der Gesetzgeber bei der Einführung des Architektenvertrages im Ergebnis mit Ausnahme einer Besonderheit angeschlossen.[11] Der Architektenvertrag wird nun als ein werkvertragsähnlicher Vertrag qualifiziert und nicht als Werkvertrag.[12]

In der Literatur wird diesbezüglich teilweise betont, dass die Zuordnung in einen eigenen Untertitel lediglich verdeutlichen sollte, dass die Leistungen des

[4] BT-Drucks. 18/8486, S. 24.

[5] Vgl. BT-Drucks. 18/8486, S. 24.

[6] BT-Drucks. 18/8486, S. 25.

[7] BT-Drucks. 18/8486, S. 24.

[8] *Schwenker/Rodemann*, in: Erman, § 650p BGB Rn. 1.

[9] BGH, Urteil vom 26.11.1959, VII ZR 120/58 BGHZ 31, 224 (= NJW 1960, 431).

[10] *Zahn*, in: Kniffka, § 650p BGB Rn. 1.

[11] *Zahn*, in: Kniffka, § 650p BGB Rn. 1.

[12] *Voit*, in: BeckOK-BGB, § 650p BGB (Stand: 01.05.2020) Rn. 1; *Stelzner*, in: jurisPK, § 650p BGB Rn. 17; *Blomeyer/Zimmermann*, NZBau 2017, 703; *Fuchs*, NZBau 2019, 25, 28.

Architektenvertrages Besonderheiten beinhalten, die eine eigenständige Regelung notwendig machen.[13] An dieser Stelle könnte man argumentativ auch die Regelung des § 634a Abs. 1 Nr. 2 BGB heranziehen.[14] Dort wird im Rahmen des Werkvertragsrechts eine Verjährungsregelung sowohl für das Bauwerk (Bauvertrag und Verbraucherbauvertrag) als auch für das Architektenwerk getroffen. Vergleicht man dies nun mit den Regelungen zum Pauschalreisevertragsrecht nach §§ 651a ff. BGB, welches ebenfalls einen eigenen Untertitel zu dem Titel „*Werkvertrag und ähnliche Verträge*" darstellt, so findet sich in § 651j BGB eine eigene Verjährungsklausel. Im allgemeinen Werkvertragsrecht wird somit eine explizite Verjährungsregelung für den Architektenvertrag getroffen, während die Verjährungsregelung für den Pauschalreisevertrag dem eigenen Untertitel zugeordnet ist. Daraus könnte man ableiten, dass es sich bei dem Architektenvertrag um einen Werkvertrag handeln muss und nicht ein werkvertragsähnlicher Vertrag, wie der Pauschalreisevertrag es ist, vorliegt. Der Gesetzgeber begründet die Einordnung des Architektenvertrages in einen eigenen Untertitel zudem lediglich mit dem Ziel den besonderen Charakter dieser Vertragsart deutlich machen zu wollen.[15] Aus den Gesetzgebungsmaterialien ergibt sich insgesamt jedenfalls nicht, dass der Gesetzgeber der bisherigen Rechtsprechung widersprechen wollte.[16] Dies könnte für eine Einordnung als Werkvertrag sprechen.

Für die Einordnung als werkvertragsähnlicher Vertrag spricht jedoch, dass die Vorschriften zum Architektenvertrag in einem eigenen Untertitel hinzugefügt wurden, während beispielsweise die Regelungen des Bauvertrages und Verbraucherbauvertrages dem Untertitel des Werkvertrages als einzelne Kapitel zugeordnet wurden.[17] Ein Blick auf die Systematik des Dienst- und Behandlungsvertrages bestätigt diese Vermutung. Der Behandlungsvertrag nach § 630a BGB wird in einem eigenen Untertitel (Untertitel 2) dem „*Dienstvertrag und ähnlichen Verträgen*" zugeordnet. Das Verhältnis ist also identisch mit dem Verhältnis zwischen Architektenvertrag und Werkvertrag. Der Behandlungsvertrag stellt eine

[13] *Busche*, in: MüKo-BGB, § 650p BGB Rn. 1.

[14] Vgl. *Schwenker/Wessel*, in: Messerschmidt/Voit, § 650p BGB Rn. 4.

[15] BT-Drucks. 18/8486, S. 66.

[16] BT-Drucks. 18/8486, S. 66.

[17] *Kober*, in: BeckOGK-BGB, § 634 BGB (Stand: 01.04.2022) Rn. 25; *Voit*, in: BeckOK-BGB, § 650p BGB (Stand: 01.05.2020) Rn. 1.

spezielle Form des Dienstvertrages dar[18] und wird daher als dienstvertragsähnlicher Vertrag qualifiziert.[19] Dies würde also mit Blick auf den Architektenvertrag indizieren, diesen als werkvertragsähnlich zu qualifizieren.

Der Rechtsprechung des BGH[20] hat sich der Gesetzgeber im Ergebnis also angeschlossen, mit der Ausnahme, dass er den Architektenvertrag als werkvertragsähnlichen Vertrag einordnet.[21]

Fraglich bleibt schließlich noch, welche Rechtsfolgen sich aus der Typisierung als werkvertragsähnlichen Vertrag ergeben. Nach ganz herrschender Meinung handelt es sich bei dem Pauschalreisevertrag, welcher ebenfalls einen werkvertragsähnlichen Vertrag darstellt, um einen eigenständigen Vertragstyp und nicht nur um einen Unterfall des Werkvertrages.[22] Daraus könnte man im Umkehrschluss ableiten, dass es sich bei dem Architektenvertrag aufgrund seiner Stellung als werkvertragsähnlichen Vertrag ebenfalls um einen eigenständigen Vertragstyp handelt.

Der Einordnung als werkvertragsähnlicher Vertrag kann jedoch nicht die pauschale Rechtsfolge der Einordnung als eigenständiger Vertragstyp beigemessen werden, da es sich um sehr unterschiedliche Vertragsarten handelt, deren Ausgestaltung im Ermessen des Gesetzgebers liegt. Dies wird bereits aus den unterschiedlichen Verjährungsregelungen des Architekten- und des Pauschalreisevertrages deutlich, da der Gesetzgeber hier kein einheitliches Vorgehen gewählt hat, indem er lediglich für den Pauschalreisevertrag eine eigene Verjährungsklausel geschaffen und die Klausel für das Architektenrecht in das allgemeine Werkvertragsrecht eingegliedert hat. Gemäß § 650q Abs. 1 BGB sind zudem die Vorschriften des allgemeinen Werkvertragsrechts entsprechend anzuwenden, soweit sich in den §§ 650q – 650t BGB keine Sonderregelung findet. Die Regelungen des Werkvertragsrechts sollen daher, wenn auch nicht uneingeschränkt,

---

[18] BT-Drucks. 17/10488, S. 17.

[19] *Gescher/Rehborn*, in: Erman, Vorbemerkung zu § 630a BGB Rn. 4; *Spickhoff*, Spickhoff, § 630a BGB Rn. 6.

[20] BGH, Urteil vom 14.01.2016, VII ZR 271/14 NJW 2016, 1089 (= BauR 2016, 852); BGH, Urteil vom 26.11.1959, VII ZR 120/58 BGHZ 31, 224 (= NJW 1960, 431).

[21] So auch *Zahn*, in: Kniffka, § 650p BGB Rn. 1.

[22] *Alexander*, in: BeckOGK-BGB, § 651a BGB (Stand: 01.05.2022) Rn. 143 ff.; *Geib*, in: BeckOK-BGB, § 651a BGB (Stand: 01.02.2022) Rn. 5 f.; *Tonner*, in: MüKo-BGB, Vor § 651a BGB Rn. 19 f.

im Architektenrecht angewendet werden.[23] Sie gelten demnach nicht unmittelbar[24], sondern nur mittelbar.[25] Bei dem Architektenvertrag wird dies jedoch regelmäßig nicht zu einem Unterschied in der Rechtsanwendung der allgemeinen Werkvertragsregelungen führen.[26]

Die Bestimmungen zum Architektenvertrag sollen dementsprechend die Vorschriften des Werkvertragsrechts nur dahingehend ergänzen und modifizieren, wo die Gesetze gewissen Besonderheiten – wie der immateriellen Planungsleistung – gerecht werden müssen.[27] Es muss daher berücksichtigt werden, dass der Architektenvertrag nicht als eigenständiges und geschlossenes System entwickelt wurde, sondern in Übereinstimmung mit der bisherigen Rechtsprechung[28] im weitergehenden Sinne unter den Werkvertrag gefasst wird.[29]

3.2 Inhalt des Vertrages

Mit der Einführung des § 650p BGB wollte der Gesetzgeber die Leistungspflichten des Architekten detaillierter beschreiben. Die Aufgaben des Architekten werden jedoch sowohl in Absatz 1 als auch in Absatz 2 insgesamt eher leitbildartig und nicht sehr spezifisch dargestellt.[30] Mit der gewählten allgemeinen Formulierung sollte insbesondere berücksichtigt werden, dass Architektenverträge in der Regel viele unterschiedliche, komplexe und umfangreiche Leistungspflichten beinhalten.[31] Damit möglichst viele Leistungspflichten, die innerhalb eines Architektenvertrages vereinbart werden können, von § 650p BGB umfasst werden, wurde eine derart abstrakte Formulierung gewählt.

Leistungen, die entsprechend des Wortlautes des § 650p BGB nicht unmittelbar auf die Errichtung von Bauwerken oder Außenanlagen gerichtet sind, wie beispielsweise die Bauleitplanung (§§ 17 ff. HOAI), die Landschaftsplanung

[23] BT-Drucks. 18/8486, S. 66.

[24] So aber *Motzke*, NZBau 2017, 251.

[25] *Deckers*, ZfBR 2017, 523, 532.

[26] *Stelzner*, in: jurisPK, § 650p BGB Rn. 17.

[27] *Busche*, in: MüKo-BGB, § 650p BGB Rn. 1.

[28] Vgl. zum Beispiel BGH, Urteil vom 14.01.2016, VII ZR 271/14 NJW 2016, 1089 (= BauR 2016, 852); BGH, Urteil vom 26.11.1959, VII ZR 120/58 BGHZ 31, 224 (= NJW 1960, 431).

[29] *Busche*, in: MüKo-BGB, § 650p BGB Rn. 1.

[30] *Schwenker/Wessel*, in: Messerschmidt/Voit, § 650p BGB Rn. 1; vgl. *Busche*, in: MüKo-BGB, § 650p BGB Rn. 4.

[31] BT-Drucks. 18/8486, S. 66 f.

(§§ 22 ff. HOAI) und Verkehrsanlagenplanung (§§ 45 ff. HOAI), unterfallen jedoch nicht den Regelungen zum Architektenvertrag, sondern den Regelungen zum allgemeinen Werkvertragsrecht.[32]

3.2.1 Planungs- und Überwachungsziele als zu gewährleistender Erfolg (§ 650p Abs. 1 BGB)

Der Architekt hat gemäß § 650p Abs. 1 BGB alle Planungs- und Überwachungsleistungen zu erbringen, die notwendig sind, um die festgelegten Planungs- und Überwachungsziele zu erreichen. Grundsätzlich beziehen sich die Vereinbarungen der Parteien bezüglich der Planungs- und Überwachungsziele auf die Beschaffenheit des Bauwerkes und der Außenanlage.[33] Der Architekt schuldet dabei nicht das körperliche, mangelfreie Bauwerk, sondern das Entstehenlassen eines mangelfreien Bauwerkes.[34] Die vertragliche Vereinbarung ist hierbei entscheidend für die Bestimmung des geschuldeten Werkes.[35] Welche Leistungen von dem einzelnen Architektenvertrag zur Erreichung dieser Ziele erfasst sind, hängt letztlich von den jeweiligen vertraglichen Abreden ab.[36] Die geschuldeten Leistungen sind dabei gerade keine Bauleistungen, sondern nur Planungs- und Überwachungsleistungen.[37] Daneben treten meist noch Beratungs-, Dokumentations-, Auskunfts- und sonstige Leistungen als zusätzliche Nebenpflichten.[38]

Da es sich bei der HOAI um reines Preisrecht handelt, haben die Vertragsparteien die Möglichkeit die Leistungsphasen der HOAI schuldrechtlich zu transformieren, sodass sich die vertraglichen Vereinbarungen an den Leistungsphasen der HOAI orientieren.[39]

---

[32] *Bernhard*, in: BeckOGK-BGB, § 650p BGB (Stand: 15.05.2022) Rn. 36.

[33] *Fuchs*, in: BeckOK BauvertragsR, § 650p BGB Rn. 87.

[34] *Schulz-Eickhorst*, Die Bauherren-Architekten-Beziehung, S. 74.

[35] *Schulz-Eickhorst*, Die Bauherren-Architekten-Beziehung, S. 76; *Fuchs*, in: BeckOK BauvertragsR, § 650p BGB Rn. 89.

[36] *Fuchs*, NZBau 2019, 25, 26.

[37] *Fuchs*, in: BeckOK BauvertragsR, § 650p BGB Rn. 89.

[38] Vgl. *Bernhard*, in: BeckOGK-BGB, § 650p BGB (Stand: 15.05.2022) Rn. 147; *Fuchs*, in: BeckOK BauvertragsR, § 650p BGB Rn. 89; *Busche*, in: MüKo-BGB, § 650p BGB Rn. 32.

[39] BGH, Urteil vom 24.06.2004, VII ZR 259/02 BGHZ 159, 376, 382 (= NJW 2004, 2588); *Bernhard*, in: BeckOGK-BGB, § 650p BGB (Stand: 15.05.2022) Rn. 64; *Seifert*, in: FS Motzke, S. 393, 401.

3.2.1.1 Die Planungsleistung

Sowohl der Architekt durch die Planungsleistung als auch der Bauunternehmer durch die Ausführung der Planung tragen durch ihre Leistungen dazu bei, dass ein Bauwerk erschaffen wird.[40] Die Planungsleistung umfasst die Verpflichtung des Architekten, eine mangelfreie, funktionstaugliche und genehmigungsfähige Planung zu entwickeln.[41] Die Planungsleistung unterteilt sich regelmäßig in eine Grundlagenermittlung, die Vor- und Entwurfsplanung sowie die Ausführungsplanung.[42] Die Begriffe sind aus § 34 HOAI bereits bekannt, was jedoch nicht zwingend bedeutet, dass die HOAI von den Vertragsparteien miteinbezogen wurde. Trotz allem kann sich bei der Auslegung der Begrifflichkeiten auch an den aus der HOAI bekannten Maßstäben orientiert werden.

3.2.1.1.1 Die Grundlagenermittlung

Die Grundlagenermittlung hat gemäß Anlage 10 Nr. 10.1 LPH 1 lit. a zu §§ 34 Abs. 4, 35 Abs. 7 HOAI das Ziel, die „*Aufgabenstellung*“ des Architekten zu ermitteln. In dieser Phase wird somit das Fundament der gesamten darauffolgenden Planung begründet.[43] Im Rahmen der Grundlagenermittlung hat der Auftragnehmer die Umsetzbarkeit der Ideen des Bauherren zu überprüfen und diesen in Bezug darauf aufzuklären und zu beraten.[44]

Der Architekt hat den Bauherren ebenso im Hinblick auf das Hinzuziehen von Fachleuten[45], die Genehmigungsfähigkeit des Bauprojektes[46] und in Finanzierungs- und Kostenfragen[47] zu beraten. Der Architekt muss in diesem Zusammenhang den wirtschaftlichen Rahmen des Bauvorhabens abstecken.[48]

---

[40] *Maase*, BauR 2014, 889, 895.

[41] *Busche*, in: MüKo-BGB, § 650p BGB Rn. 25.

[42] *Busche*, in: MüKo-BGB, § 650p BGB Rn. 25.

[43] *Seifert/Fuchs*, in: Fuchs/Berger/Seifert, § 34 HOAI Rn. 28.

[44] *Zahn*, in: Kniffka, § 650p BGB Rn. 97.

[45] *Haack/Heinlein*, in: Messerschmidt/Niemöller/Preussner, § 34 HOAI Rn. 16.

[46] *Zahn*, in: Kniffka, § 650p BGB Rn. 98.

[47] BGH, Urteil vom 17.01.1991, VII ZR 47/90 NJW-RR 1991, 664; BGH, Urteil vom 28.05.1986, IVa ZR 231/84 NJW-RR 1986, 1147 (= BauR 1986, 606); *Zahn*, in: Kniffka, § 650p BGB Rn. 102 ff.

[48] *Schwenker/Wessel*, in: Messerschmidt/Voit, § 34 HOAI Rn. 14, als Konsequenz zu § 650p Abs. 2 BGB, welcher im Vorfeld der Grundlagenermittlung schon eine Kosteneinschätzung vorsieht, sodass die Anforderungen im Rahmen der Grundlagenermittlung weiter gehen müssen; *Werner/Pastor*, Der Bauprozess, Rn. 2258.

Dies setzt voraus, dass er die Wünsche, Vorstellungen und Forderungen des Bauherren erfragt und mit ihm bespricht.[49]

3.2.1.1.2 Die Vor- und Entwurfsplanung

3.2.1.1.2.1 Die Vorplanung

Auf Grundlage der in der Grundlagenermittlung gewonnenen Leistungsziele beginnt der Architekt in der Regel mit der sogenannten Vorplanung.[50] Ziel der Vorplanung ist es, den Bauherren auf die verschiedenen Möglichkeiten hinzuweisen, wie sein Bauvorhaben künstlerisch, konstruktiv und technisch umgesetzt werden kann, damit er anhand dessen eine endgültige Entscheidung treffen kann und möglichst alle seine Wunschvorstellungen erfüllt werden.[51] Der Architekt hat auf die unterschiedlichen Varianten der Umsetzung des Bauprojektes unter Berücksichtigung der gleichen Planungs- und Überwachungsziele hinzuweisen.[52] Zu den unterschiedlichen Planungsvarianten müssen keine jeweils passenden Kostenschätzungsvarianten erstellt werden.[53] Dies lässt sich vor allem damit begründen, dass in der Praxis keine großen Abweichungen bezüglich der Kosten vorliegen dürften, da die Planungsvarianten auf den gleichen Anforderungen fußen sollen.[54]

Hat sich der Bauherr nun für eine Planungsvariante entschieden, so hat der Architekt die Ergebnisse der Vorplanung zusammenzufassen, zu dokumentieren und dem Bauherren zu erläutern (vgl. Anlage 10 Nr. 10.1 LPH 2 lit. i zu §§ 34 Abs. 4, 35 Abs. 7 HOAI), wodurch die Planung nochmals konkretisiert wird.[55] Die Zusammenfassung der Vorplanung soll hierbei unter anderem eine Kostenschätzung nach Ziff. 4.3.3 der DIN 276[56] enthalten.[57]

Gemäß § 4 Abs. 1 S. 2 HOAI sind die anrechenbaren Kosten bei Architektenverträgen nach den allgemein anerkannten Regeln der Technik zu ermitteln.

---

[49] BGH, Urteil vom 20.06.2013, VII ZR 4/12 NJW 2013, 3442 (= BauR 2013, 1472) Rn. 16; vgl. *Siemon*, Baukostenplanung und -steuerung, S. 282 f.

[50] *Fuchs*, in: BeckOK BauvertragsR, § 650p BGB Rn. 120.

[51] *Fuchs*, in: BeckOK BauvertragsR, § 650p BGB Rn. 120; vgl. *Seifert/Fuchs*, in: Fuchs/Berger/Seifert, § 34 HOAI Rn. 71.

[52] *Fuchs*, in: BeckOK BauvertragsR, § 650p BGB Rn. 120.

[53] Vgl. *Seifert/Fuchs*, in: Fuchs/Berger/Seifert, § 34 HOAI Rn. 73.

[54] Vgl. *Seifert/Fuchs*, in: Fuchs/Berger/Seifert, § 34 HOAI Rn. 73.

[55] *Fuchs*, in: BeckOK BauvertragsR, § 650p BGB Rn. 120; *Schwenker/Wessel*, in: Messerschmidt/Voit, § 34 HOAI Rn. 19.

[56] Zu der Begrifflichkeit der Kostenschätzung siehe unter 4.1.3.2.1.2.

[57] *Seifert/Fuchs*, in: Fuchs/Berger/Seifert, § 34 HOAI Rn. 91.

Die allgemeinen Regeln der Technik können unter anderem durch die von dem Deutschen Institut für Normung e. V. entwickelten DIN-Normen zum Ausdruck kommen.[58] Die DIN 276 stellt grundsätzlich für die Kostenermittlung eine allgemein anerkannte Regel der Technik dar[59], sodass auf sie im Rahmen der Kostenermittlung zurückgegriffen wird. Obwohl die DIN 276 erst im Dezember 2018 novelliert wurde, kann mittlerweile davon ausgegangen werden, dass auch die aktuelle Version der DIN 276 den Status als Regel der Technik bereits erreicht hat.[60]

Wird im Folgenden die DIN 276 erwähnt, ist grundsätzlich von der aktuellsten Version (DIN 276:2018–12) auszugehen, es sei denn, aus der Abhandlung ergibt sich etwas anderes.

3.2.1.1.2.2 Die Entwurfsplanung

Mit der vom Bauherren gewählten Planungsvariante beginnt dann die Entwurfsplanung.[61] Es handelt sich hierbei um das „*Kernstück der Planung*“[62]. Die Entwurfsplanung zielt darauf ab, eine endgültige, zeichnerische Lösung zu erarbeiten, auf die die darauf folgende Ausführungsplanung und die tatsächliche Ausführung gestützt werden können, ohne dass wesentliche Änderungen vorgenommen werden müssen.[63] Im Rahmen der Entwurfsplanung müssen alle wesentlichen Entscheidungen im Hinblick auf die Kosten getroffen werden – u. a. Gestaltung, Konstruktion und technische Anlagen[64] – und die Konkretisierung der Leistungsziele muss abgeschlossen sein.[65] Alle auf die Entwurfsplanung folgenden Phasen der Planung sollen lediglich eine technische, bauumständebezogene oder wirtschaftliche Konkretisierung oder Materialisierung der Entwurfsplanung darstellen.[66] Jegliche Verhandlungen mit Behörden und weiteren Beteiligten, die

---

[58] *Seibel*, NJW 2013, 3000, 3001.

[59] *Meurer/Rothermel*, in: Korbion/Mantscheff/Vygen, § 4 HOAI Rn. 8; *Koeble*, in: Locher/Koeble/Frik, § 4 HOAI Rn. 13; *Werner/Pastor*, Der Bauprozess, Rn. 2258; *Jochem*, in: FS Craushaar, S. 1, 3; siehe allgemein zu der Vermutung, dass DIN-Normen die anerkannten Regeln der Technik darstellen BGH, Urteil vom 24.05.2013, V ZR 182/12 NJW 2013, 2271 (= NZBau 2013, 697) Rn. 25.

[60] *Koeble*, in: Locher/Koeble/Frik, § 4 HOAI Rn. 12.

[61] *Fuchs*, in: BeckOK BauvertragsR, § 650p BGB Rn. 121.

[62] *Schwenker/Wessel*, in: Messerschmidt/Voit, § 34 HOAI Rn. 22.

[63] *Fuchs*, in: BeckOK BauvertragsR, § 650p BGB Rn. 121.

[64] *Schottke*, in: FS Koeble, S. 511, 516.

[65] *Fuchs*, in: Fuchs/Berger/Seifert, Syst A V Rn. 47.

[66] *Schottke*, in: FS Koeble, S. 511, 514.

zur Genehmigung des Bauvorhabens notwendig sind, müssen ebenfalls während der Entwurfsplanung vorgenommen werden.[67]

Im Rahmen der Entwurfsplanung hat der Architekt gemäß Anlage 10 Nr. 10.1 LPH 3 lit. e zu §§ 34 Abs. 4, 35 Abs. 7 HOAI eine Kostenberechnung nach Ziff. 4.3.4 der DIN 276[68] vorzunehmen. Diese Kostenberechnung muss er dann mit der zuvor getroffenen Kostenschätzung vergleichen.

Wie schon im Rahmen der Grundlagenermittlung und Vorplanung müssen auch hier alle Ergebnisse zusammengefasst, dem Bauherren erläutert und dokumentiert werden.[69]

3.2.1.1.3 Die Ausführungsplanung

Das Ziel der Ausführungsplanung ist es eine baustellenfähige Ausführungszeichnung zu entwickeln.[70] Im Rahmen der Ausführungsplanung wird anhand der bisherigen Ergebnisse somit eine ausführungsreife Lösung erarbeitet.[71] Es handelt sich daher um eine Art verfeinerte Entwurfsplanung.[72] Die Anforderungen an den Detaillierungsgrad der Planung hängen dabei von den Umständen des Einzelfalles ab.[73] Unterschieden wird hierbei beispielsweise zwischen weniger detailreichen Planungen bei einem Bau im Bestand oder in Innenräumen und Planungen von Neubauten, die grundsätzlich umfangreicher anzusetzen sind.[74] Die Ausführungsplanung muss auch nicht jegliche Einzelheiten der Ausführungen, wie beispielsweise handwerkliche Selbstverständlichkeiten oder sich aus DIN-Vorschriften ergebende Umstände, umfassen.[75] Die Ausführungen solcher Umstände sollten für die ausführenden Bauunternehmer auch ohne detaillierte Planung kein Problem darstellen.

---

[67] *Zahn*, in: Kniffka, § 650p BGB Rn. 134; *Schwenker/Wessel*, in: Messerschmidt/Voit, § 34 HOAI Rn. 22.

[68] Zu der Begrifflichkeit der Kostenberechnung siehe unter 4.1.3.2.1.3.

[69] *Schwenker/Wessel*, in: Messerschmidt/Voit, § 34 HOAI Rn. 23.

[70] *Haack/Heinlein*, in: Messerschmidt/Niemöller/Preussner, § 34 HOAI Rn. 104.

[71] *Schwenker/Wessel*, in: Messerschmidt/Voit, § 34 HOAI Rn. 28.

[72] *Schottke*, in: FS Koeble, S. 511, 517.

[73] Im Ergebnis so auch BGH, Urteil vom 05.11.1987, VII ZR 326/86 NJW-RR 1988, 275 (= WPM 1988, 105); *Haack/Heinlein*, in: Messerschmidt/Niemöller/Preussner, § 34 HOAI Rn. 105.

[74] *Haack/Heinlein*, in: Messerschmidt/Niemöller/Preussner, § 34 HOAI Rn. 105; *Schottke*, in: FS Koeble, S. 511, 517.

[75] OLG Stuttgart, Urteil vom 13.02.2006, 5 U 136/2005 NZBau 2006, 446, 447 (= BeckRS 9998, 26454).

3.2.1.2 Die Überwachungsleistung

Die Überwachungsleistung umfasst im Rahmen der Verwirklichung des Werkes die Überwachung der mangelfreien Ausführung des Bauvorhabens und sonstige damit zusammenhängende Maßnahmen sowie die Objektbetreuung.

3.2.1.2.1 Die Bauüberwachung

Ziel der bauüberwachenden Leistung ist es, die Entstehung eines Mangels soweit wie möglich zu verhindern[76] oder den Mangel zumindest rechtzeitig zu erkennen.[77] Die Aufgabe des Architekten im Rahmen der Bauüberwachung liegt also darin die Mangelfreiheit des Werkes zu überwachen, die Ursachen der Mängel ausfindig zu machen und den Bauherren von den Ergebnissen dieser Untersuchung zu unterrichten.[78]

Der Architekt hat zunächst für ein rechtzeitiges Entstehen des mangelfreien Bauvorhabens zu sorgen.[79] Dies kann er meist nur dadurch gewährleisten, dass er dafür sorgt, dass die Bauunternehmer und anderen Planungsbeteiligten ihre eigene Leistung rechtzeitig erbringen.[80] Es ist folglich die Aufgabe des Architekten, die Bauabläufe zu koordinieren und dafür zu sorgen, dass die Bauunternehmer bei ihrer Tätigkeit durch die Sonderfachleute überwacht und ihre Leistungen in technischer Hinsicht überprüft werden.[81] Daneben tritt die Verpflichtung, die Abschlags- und Schlussrechnungen der Bauunternehmer und Sonderfachleute auf ihre technische und rechnerische Richtigkeit zu überprüfen und zu kontrollieren, ob die abgerechneten Leistungen tatsächlich erbracht wurden.[82] Darüber hinaus hat der Architekt zumindest dann die rechtlichen Interessen des Bauherren wahrzunehmen, wenn diese mit seinem Berufs- und

---

[76] *Zahn*, in: Kniffka, § 650p BGB Rn. 171; *Jochem*, in: Ganten/Kindereit, 1. Teil H Rn. 21.

[77] *Jochem*, in: Ganten/Kindereit, 1. Teil G Rn. 22.

[78] BGH, Urteil vom 26.10.2006, VII ZR 133/04 NJW 2007, 365 (= NZBau 2007, 108); OLG Düsseldorf, Urteil vom 30.03.2004, 23 U 65/03 NZBau 2004, 454 (= BauR 2004, 1331); *Bruns*, NZBau 2007, 737, 742.

[79] *Zahn*, in: Kniffka, § 650p BGB Rn. 167.

[80] *Zahn*, in: Kniffka, § 650p BGB Rn. 167.

[81] BGH, Urteil vom 06.07.2000, VII ZR 82/98 NJW-RR 2000, 1468, 526 (= BauR 2000, 1513); *Zahn*, in: Kniffka, § 650p BGB Rn. 170; *Busche*, in: MüKo-BGB, § 650p BGB Rn. 29; *Thierau/Schmidt*, in: Thode/Wirth/Kuffer, § 9 Vertragliche Haftung des Architekten Rn. 48.

[82] Im Hinblick auf Bauunternehmer siehe BGH, Urteil vom 04.04.2002, VII ZR 295/00 NJW-RR 2002, 1174 (= BauR 2002, 1112); BGH, Urteil vom 14.05.1998, VII ZR 320/96 NJW-RR 1998, 1548 (= BauR 1998, 869); vgl. *Bernhard*, in: BeckOGK-BGB, § 650p BGB (Stand: 15.05.2022) Rn. 123.

Tätigkeitsbild zusammenhängen.[83] Er hat beispielsweise zu beurteilen, ob die Leistungen der Bauunternehmer oder Sonderfachleute nach rechtlicher Bewertung mangelhaft sind[84] und er hat den Bauherren darauf hinzuweisen, wenn Gewährleistungsansprüche gegenüber Bauunternehmern oder Sonderfachleuten beizeiten verjähren[85]. Auch die Überwachung der Übereinstimmung des Bauwerkes mit der Baugenehmigung, den Ausführungsplänen und der Leistungsbeschreibung gehören zu dem Aufgabenbereich des Architekten.[86]

Für den Fall, dass ein anderer Architekt die Planung übernommen hat, darf der Architekt sich insgesamt nicht auf die bereits bestehenden Pläne verlassen, sondern hat diese auf Fehler und Widersprüche zu untersuchen.[87] Dem bauüberwachenden Architekten wird zwar keine planende Funktion zuteil, er hat den Bauherren jedoch bei offensichtlichen Unstimmigkeiten in der Planung[88] oder bei Mängeln derselben auf diese hinzuweisen[89].[90]

3.2.1.2.2 Die Objektbetreuung

Das Ziel der Objektbetreuung liegt darin, das Werk dahingehend zu überprüfen, ob die Bauausführung im Ergebnis dem entspricht, was in den Verträgen in technischer Hinsicht mit den Bauunternehmern festgelegt wurde.[91] Der Architekt hat im Rahmen der Objektbetreuung innerhalb der Gewährleistungsfristen jegliche Unternehmerleistungen (von Bauunternehmern und Sonderfachleuten)

---

[83] *Zahn*, in: Kniffka, § 650p BGB Rn. 178.

[84] *Zahn*, in: Kniffka, § 650p BGB Rn. 178.

[85] Vgl. OLG Stuttgart, Urteil vom 20.06.2002, 2 U 209/01 NZBau 2003, 446 (= BauR 2003, 1062).

[86] *Busche*, in: MüKo-BGB, § 650p BGB Rn. 30; *Thierau/Schmidt*, in: Thode/Wirth/Kuffer, § 9 Vertragliche Haftung des Architekten Rn. 54.

[87] BGH, Urteil vom 27.11.2008, VII ZR 206/06 BGHZ 179, 55 (= NJW 2009, 582) Rn. 36; OLG Düsseldorf, Urteil vom 19.12.1997, 22 U 68/97 NJW-RR 1998, 741, 742 (= BauR 1998, 582); *Busche*, in: MüKo-BGB, § 650p BGB Rn. 28.

[88] BGH, Urteil vom 11.03.1999, VII ZR 465/97 NJW-RR 1999, 893, 894 (= BauR 1999, 680).

[89] BGH, Urteil vom 10.03.1977, VII ZR 278/75 BGHZ 68, 169, 170 (= NJW 1977, 898); OLG Düsseldorf, Urteil vom 19.12.1997, 22 U 68/97 NJW-RR 1998, 741 (= BauR 1998, 582); *Zahn*, in: Kniffka, § 650p BGB Rn. 169.

[90] *Zahn*, in: Kniffka, § 650p BGB Rn. 168 f.; vgl. OLG Brandenburg, Urteil vom 28.03.2013, 12 U 96/12 NZBau 2013, 438 (= BauR 2013, 1478).

[91] *Zahn*, in: Kniffka, § 650p BGB Rn. 180.

sorgfaltsmäßig zu überprüfen und auf Mängel hinzuweisen.[92] Typische Maßnahmen der Objektbetreuung sind insbesondere Besichtigungen, das Überprüfen der Funktionen und gegebenenfalls nähere Untersuchungen durch Sachverständige zu veranlassen oder selbst vorzunehmen, wenn Anhaltspunkte für Mängel vorliegen.[93]

Wie auch schon im Rahmen der Objektüberwachung hat der Architekt hier den Bauherren auf die Möglichkeit der absehbaren Verjährung von Gewährleistungsansprüchen hinzuweisen.[94]

3.2.2 Erstellung der Planungsgrundlage als zu gewährleistender Erfolg (§ 650p Abs. 2 BGB)

Mangelt es an wesentlichen Planungs- und Überwachungszielen übernimmt der Architekt nach § 650p Abs. 2 BGB die Erstellung einer Planungsgrundlage, um diese Ziele zu ermitteln. Welche Planungsziele als wesentlich einzuordnen sind, beurteilt sich nach den Umständen des Einzelfalles, insbesondere danach, was die Parteien als wesentlich erachten.[95] Der Planungsprozess unterteilt sich daher grundsätzlich in zwei Phasen, die Erstellung der Planungsgrundlage (sog. Zielfindungsphase)[96] – in welcher Leistungen erbracht werden, die notwendig sind um die Planungs- und Überwachungsziele festzulegen – und die konkrete Planung.[97] Die Zielfindungsphase ist somit zeitlich vor den Planungs- und Überwachungszielen angesiedelt, was sich auch aus der Verwendung des Wortes „*zunächst*"

---

[92] OLG Braunschweig, Urteil vom 29.12.2016, 8 U 2/16 BauR 2017, 905, 906 f. (= BeckRS 2016, 116413); vgl. *Bernhard*, in: BeckOGK-BGB, § 650p BGB (Stand: 15.05.2022) Rn. 125.

[93] Zur Untersuchungspflicht des Architekten OLG Braunschweig, Urteil vom 29.12.2016, 8 U 2/16 BauR 2017, 905, 906 f. (= BeckRS 2016, 116413); *Zahn*, in: Kniffka, § 650p BGB Rn. 180.

[94] OLG Stuttgart, Urteil vom 20.06.2002, 2 U 209/01 NZBau 2003, 446 (= BauR 2003, 1062).

[95] *Motzke*, in: Die Haftung des Architekten, Kapitel E Rn. 164; *Blomeyer/Zimmermann*, NZBau 2017, 703, 706 f.

[96] *Zahn*, in: Kniffka, § 650p BGB Rn. 230; *Fuchs*, NZBau 2015, 675, 677.

[97] *Zahn*, in: Kniffka, § 650p BGB Rn. 230.

in § 650p Abs. 2 BGB ergibt.[98] Man kann daher auch von der Leistungsphase 0 sprechen.[99] Voraussetzung für einen Architektenvertrag mit diesem Inhalt ist – wie auch schon im Rahmen des § 650p Abs. 1 BGB – eine vertragliche Vereinbarung.[100] Welche Leistungen von der vertraglichen Vereinbarung umfasst sind, bestimmt sich nach dem genauen Inhalt des jeweiligen Vertrages.[101] Neben der Planungsgrundlage hat der Architekt dem Bauherren auch eine Kosteneinschätzung für das Vorhaben vorzulegen (§ 650p Abs. 2 S. 2 BGB). Der Auftraggeber soll dadurch in die Lage versetzt werden, eine Entscheidung treffen zu können, ob er das Bauvorhaben realisieren oder von seinem Kündigungsrecht nach § 650r BGB Gebrauch machen möchte.[102] Der Bauherr soll sich also ein Bild darüber machen können, ob er das Bauvorhaben an sich und auch mit dem bis dahin beauftragten Planer fortsetzen möchte.[103] Die Begriffe der Planungsgrundlage und der Kosteneinschätzung bedürfen einer weitergehenden Erläuterung, da es sich hierbei nicht um bereits bekannte Fachbegriffe handelt.[104] Der Gesetzgeber scheint diese Begriffe jedoch bewusst gewählt zu haben, um zu verdeutlichen, dass auf die geläufigen Fachtermini nicht zurückgegriffen werden kann.[105]

3.2.2.1 Die Planungsgrundlage

In der Literatur gibt es viele unterschiedliche Ansätze, die Bedeutung des Begriffes der Planungsgrundlage und des dahinterstehenden Inhaltes anhand und in Abgrenzung von den aus der Anlage 10.1 der HOAI bekannten Leistungsphasen zu erläutern.[106] Die Leistungsbilder der HOAI können jedoch lediglich als Kontrollüberlegung dienen,[107] da es sich bei der HOAI um reines Preisrecht handelt, welche aus rechtssystematischen Gründen nicht für die Auslegung des

---

[98] *Fuchs*, in: BeckOK BauvertragsR, § 650p BGB Rn. 183; *Kniffka/Retzlaff*, BauR 2017, 1747, 1856, 1857.

[99] *Blomeyer/Zimmermann*, NZBau 2017, 703, 704.

[100] *Busche*, in: MüKo-BGB, § 650p BGB Rn. 10.

[101] *Busche*, in: MüKo-BGB, § 650p BGB Rn. 10.

[102] *Schwenker/Rodemann*, in: Erman, § 650p BGB Rn. 19.

[103] *Fuchs*, in: BeckOK BauvertragsR, § 650p BGB Rn. 194 f.

[104] *Motzke*, NZBau 2017, 251, 253.

[105] *Blomeyer/Zimmermann*, NZBau 2017, 703, 706 f.

[106] *Fuchs*, in: BeckOK BauvertragsR, § 650p BGB Rn. 187 ff.; *Zahn*, in: Kniffka, § 650p BGB Rn. 230 ff.; *Schwenker/Wessel*, in: Messerschmidt/Voit, § 650p BGB Rn. 15 ff.

[107] *Fuchs*, in: BeckOK BauvertragsR, § 650p BGB Rn. 188; vgl. BT-Drucks. 18/8486 S. 68.

§ 650p Abs. 2 BGB relevant sein kann.[108] Hier bedarf es erneut einer sauberen Trennung zwischen unverbindlichem Preisrecht und verbindlichem Schuldrecht.[109] Die folgende Betrachtung soll sich bei der Auslegung und Bestimmung des Inhaltes der Planungsgrundlage auf die klassischen Auslegungsmethoden beschränken.

3.2.2.1.1 Auslegung nach dem Wortlaut

Nach dem Wortlaut des § 650p Abs. 2 BGB soll die Planungsgrundlage zur Ermittlung der Planungsziele erstellt werden und dann dem Besteller zur Zustimmung vorgelegt werden. Dieser Wortlaut ist jedoch missverständlich, da die Planungsgrundlage vielmehr der Festlegung der Ziele dient und nicht nur deren Ermittlung.[110] Denn der Besteller kann nur dann der Planungsgrundlage zustimmen, wenn die Planungsgrundlage die Planungs- und Überwachungsziele tatsächlich enthält.[111] Würde die Planungsgrundlage jedoch nur der Ermittlung der Ziele dienen, könnte diesen nicht zugestimmt werden. Die zur Ermittlung der Ziele dienende Planungsgrundlage enthält daher im Ergebnis die festgelegten Ziele.[112] Durch die Zustimmung wird die Planungsgrundlage (und die Kosteneinschätzung) schließlich als vereinbarte Beschaffenheit des Architekten- und Ingenieurvertrages zum Vertragsinhalt.[113] Die Planungsziele müssen auch aus diesem Grund bereits feststehen, damit die Zustimmung zu einer vereinbarten Beschaffenheit als Vertragsinhalt führen kann. Aus dem Wortlaut lassen sich somit erste Rückschlüsse auf den Inhalt der Planungsgrundlage ziehen.

3.2.2.1.2 Auslegung nach der Systematik

Wie soeben schon erläutert, soll der Besteller bzw. Bauherr anhand der Planungsgrundlage entscheiden, ob er den Vertrag kündigen möchte. Das Sonderkündigungsrecht kann unabhängig von einem Verschulden und ohne Angabe eines Grundes geltend gemacht werden.[114] Um ein Sonderkündigungsrecht mit derart wenigen Tatbestandsvoraussetzungen rechtfertigen zu können, muss sich die

---

[108] BT-Drucks. 18/8486, S. 68.

[109] *Fuchs*, in: BeckOK BauvertragsR, § 650p BGB Rn. 188.

[110] *Kniffka/Retzlaff*, BauR 2017, 1747, 1861.

[111] *Fuchs*, in: BeckOK BauvertragsR, § 650p BGB Rn. 189.

[112] *Kniffka/Retzlaff*, BauR 2017, 1747, 1861.

[113] *Fuchs*, in: BeckOK BauvertragsR, § 650p BGB Rn. 225; *Kniffka/Retzlaff*, BauR 2017, 1747, 1863.

[114] *Fuchs*, in: BeckOK BauvertragsR, § 650p BGB Rn. 197.

Planungsgrundlage auf Leistungen vor der eigentlichen Planung beschränken.[115] Das Sonderkündigungsrecht würde den Architekten sonst unverhältnismäßig benachteiligen.

Das Sonderkündigungsrecht kann gemäß § 650r Abs. 1 S. 1 BGB innerhalb einer zweiwöchigen Frist nach Vorlage der Unterlagen geltend gemacht werden. Innerhalb dieser Frist muss es dem Bauherren möglich sein, die Planungsgrundlage und Kosteneinschätzung überprüfen zu können. Eine derart kurze Frist deutet daher darauf hin, dass die Planungsgrundlage nur einen solchen Umfang haben kann, dass es auch einem unerfahrenen Bauherren möglich ist die Planungsgrundlage innerhalb von zwei Wochen in Ruhe zu kontrollieren. Welchen Umfang die Planungsgrundlage im Ergebnis haben soll, ergibt sich hieraus jedoch nicht.

3.2.2.1.3 Auslegung nach dem Willen des Gesetzgebers

Der Gesetzgeber verdeutlicht, dass die Planungsgrundlage eine „*erste Skizze*" oder „*Beschreibung des zu planenden Vorhabens*" sein soll, auf welcher die Planung dann aufbauen kann.[116] Dies macht deutlich, dass keine vollkommen ausgereifte Planung vorliegen soll, sondern eine Vorstufe zur eigentlichen Planung.[117] Die Gesetzgebungsmaterialien geben jedoch keinen Aufschluss darüber, welche Anforderungen an die Bestimmtheit der Planungsgrundlage gestellt werden sollen. Dies begründet sich insbesondere damit, dass der Detaillierungsgrad danach zu bestimmen ist, welche Informationen der jeweilige Bauherr benötigt, um die Eckpunkte der Planung dergestalt festzulegen, dass eine Änderung nur in Form einer vergütungspflichtigen Leistungsänderung erfolgen kann.[118] Eine solche liegt in der Regel lediglich dann vor, wenn die zu erbringenden Leistungen nicht mehr von dem vertraglichen Leistungsumfang erfasst werden und der Auftragnehmer bei einer pauschalen Übernahme der Leistung das Risiko hierfür nicht tragen wollte.[119] Die Planungsgrundlage muss demnach zumindest die Eckpunkte der Planung und damit die Rahmenbedingungen des Bauvorhabens zur Orientierung festlegen. Was von den Rahmenbedingungen des Bauvorhabens letztendlich umfasst ist, bestimmt sich nach den Umständen des jeweiligen Einzelfalles.

[115] *Fuchs*, in: BeckOK BauvertragsR, § 650p BGB Rn. 197.

[116] BT-Drucks. 18/8486, S. 67.

[117] So im Ergebnis auch BT-Drucks. 18/8486, S. 67.

[118] *Voit*, in: BeckOK-BGB, § 650p BGB (Stand: 01.05.2020) Rn. 21.

[119] Vgl. BGH, Urteil vom 09.04.1992, VII ZR 129/91 NJW-RR 1992, 1046 (= BauR 1992, 759); *Kapellmann*, in: Kapellmann/Messerschmidt, § 2 VOB/B Rn. 195; *Kraatz*, in: Roquette/Schweiger, Kommentierung zum Generalübernehmervertrag Rn. 39.

3.2.2.1.4 Auslegung nach dem Sinn und Zweck der Planungsgrundlage

Aus dem Sinn und Zweck der Planungsgrundlage könnte sich ebenfalls ergeben, welche Ansprüche an ihren Inhalt zu stellen sind. In der Zielfindungsphase sollen die Vorgaben des Bauherren systematisiert und in ein Konzept zusammengefasst werden.[120] Die Zielfindungsphase soll insbesondere dazu dienen, die Zielvorstellungen abzustimmen und etwaige Zielkonflikte schon im Vorhinein zu identifizieren und auszuräumen.[121] Der Begriff des Zielkonfliktes ist bereits aus der HOAI (Anlage 10.1 – LPH 2 (Vorplanung) Grundleistung lit. b) bekannt. Ein Zielkonflikt liegt im Allgemeinen vor, sobald die zwischen dem Architekten und dem Bauherren vereinbarten Planungsziele nicht miteinander vereinbar sind.[122] Dementsprechend dient auch die Planungsgrundlage dazu, das Bauvorhaben zu systematisieren und zusammenzufassen sowie Zielkonflikte zu erkennen und zu beseitigen. Die Planungsgrundlage bedarf daher zwingendermaßen einer gewissen Präzision, um diesem Sinn und Zweck gerecht werden zu können.

3.2.2.1.5 Fazit

Insgesamt soll eine Planungsgrundlage geschaffen werden, die die Vorstellungen des Bauherren systematisiert und zusammenfasst. Die Planungsgrundlage soll dabei die Zielvorstellungen des Bauherren enthalten, welche bereits durch den Architekten auf ihren Inhalt und ihre Realisierbarkeit überprüft wurden. Dadurch sollen Zielkonflikte möglichst im Vorhinein beseitigt werden. Der Detaillierungsgrad der Planungsgrundlage variiert jedoch je nach Bauprojekt und ist an die Umstände des Einzelfalles anzupassen, sodass diesbezüglich keine allgemeingültigen Anforderungen gestellt werden können. Die Anforderungen an die Planungsgrundlage dürfen grundsätzlich auch nicht zu hoch sein, da der Architekt durch das Sonderkündigungsrecht nicht unverhältnismäßig benachteiligt werden darf.

3.2.2.2 Die Kosteneinschätzung

Gemäß § 650p Abs. 2 S. 2 BGB hat der Architekt dem Bauherren neben der Planungsgrundlage auch eine Kosteneinschätzung vorzulegen. Die Bedeutung des Begriffes der Kosteneinschätzung ist allerdings umstritten. Der Gesetzgeber selbst

[120] *Kniffka/Retzlaff*, BauR 2017, 1747, 1860.

[121] *Kniffka/Retzlaff*, BauR 2017, 1747, 1860.

[122] *Fuchs*, in: FS Messerschmidt, S. 21, 25.

hat diesbezüglich nur festgelegt, dass es sich um eine grobe Einschätzung der für den Auftraggeber zu erwartenden Kosten handeln soll.[123]

3.2.2.2.1 Kosteneinschätzung als Kostenschätzung i. S. v. Ziff. 4.3.3 der DIN 276

Teilweise wird vertreten, dass die Kosteneinschätzung eine Kostenschätzung im Sinne von Ziff. 4.3.3 der DIN 276 darstelle.[124] Demnach meine auch Kosteneinschätzung eine überschlägige Ermittlung der Gesamtkosten des Bauvorhabens, welche nur auf versuchsweisen zeichnerischen Lösungen der Bauaufgabe und auf Kostenrichtwerten, wie z. B. Quadratmeterpreisen, beruht.[125]

Der Kostenschätzung sollen nach dem Wortlaut der DIN 276 Angaben zum Baugrundstück, Angaben zur Erschließung und die Ergebnisse der Vorplanung, insbesondere Planungsunterlagen und zeichnerische Darstellungen zugrunde gelegt werden. Weiterhin sollen die Berechnung der Mengen von Bezugseinheiten der Kostengruppen, erläuternde Angaben zu den planerischen Zusammenhängen, Vorgängen und Bedingungen sowie zur organisatorischen und terminlichen Abwicklung des Bauprojektes und Zusammenstellungen der zum Zeitpunkt der Kostenschätzung bereits tatsächlich entstandenen Kosten berücksichtigt werden. Die Kosten der Kostenschätzung müssen auf der zweiten Ebene der Kostengliederung ermittelt werden.[126] All diese Anforderungen müssten dann entsprechend auch für die Kosteneinschätzung nach § 650p Abs. 2 BGB gelten.

3.2.2.2.2 Kosteneinschätzung vergleichbar mit Kostenrahmen i.S.v. Ziff. 4.3.2 der DIN 276

Es gibt auch solche Stimmen in der Literatur, die davon ausgehen, dass die Kosteneinschätzung zwar keinen Kostenrahmen im Sinne von Ziff. 4.3.2 der DIN 276 darstelle, ihm aber derart gleiche, dass daraus Rückschlüsse auf ihren Inhalt gezogen werden können.[127] Der Kostenrahmen ist im Vergleich zur Kostenschätzung die erste, skizzenartigere Stufe der Kostenermittlung.[128] Er kann daher schon vor Beginn der eigentlichen Planung als eine erste Prognose angeführt

---

123 BT-Drucks. 18/8486, S. 67.

124 *Deckers*, ZfBR 2017, 523, 531.

125 *Busche*, in: MüKo-BGB, § 649 BGB Rn. 29.

126 Weitergehende Ausführungen zur Kostenschätzung siehe unter 4.1.3.2.1.2.

127 *Fuchs*, in: BeckOK BauvertragsR, § 650p BGB Rn. 203; so im Ergebnis auch *Fuchs*, NZBau 2015, 675, 681.

128 *Deckers*, ZfBR 2017, 523, 531.

werden.[129] In der HOAI selbst ist der Kostenrahmen zutreffend nicht geregelt, da diese ihren Anwendungsbereich gemäß § 1 i. V. m. Anlage 10 zu § 34 Abs. 4, § 35 Abs. 7 HOAI erst im Zeitpunkt der Planung in Form der Grundlagenermittlung eröffnet. Der Kostenrahmen soll gemäß Ziff. 4.3.2 der DIN 276 als Grundlage für wirtschaftliche und finanzielle Überlegungen sowie zur Festlegung von Kostenvorgaben dienen. Dem Kostenrahmen werden im Vergleich zur Kostenschätzung unspezifischere Informationen zu Grunde gelegt, wie gegebenenfalls Angaben zum Standort des Bauvorhabens sowie quantitative und qualitative Bedarfsangaben. Wie auch bei der Kostenschätzung können zumindest gelegentlich auch die Berechnung der Mengen von Bezugseinheiten der Kostengruppen und erläuternde Angaben zur organisatorischen und terminlichen Abwicklung des Bauprojektes zur Grundlage des Kostenrahmens gemacht werden. Die Kosten müssen lediglich auf der ersten Ebene der Kostengliederungen angegeben werden.[130] Insgesamt entspreche der Kostenrahmen daher der durch den Gesetzgeber für die Kosteneinschätzung aufgestellten Anforderung einer „*groben Einschätzung*".[131] Die Voraussetzungen an eine Kosteneinschätzung müssten sich entsprechend an dem Maßstab des Kostenrahmens orientieren.

3.2.2.2.3 Stellungnahme

Gegen die Vergleichbarkeit mit der Kostenschätzung sprechen schon die unterschiedlichen Begrifflichkeiten, die darauf schließen lassen, dass die Kosteneinschätzung vielmehr eindeutig von dem Begriff der Kostenschätzung abgegrenzt werden sollte.[132] Dieses Argument spricht im Umkehrschluss jedoch ebenso gegen eine Vergleichbarkeit mit dem Begriff des Kostenrahmens.

Mit Blick auf die vorherige Version der DIN 276 (DIN 276–1:2008–12) wurde in der Literatur bereits vertreten, dass ein Unterschied zu dem Begriff der Kostenschätzung darin liegen solle, dass bei der Kosteneinschätzung keine Kostengliederung bis zur ersten Ebene nach Ziff. 3.4.2 vorgenommen werden müsse.[133] Die Anforderungen, welche an eine Kosteneinschätzung gestellt werden sollten, waren daher zu diesem Zeitpunkt schon geringer als die Anforderungen an eine Kostenschätzung nach DIN 276. Dieses Argument wird nun

[129] *Siemon*, Baukostenplanung und -steuerung, S. 106 f.

[130] Weitergehende Ausführungen zum Kostenrahmen unter 4.1.3.2.1.1.

[131] *Zahn*, in: Kniffka, § 650p BGB Rn. 241.

[132] *Koeble*, in: Locher/Koeble/Frik, Einleitung Rn. 156; *Blomeyer/Zimmermann*, NZBau 2017, 703, 706 f.; *Deckers*, ZfBR 2017, 523, 531.

[133] *Zahn*, in: Kniffka, § 650p BGB Rn. 241.

zusätzlich durch die Tatsache gestärkt, dass die DIN 276 in Ziff. 4.3.3 mittlerweile vorsieht, dass bei einer Kostenschätzung die Gesamtkosten nicht mehr nur bis zur ersten Kostenebene, sondern mittlerweile bis zur zweiten Kostenebene ermittelt werden müssen. An eine Kosteneinschätzung, die der Leistungsphase 0 zugeordnet wird, können solche hohen Anforderungen keineswegs gestellt werden.

Die Kostenschätzung wird zudem erst im Rahmen der Leistungsphase 2 erstellt (siehe Anlage 10 Nr. 10.1 LPH2 lit. g zu §§ 34 Abs. 4, 35 Abs. 7 HOAI), sodass dies schon im Widerspruch zu der zuvor getroffenen Aussage steht, dass die Zielfindungsphase als Leistungsphase 0 angesehen wird. Etwas anderes ergibt sich in diesem Zusammenhang jedoch für den Kostenrahmen. Dieser wird in keiner der Leistungsphasen der HOAI wortwörtlich vorgesehen und muss somit außerhalb ihres Anwendungsbereiches eingeordnet werden. Hier würde der Kostenrahmen der Kosteneinschätzung gewissermaßen entsprechen, welche in der Leistungsphase 0 und damit ebenfalls außerhalb der HOAI angesiedelt wird.

Gegen die Vergleichbarkeit mit der Begrifflichkeit des Kostenrahmens kann man einwenden, dass Planungsunterlagen, Skizzen usw. für den Kostenrahmen von keinerlei Bedeutung sind und daher die Gestalt des Bauwerkes oder der Außenanlage bei dessen Ermittlung keine Rolle spielen.[134] Aus den Ausführungen zur Planungsgrundlage ergab sich jedoch, dass diese eine erste Skizze des Bauvorhabens darstellen sollte,[135] was folglich auch Einfluss auf die Kosteneinschätzung haben müsste.[136] Demnach sollen solche Informationen zum Inhalt der Kosteneinschätzung werden, welche für den Kostenrahmen keinerlei Bedeutung haben.[137]

Aus den Erwägungen wird insgesamt deutlich, dass keine der beiden Varianten vollumfassend überzeugen kann. Der Kostenrahmen ist im Vergleich zur Kosteneinschätzung weniger umfangreich und die Kostenschätzung zu detailliert. Daher ist es vorzugswürdig sich einer dritten, vermittelnden Ansicht anzuschließen, welche davon ausgeht, dass es sich bei der Kosteneinschätzung um eine abgewandelte, reduzierte Variante der Kostenschätzung handelt.[138] Dafür spricht schon allein, dass der Gesetzgeber bewusst keine der beiden bekannten Begrifflichkeiten verwendet hat, sondern den bis dahin unbekannten Begriff der

134 *Zahn*, in: Kniffka, § 650p BGB Rn. 241.

135 Dazu bereits unter 3.2.2.1.3.

136 *Zahn*, in: Kniffka, § 650p BGB Rn. 241.

137 *Zahn*, in: Kniffka, § 650p BGB Rn. 241.

138 *Zahn*, in: Kniffka, § 650p BGB Rn. 241; im Ergebnis so auch *Busche*, in: MüKo-BGB, § 650p BGB Rn. 11.

Kosteneinschätzung gewählt hat.[139] Der Gesetzgeber wollte dadurch vermeiden, dass die Kosteneinschätzung einer bereits bekannten Begrifflichkeit untergeordnet wird.[140] Weiterhin wird berücksichtigt, dass die formellen Voraussetzungen für die Kostenschätzung nach Ziff. 4.3.3 der DIN 276 gerade nicht erfüllt werden müssen.[141]

3.2.3 Vertragsgegenstände des Architektenvertrages

Sowohl die Architektenleistungen nach § 650p Abs. 1 BGB als auch nach § 650p Abs. 2 BGB sollen sich auf ein Bauwerk oder eine Außenanlage beziehen. Was genau unter einem Bauwerk oder einer Außenanlage zu verstehen ist, ergibt sich jedoch nicht aus der Norm selbst.

3.2.3.1 Das Bauwerk

3.2.3.1.1 Begriff des Bauwerkes

Der Begriff des Bauwerkes wird weder in der Norm selbst noch in der Gesetzesbegründung näher erläutert. Da die Begriffe in § 650a BGB und § 650p BGB äquivalent verwendet werden, wird deutlich, dass der Gesetzgeber einen Gleichlauf anstrebt.[142] Daher ist davon auszugehen, dass § 650p BGB dieselbe Begrifflichkeit zugrunde liegen soll wie § 650a BGB.[143] Ein Bauwerk ist demnach grundsätzlich *„eine unbewegliche, durch Verwendung von Arbeit und Material in Verbindung mit dem Erdboden hergestellte Sache"*[144].

Im Ergebnis fallen unter den Begriff des Bauwerkes Bauten aller Art, unabhängig davon, ob es sich um Hoch- oder Tiefbauten handelt.[145] Unerheblich ist zudem die Art der Nutzung, sodass auch Brücken, Tunnel, Bahngleise oder ähnliches erfasst sind.[146] Von Relevanz soll im Endeffekt nur sein, dass eine

---

[139] Vgl. *Blomeyer/Zimmermann*, NZBau 2017, 703, 706 f.; *Deckers*, ZfBR 2017, 523, 531.

[140] Vgl. *Deckers*, ZfBR 2017, 523, 531.

[141] *Zahn*, in: Kniffka, § 650p BGB Rn. 241.

[142] *Voit*, in: BeckOK-BGB, § 650p BGB (Stand: 01.05.2020) Rn. 6.

[143] *Fuchs*, in: BeckOK BauvertragsR, § 650p BGB Rn. 42; vgl. *Kober*, in: BeckOGK-BGB, § 650t BGB (Stand: 01.04.2022) Rn. 43 f.

[144] *Leupertz*, in: BeckOK BauvertragsR, § 650a BGB Rn. 9; vgl. *Kober*, in: BeckOGK-BGB, § 650t BGB (Stand: 01.04.2022) Rn. 43.

[145] *Fuchs*, in: BeckOK BauvertragsR, § 650p BGB Rn. 44; *Busche*, in: MüKo-BGB, § 650p BGB Rn. 8.

[146] *Voit*, in: BeckOK-BGB, § 650a BGB (Stand: 01.05.2020) Rn. 2; zum Teil so auch BGH, Urteil vom 13.01.1972, VII ZR 46/70 WPM 1972, 797 (= BeckRS 1972, 31125422).

unbewegliche Sache vorliegt, welche durch Verwendung von Arbeit und Material in Verbindung mit dem Erdboden hergestellt wurde.[147]

3.2.3.1.2 Leistungen an dem Bauwerk

Neben den Planungs- und Überwachungsleistungen für die klassische Errichtung eines Bauwerkes sollen Planungs- und Überwachungsleistungen für Instandsetzungen, Instandhaltungen, Umbauten oder Modernisierungen nur dann in den Anwendungsbereich fallen, wenn sie von wesentlicher Bedeutung für die Konstruktion, den Bestand oder den bestimmungsgemäßen Gebrauch des Bauwerkes sind.[148] Diese Einschränkung ergibt sich daraus, dass aufgrund des Regelungszusammenhangs mit § 650a BGB davon auszugehen ist, dass der Gesetzgeber diesem Begriff dieselbe Bedeutung zugrunde legen wollte wie bei der Definition des Bauvertrags in § 650a.[149] Unter den gleichen Voraussetzungen fallen auch Planungs- und Überwachungsleistungen für Abriss-, Abbruch- und Rückbauarbeiten in den Anwendungsbereich des § 650p Abs. 1 BGB.[150]

3.2.3.2 Die Außenanlage

3.2.3.2.1 Begriff der Außenanlage

Der Gesetzgeber selbst legt nicht fest, was unter den Begriff der Außenanlage fallen soll. Der Begriff der Außenanlage stimmt jedoch mit dem Begriff in § 650a Abs. 1 BGB überein.[151] Die Außenanlage stellt demnach grundsätzlich eine Grundstücksfläche dar, welche in der Regel im wirtschaftlichen Zusammenhang mit einem Bauwerk steht oder seinem Zweck dient.[152] Mangelt es an einem wirtschaftlichen Zusammenhang, so muss das Grundstück zumindest einem bestimmten Zweck dienen und zu diesem Zweck in bestimmter Weise gestaltet worden sein oder noch gestaltet werden, um eine Außenanlage darzustellen.[153]

Die Begrifflichkeit ist zudem bereits aus § 38 Abs. 1 HOAI bekannt. Dort findet sich auch eine Aufzählung von solchen Anlagen bzw. Bauwerken, die unter den Begriff der Außenanlage fallen sollen (z. B. Einzelgewässer mit überwiegend

---

[147] *Busche*, in: MüKo-BGB, § 650a BGB Rn. 8.

[148] *Fuchs*, in: BeckOK BauvertragsR, § 650p BGB Rn. 46.

[149] *Retzlaff*, in: Grüneberg, § 650p BGB Rn. 6; *Kniffka/Retzlaff*, BauR 2017, 1747, 1748.

[150] *Fuchs*, in: BeckOK BauvertragsR, § 650p BGB Rn. 47.

[151] *Schwenker/Rodemann*, in: Erman, § 650p BGB Rn. 3; *Busche*, in: MüKo-BGB, § 650p BGB Rn. 8.

[152] *Busche*, in: MüKo-BGB, § 650a BGB Rn. 9.

[153] *Mansel*, in: Jauernig, § 650a BGB Rn. 3 f.

ökologischen und landschaftsgestalterischen Elementen [Nr. 1] oder flächenhafter Erdbau zur Geländegestaltung [Nr. 3]). Diese Aufzählung kann zumindest als Hilfestellung verwendet werden.

3.2.3.2.2 Leistungen an der Außenanlage

Es sind jedoch nicht alle Arbeiten an der Außenanlage umfasst, sondern nur solche, die zumindest im weitesten Sinne mit Arbeiten an einem Bauwerk vergleichbar sind.[154] Es muss sich außerdem um gestaltende Arbeiten handeln, die der Errichtung oder dem Bestand der Anlage dienen.[155] Es wird daher eine gewisse Intensität des Eingriffes vorausgesetzt.[156] Dies entspricht auch der Verwendung des Begriffes im Rahmen des § 650a BGB, da dort nur die Herstellung, Wiederherstellung, Beseitigung oder der Umbau einer Außenanlage umfasst sind.[157] Arbeiten, die beispielsweise nur dazu dienen das Grundstück für die Errichtung eines Bauwerkes frei zu machen (z. B. Rodungen), sind daher nicht enthalten.[158] Für die Tätigkeit von Architekten und Ingenieuren bedeutet dies, dass die Tätigkeit insbesondere von gestalterischer Art sein muss.[159] Diese Voraussetzung wäre beispielsweise bei der Einrichtung oder Umgestaltung eines Gartens, Parks oder Teichs gegeben.[160]

---

[154] BT-Drucks. 18/8486, S. 66; BGH, Beschluss vom 24.02.2005, VII ZR 68/04 NJW-RR 2005, 750 (= BauR 2005, 1019).

[155] BT-Drucks. 18/8486, S. 66.

[156] *Zahn*, in: Kniffka, § 650p BGB Rn. 37.

[157] BT-Drucks. 18/8486, S. 67; *Fuchs*, in: BeckOK BauvertragsR, § 650p BGB Rn. 49; *Zahn*, in: Kniffka, § 650p BGB Rn. 36.

[158] BGH, Beschluss vom 24.02.2005, VII ZR 68/04 NJW-RR 2005, 750 (= BauR 2005, 1019); *Kniffka/Retzlaff*, BauR 2017, 1747, 1849; differenzierend *Fuchs*, in: BeckOK BauvertragsR, § 650p BGB Rn. 50 danach, ob die Rodungsarbeiten der Vorbereitungen der Erstellung einer Außenanlage oder eines Bauwerkes dienen und der Freianlagenplaner mit der Planung und Überwachung dieser Leistungen beauftragt ist.

[159] *Fuchs*, in: BeckOK BauvertragsR, § 650p BGB Rn. 49; *Schwenker/Rodemann*, in: Erman, § 650p BGB Rn. 3.

[160] *Fuchs*, in: BeckOK BauvertragsR, § 650p BGB Rn. 49; *Schwenker/Rodemann*, in: Erman, § 650p BGB Rn. 3.

3.3 Der Generalplanervertrag

Für den Generalplanervertrag mangelt es an einer spezialgesetzlichen Regelung.[161] Die rechtliche Einordnung des Generalplanervertrages bestimmt sich daher nach seinem Inhalt. Die vertraglich zu erbringende Leistung muss dabei genau beschrieben werden, um dem Generalplanervertrag klare Konturen zu verleihen.[162] Wie schon im Rahmen des Architektenvertrages können auch hier die Leistungsphasen der HOAI bei entsprechender vertraglicher Vereinbarung Gegenstand des Vertrages werden.[163] Der Generalplanervertrag beinhaltet als Erfolg meist eine genehmigungsfähige Planung bezüglich aller Architekten- und Ingenieurleistungen sowie das Erstellenlassen eines Bauwerkes.[164] Es wird also, wie auch beim Architekten- und Ingenieurvertrag nicht das Bauwerk selbst, sondern eine genehmigungsfähige Planung, die die Verwirklichung des Bauprojektes ermöglichen soll, geschuldet.[165]

In dem Generalplanervertrag sollte eine exakte Beschreibung der vom Generalplaner zu erbringenden Leistungen, Regelungen zu Fristen und Terminen, insbesondere die Fertigstellung des Gesamtprojektes sowie einzelne Leistungsabschnitte und besondere Regelungen zur Gewährleistung und Haftung des Generalplaners für eigene Leistungen und Leistungen seiner Subplaner, festgehalten werden.[166]

Grundsätzlich handelt es sich bei einem Generalplanervertrag vorwiegend um einen kombinierten Architekten- und Ingenieurvertrag.[167] Bei der Ausgestaltung

---

161 Zum Generalplaner siehe 2.1.2.

162 *Kemper*, Architekten und Ingenieure als Generalplaner, S. 14; *Korbion*, in: Korbion/Mantscheff/Vygen, Teil B – Grundlagen des Architekten- und Ingenieurrechts I Rn. 83; *Kemper/Demko*, DAB 1999, 658, 659.

163 *Korbion*, Generalplaner und Subplaner, S. 6.

164 *Korbion*, Generalplaner und Subplaner, S. 31; *Wirth*, in: Korbion/Mantscheff/Vygen, Teil B – Grundlagen des Architekten- und Ingenieurrechts Rn. 336; *Fischer*, in: Thode/Wirth/Kuffer, § 18 Mehrere am Bau Beteiligte Rn. 187.

165 *Kemper*, Architekten und Ingenieure als Generalplaner, S. 13 f.; *Fischer*, in: Thode/Wirth/Kuffer, § 18 Mehrere am Bau Beteiligte Rn. 187.

166 *Kemper/Demko*, DAB 1999, 658, 659 f.

167 *Berger*, in: Fuchs/Berger/Seifert, Syst A III Rn. 29; *Richter*, in: Messerschmidt/Voit, Generalunternehmer/Subunternehmer Rn. 321; zur alten Rechtslage *Kemper/Demko*, DAB 1999, 658, 659.

des Generalplanervertrages bietet es sich entsprechend an, sich an den Regelungen zum Architekten- und Ingenieurvertrag zu orientieren.[168] Aufgrund der gleichlaufenden Struktur des Architekten- und Ingenieurvertrages sind bezüglich der anwendbaren Vorschriften regelmäßig keine Besonderheiten zu beachten.[169]

Der Generalplaner schließt – aufgrund der Relativität der Schuldverhältnisse – mit den entsprechenden Fachplanern von dem Generalplanervertrag in ihrem Zustandekommen, ihrer Wirksamkeit, ihrer inhaltlichen Vertragsgestaltung und Vertragsabwicklung rechtlich unabhängige Verträge ab.[170] Trotzdem stehen der Generalplanervertrag und die Subplanerverträge zumindest in einem wirtschaftlichen Zusammenhang.[171] Für den Generalplaner ist es daher von besonderer Bedeutung, dass die mit den Subplanern abgeschlossenen Verträge inhaltlich simultan mit dem Generalplanervertrag sind.[172] Aus der gemeinsamen Vertragsausrichtung geht meist auch die Erkenntnis hervor, dass ein Zusammenwirken von Generalplaner und Subplaner notwendig ist, um das Ziel der Verwirklichung des Bauprojektes zu erreichen.[173]

3.4 Fazit

Durch die vorstehenden Ausführungen wurde insgesamt deutlich, dass es keinen typischen Architektenvertrag gibt. Die Architektenverträge sind geprägt durch eine Vielfalt von Aufgabenbereichen, die einem Architekten zuteil werden können. Es bedarf daher einer Kategorisierung der Architektenverträge – bestenfalls in Übereinstimmung mit den vier zuvor beschriebenen Architektentypen –, um die wirtschaftliche Risikoverteilung möglichst allgemein bestimmen zu können.

---

[168] *Kemper*, Architekten und Ingenieure als Generalplaner, S. 16; *Kemper/Demko*, DAB 1999, 658, 659.

[169] *Richter*, in: Messerschmidt/Voit, Generalunternehmer/Subunternehmer Rn. 321.

[170] *Kemper*, Architekten und Ingenieure als Generalplaner, S. 13; *Berger*, in: Fuchs/Berger/Seifert, Syst A III Rn. 29; *Korbion*, in: Korbion/Mantscheff/Vygen, Teil B – Grundlagen des Architekten- und Ingenieurrechts I Rn. 96; *Fischer*, in: Thode/Wirth/Kuffer, § 18 Mehrere am Bau Beteiligte Rn. 232; *Kemper/Demko*, DAB 1999, 658, 660.

[171] *Korbion*, Generalplaner und Subplaner, S. 103; *Kemper/Demko*, DAB 1999, 658, 660; *Schlünder*, NJW 1995, 1057.

[172] *Korbion*, Generalplaner und Subplaner, S. 99; *Berger*, in: Fuchs/Berger/Seifert, Syst A III Rn. 29; *Korbion*, in: Korbion/Mantscheff/Vygen, Teil B – Grundlagen des Architekten- und Ingenieurrechts I Rn. 96; *Fischer*, in: Thode/Wirth/Kuffer, § 18 Mehrere am Bau Beteiligte Rn. 232.

[173] *Kemper/Demko*, DAB 1999, 658, 660.

Als erster Typus des Architektenvertrages kommt ein Architektenvertrag in Frage, der sowohl Planungs- als auch Überwachungsleistungen zum Inhalt hat (i). Der Architekt, der einen solchen Architektenvertrag vereinbart, übernimmt dabei aber vergleichsweise nicht so weitreichende Aufgaben wie der Generalplaner und damit auch nicht ein so weitreichendes Risiko.

Darauf folgen Architektenverträge, die jeweils nur die Planungsleistungen (ii) oder nur die Überwachungsleistungen (iii) zum Inhalt haben.

Sowohl bei dem bauplanenden und bauüberwachenden Architekten, als auch bei dem lediglich bauplanenden Architekten muss bei der Untersuchung der wirtschaftlichen Risikoverteilung zudem berücksichtigt werden, welche Planungsaufgaben zum Inhalt des Vertrages wurden. Gerade bei größeren Bauvorhaben beauftragt der Bauherr oft mehrere Architekten mit unterschiedlichen Leistungsphasen oder Leistungspflichten.[174] Für die Bestimmung der Risikoverteilung muss entsprechend berücksichtigt werden, ob der Architekt die gesamte Planung oder nur einen Teil der Planung übernimmt. Umso mehr Planungsleistungen der Architekt übernimmt, desto höher ist sein wirtschaftliches Risiko.

Bei den Überwachungsleistungen muss hingegen zwischen der Bauüberwachung und der Objektbetreuung differenziert werden. Der Architekt, der lediglich die Objektbetreuung übernimmt, trägt wohl das geringste wirtschaftliche Risiko, da er bei der Errichtung des Bauwerkes selbst nicht mitwirkt.

Daneben gibt es noch den Generalplanervertrag (iv), bei welchem der Architekt regelmäßig dazu verpflichtet ist, eine genehmigungsfähige Planung inklusive aller Architekten- und Ingenieursleistungen zu erbringen, sowie das Erstellenlassen des Bauwerkes zu gewährleisten. Wie auch schon im Hinblick auf den Architektentypus des Generalplaners deutlich wurde, übernimmt der Architekt in dem Fall vergleichsweise das höchste wirtschaftliche Risiko.

Die Leistungen nach § 650p Abs. 2 BGB dürfen bei der Kategorisierung von Architektenverträgen ebenfalls nicht unberücksichtigt bleiben. Hierbei handelt es sich um einen fünften Typus des Architektenvertrages (v), der die Erstellung der Planungsgrundlage und der Kosteneinschätzung zum Inhalt hat. Das durch den Architekten übernommene wirtschaftliche Risiko ist im Vergleich zu den anderen Typisierungen wohl nicht so hoch, da seine Planungsleistungen vorgelagert sind und erst zur Bestimmung etwaiger Planungsziele dienen sollen. Der Architekt übernimmt in dem Fall letztlich ebenfalls eine, wenn auch vorgelagerte, bauplanende Funktion.

---

[174] *Motzke*, in: Die Haftung des Architekten, Kapitel R Rn. 3; zur Beauftragung eines planenden und eines überwachenden Architekten *Locher/Locher*, Das private Baurecht, Rn. 454.

Neben der Kategorisierung nach dem Inhalt des Architektenvertrages muss jedoch erneut die Vollmachtserteilung des Bauherren berücksichtigt werden. Je nachdem, wie die Vollmacht für den Architekten ausgestaltet ist und welche Aufgaben demnach Inhalt des Architektenvertrages werden, kann sich die wirtschaftliche Risikoverteilung zu seinen Lasten oder seinen Gunsten verändern. Letztlich kommt es daher auf den genauen Inhalt des Architektenvertrages an, um zu bestimmen, welche Leistungen der Architekt übernommen hat und welches wirtschaftliche Risiko ihm zuteil wird.

Insgesamt wurde somit deutlich, dass es weder einen typischen Architekten noch einen typischen Architektenvertrag gibt. Die Kategorisierung kann aber gewiss Abhilfe schaffen, um ein allgemeineres Bild über die wirtschaftliche Risikoverteilung bei Architektenverträgen zu bekommen. Für die nachfolgenden Ausführungen soll der fünfte Architektenvertragstypus, welcher die Leistungen nach § 650p Abs. 2 BGB zum Inhalt hat, ausgeklammert werden, da Kostendeckelungen regelmäßig als Planungs- und Überwachungsziel § 650p Abs. 1 BGB zugeordnet werden.[175] Folglich soll lediglich zwischen den anderen vier Architektenvertragstypen in Übereinstimmung mit den Architektentypen unterschieden werden, soweit dies von Bedeutung ist.

Letztlich muss für den jeweiligen Einzelfall berücksichtigt werden, welche Leistungen der einzelne Architektenvertrag zum Inhalt hat und wie die Architektenvollmacht ausgestaltet ist, um das übernommene Risiko genau zu bestimmen.

[175] Vgl. *Kober*, in: BeckOGK-BGB, § 636 BGB (Stand: 01.04.2022) Rn. 528; *Thierau/Schmidt*, in: Thode/Wirth/Kuffer, § 9 Vertragliche Haftung des Architekten Rn. 7.

4 Haftung des Architekten im Bereich der Baukosten

Das wirtschaftliche Planungselement gewann in der Vergangenheit mehr und mehr an Bedeutung, da aufgrund der immer umfangreicher werdenden Bauvorhaben zugleich regelmäßig das finanzielle Risiko für die Bauherren angestiegen ist.[1] Es ist daher inzwischen nahezu gleichbedeutend mit der technischen und künstlerischen Planung eines Bauvorhabens. Der Haftung des Architekten im Bereich der Baukosten gebührt zudem besondere Beachtung, da die sich daraus ergebenden Ansprüche regelmäßig nicht von der Berufshaftpflichtversicherung eines Architekten umfasst sind und die finanzielle Bedeutung eines kostenrechtlichen Mangels für den Architekten dadurch ausgesprochen erhöht wird.[2] Für die Untersuchung der wirtschaftlichen Risikoverteilung ist die Frage der Haftung im Bereich der Baukosten daher von besonderer Bedeutung.

Im Bereich der wirtschaftlichen Planung treffen den Architekten viele unterschiedliche Leistungspflichten,[3] für dessen Mangelhaftigkeit er im Ergebnis

---

[1] Dazu bereits unter 2.1.2.1.

[2] *Koeble*, in: Kompendium des Baurechts, 11. Teil Rn. 864; *Schrammel/Mitterer*, in: Motzke/Bauer/Seewald, Rn. 53; *Kuhn*, in: Thode/Wirth/Kuffer, § 13 Haftung im Kostenbereich Rn. 12; siehe zudem Gesamtverband der Deutschen Versicherungswirtschaft e. V., BRR/Arch (Besondere Bedingungen und Risikobeschreibungen für die Berufshaftpflichtversicherung von Architekten, Bauingenieuren und Beratenden Ingenieuren – Musterbedingungen des GDV), abrufbar unter: https://rsw.beck.de/rsw/upload/SKA/11-Architekten.pdf (zuletzt abgerufen am: 09.11.2019) unter A Ziff. 4.2, wo für die Überschreitung von Vor- und Kostenanschlägen ein Ausnahmetatbestand für die Inanspruchnahme der Berufshaftpflichtversicherung von Architekten aufgrund von entstandenen Schäden festgelegt wird.

[3] *Schulz-Eickhorst*, Die Bauherren-Architekten-Beziehung, S. 52.

M.-L. Athie, *Die wirtschaftliche Risikoverteilung bei Architektenverträgen unter besonderer Berücksichtigung der Kostendeckelung*,
https://doi.org/10.1007/978-3-658-46945-0_4

einzustehen hat. Er hat grundsätzlich die wirtschaftlichen und finanziellen Interessen des Bauherren zu wahren.[4] Der Architekt ist daher dazu verpflichtet, die verfügbaren wirtschaftlichen Mittel und den finanziellen Rahmen im Vorhinein auszumachen.[5] Anhand des Ergebnisses der vorausgehenden finanziellen Rahmenplanung muss der Architekt eine wirtschaftliche Planung vornehmen und dabei die wirtschaftlichen Vorgaben und Interessen des Bauherren berücksichtigen.[6] Er muss im Rahmen dieser wirtschaftlichen Planung insbesondere die finanziellen Möglichkeiten des Bauherren analysieren und auf wirtschaftliche Risiken des Bauvorhabens hinweisen.[7]

Im Bereich der Baukosten kommt folglich eine Haftung des Architekten unter vielfältigen Aspekten in Betracht,[8] insbesondere bezüglich der Leistungspflicht, den finanziellen Rahmen des Bauvorhabens zu klären oder eine wirtschaftliche Planung vorzunehmen, bei Fehlern im Rahmen der Kostenermittlung (auch bekannt als sog. Bausummenüberschreitung) und bezüglich einer vertraglich vereinbarten Kostendeckelung.[9] Diese unterschiedlichen Leistungspflichten stehen grundsätzlich unabhängig zueinander, es gibt jedoch auch einige Überschneidungen. Die Haftung aufgrund von Fehlern in der Kostenermittlung kann beispielsweise neben die Haftung für die Überschreitung einer vertraglich vereinbarten Kostendeckelung treten. Diese beiden Leistungspflichten stehen grundsätzlich unabhängig zueinander[10], jedoch kann ein Fehler in der Kostenermittlung im Ergebnis auch die Überschreitung der vertraglich vereinbarten Kostendeckelung durch den Architekten bedingen. Mängel der wirtschaftlichen und finanziellen Planung des Architekten können regelmäßig eine Überschreitung der Kostendeckelung begründen. Selbst wenn die einzelnen Leistungspflichten

---

[4] Vgl. BGH, Beschluss vom 07.02.2013, VII ZR 3/12 BeckRS 2013, 4953 (= BauR 2013, 982) Rn. 8; BGH, Urteil vom 11.11.2004, VII ZR 128/03 NJW-RR 2005, 318, 320 (= BauR 2005, 400); BGH, Urteil vom 03.07.1997, VII ZR 159/96 NJW-RR 1997, 1376, 1377 (= BauR 1997, 1067); BGH, Urteil vom 17.01.1991, VII ZR 47/90 NJW-RR 1991, 664; OLG Köln, Urteil vom 30.10.2014, 24 U 76/14 NJOZ 2015, 1400, 1401 (= BeckRS 2015, 9031).

[5] *Siemon*, Baukostenplanung und -steuerung, S. 282; *Kehrberg*, in: Die Haftung des Architekten, Kapitel L Rn. 1.

[6] BGH, Urteil vom 09.07.2009, VII ZR 130/07 NJW 2009, 2947 (= NZBau 2009, 722) Rn. 7; *Fuchs*, in: FS Messerschmidt, S. 21, 22.

[7] OLG Düsseldorf, Urteil vom 16.12.2003, I-21 U 24/03 NZBau 2004, 453 (= BauR 2004, 1024); vgl. OLG Düsseldorf, Urteil vom 27.02.1997, 5 U 65/96 BauR 1998, 880, 882.

[8] *Zahn*, in: Locher/Koeble/Frik, Einleitung Rn. 267; vgl. *Schrammel/Mitterer*, in: Motzke/Bauer/Seewald, Rn. 53.

[9] *Zahn*, in: Locher/Koeble/Frik, Einleitung Rn. 272.

[10] Vgl. *Fuchs*, in: FS Messerschmidt, S. 21, 22.

somit unabhängig zueinanderstehen, kann zwischen ihnen trotzdem ein gewisses Abhängigkeitsverhältnis bestehen.

4.1 Einführung in den Begriff der Kostendeckelung

Innerhalb der wirtschaftlichen Planung wird mit Bezug auf die zur Verfügung stehenden wirtschaftlichen Mittel regelmäßig irgendeine Art der Baukostendeckelung durch den Bauherren vorgenommen.[11]

Für diese Art der Kostenvorgabe wurden mittlerweile in Rechtsprechung und Literatur unterschiedliche Termini entwickelt.[12] Begriffe wie Kostenvereinbarung, Kostenobergrenze, Kostenlimit, Baukostengarantie oder Kostenrahmen sind im Ergebnis inhaltlich auf denselben Zweck gerichtet.[13] Unabhängig von einer etwaigen rechtlichen Einordnung, die damit verbunden sein kann, geht es rein tatsächlich stets darum zu beschreiben, dass der Bauherr ein Interesse daran hat, die Baukosten zu beschränken.

Der Einfachheit halber wird in der nachfolgenden Abhandlung zunächst für diese Art der Kostenvorgabe einheitlich der Begriff der Kostendeckelung verwendet, ohne dass sich daraus eine rechtliche Folge ergeben soll.

Je nach Rechtscharakter der Kostendeckelung stehen dem Bauherren bei einer Überschreitung jedoch unterschiedliche Rechte zu.[14] Die Beurteilung, welchen Rechtscharakter die Kostendeckelung im Ergebnis hat, erfolgt anhand des jeweiligen Einzelfalles. Im Rahmen dieser Ausführungen ist daher stellenweise ein Rückgriff auf die unterschiedlichen, soeben dargelegten Termini geboten, da diese zwar inhaltlich auf denselben Zweck gerichtet sind, aber ihre Rechtsfolgen sich wesentlich unterscheiden können.

[11] *Kehrberg*, in: Die Haftung des Architekten, Kapitel L Rn. 6.

[12] *Kuhn*, in: Thode/Wirth/Kuffer, § 13 Haftung im Kostenbereich Rn. 2; vgl. *Zahn*, in: Locher/Koeble/Frik, Einleitung Rn. 285.

[13] *Miegel*, Die Haftung des Architekten für höhere Baukosten sowie fehlerhafte und unterlassene Kostenermittlung, S. 18; *Kuhn*, in: Thode/Wirth/Kuffer, § 13 Haftung im Kostenbereich Rn. 2; vgl. *Zahn*, in: Locher/Koeble/Frik, Einleitung Rn. 285.

[14] *Kuhn*, in: Thode/Wirth/Kuffer, § 13 Haftung im Kostenbereich Rn. 2; vgl. *Zahn*, in: Locher/Koeble/Frik, Einleitung Rn. 285.

4.1.1 Zweck der Kostendeckelung

Aufgrund des regelmäßig mit einem Bauvorhaben verbundenen hohen finanziellen Risikos des Bauherren ist sein Interesse groß, eine verbindliche Kostendeckelung mit dem Architekten, der für die gesamte Planung in wirtschaftlicher, technischer und künstlerischer Hinsicht zuständig ist,[15] zu treffen. Durch die Vereinbarung einer Kostendeckelung hat er die Möglichkeit, das finanzielle Risiko des Bauvorhabens für sich weitergehend zu reduzieren, indem er den Architekten an die Einhaltung eines bestimmten Betrages bindet. Die Notwendigkeit, das finanzielle Risiko überdies zu beschränken, besteht insbesondere auch, da der Bauherr bei Bauvorhaben meist den Großteil der Verantwortung an Dritte wie Architekten, Sonderfachleute oder Bauunternehmer abgibt und zumindest dahingehend seinen unmittelbaren Einfluss auf das Bauvorhaben und dessen Kosten verliert. Zudem sind Bauvorhaben von behördlichen Genehmigungen abhängig, auf deren Erteilung der Bauherr ebenfalls nur beschränkten Einfluss nehmen kann. Hinzu kommen zahlreiche andere externe Faktoren, wie Materialpreise oder technische Standards, von denen die Kosten des Bauvorhabens ebenfalls abhängig sind. Durch die Kostendeckelung schafft der Bauherr die vertragliche Grundlage, um sich bei einer etwaigen Kostenüberschreitung grundsätzlich direkt an den Architekten zu wenden. Der Bauherr muss dann nicht selbst ermitteln, worin die Überschreitung der Kostendeckelung begründet ist und ob möglicherweise der Grund in der Leistung der Bauunternehmer oder Sonderfachleute liegt. Inwieweit der Architekt dann bei Bauunternehmern oder Sonderfachleuten Regress nehmen kann, ist für den Bauherren dabei zunächst irrelevant. Die Kostendeckelung verschafft dem Bauherren für diesen risikobehafteten Kostenbereich daher zumindest partiell eine zusätzliche vertragliche Sicherheit, indem er das Risiko weiterverlagern kann.

4.1.2 Arten, Inhalt und Form der Kostendeckelung

Kostendeckelungen werden in der Regel zwischen dem Architekten und dem Bauherren vereinbart, um für ein Bauvorhaben oder Teile eines Bauvorhabens vertraglich eine Höchstgrenze für die anfallenden Kosten festzulegen. Der Architekt verpflichtet sich mit dieser Vereinbarung grundsätzlich gegenüber dem Bauherren, einen bestimmten Betrag nicht zu überschreiten.

[15] Siehe 2.1.1.5.

4.1.2.1 Arten der Kostendeckelung

Bei der Kostendeckelung muss zunächst zwischen bauwerksbezogen und unabhängig vom Bauwerk aufgestellten Kostendeckelungen differenziert werden (vgl. Ziff. 4.1 der DIN 276).[16] Während sich die bauwerksbezogene Kostendeckelung demnach primär an Planungsvorgaben ausrichtet, geht die vom Bauwerk unabhängige Kostendeckelung maßgebend auf die Kostenvorgaben zurück.

Eine bauwerksbezogene Kostendeckelung orientiert sich regelmäßig an dem Kostenrahmen i. S. d. DIN 276.[17] Der Kostenrahmen stellt die erste Stufe der Kostenermittlung nach DIN 276 dar und dient gemäß Ziff. 4.3.2 der DIN 276 als Grundlage für Entscheidungen über die Bedarfsplanung und grundsätzliche Wirtschaftlichkeits- und Finanzierungsüberlegungen. Er beinhaltet sowohl qualitative als auch quantitative Vorgaben für das Bauwerk, wie Ausstattungsstandards oder die Funktionselemente und ihre Flächen.[18] Eine bauwerksbezogene Kostendeckelung setzt im Ergebnis mindestens eine Planung nach den Maßstäben des Kostenrahmens voraus. Es können daher nicht nur der Kostenrahmen, sondern auch andere Phasen der Kostenermittlung zur Grundlage der Kostendeckelung werden.

Bei bauwerksbezogenen Kostendeckelungen orientiert sich der Inhalt der Kostendeckelungen also insgesamt daran, welche Anforderungen zwischen den Vertragsparteien für das Bauwerk (z. B. bezüglich Statik, Bautechnik) im Zusammenhang mit der Planung vereinbart wurden. Jegliche Erwägungen und Besonderheiten, die im Rahmen dieser Planung Berücksichtigung finden, sollten in der Regel auch bei der Bestimmung der Kostendeckelungen bedacht werden, zumindest soweit die Besonderheiten niedrigere oder höhere Kosten verursachen.

Die vom Bauwerk unabhängig aufgestellte Kostendeckelung orientiert sich hingegen primär an dem zur Verfügung stehenden Budget und leitet daraus alle weiteren Planungselemente ab.[19] Hier geht der Kostendeckelung also keine abgeschlossene Planung voraus, sondern die Planung entwickelt sich erst aus der vorgegeben Kostendeckelung heraus. Die Kostendeckelung stellt hierbei folglich den Ausgangspunkt der Planung dar und alle anderen Faktoren müssen sich an ihr orientieren.

Neben der Unterscheidung zwischen einer bauwerksbezogenen und einer vom Bauwerk unabhängigen Kostendeckelung muss außerdem noch zwischen den

---

[16] *Fuchs*, in: BeckOK BauvertragsR, § 650p BGB Rn. 98; *Fuchs*, in: FS Messerschmidt, S. 21, 23.

[17] *Fuchs*, in: FS Messerschmidt, S. 21, 23.

[18] Ausführlich zum Kostenrahmen unter 4.1.3.2.1.1.

[19] *Fuchs*, in: FS Messerschmidt, S. 21, 23.

unterschiedlichen Verbindlichkeitsgraden einer Kostendeckelung unterschieden werden. Der jeweilige Verbindlichkeitsgrad ist von besonderer Relevanz für die wirtschaftliche Risikoverteilung, da sich daraus sehr unterschiedliche Rechtsfolgen bei einer Überschreitung der Kostendeckelung ergeben können. Hierbei muss zwischen der Baukostengarantie, der Kostenobergrenze als Beschaffenheitsvereinbarung im Sinne des § 633 Abs. 2 S. 1 BGB und der Kostendeckelung in Form einer Kostenspanne unterschieden werden.[20]

4.1.2.2 Inhalt der Kostendeckelung

Damit eine wirksame Kostendeckelung vorliegt, muss inhaltlich bestimmt werden, welche Kosten unter die Kostendeckelung gefasst werden. Die Kostendeckelung kann grundsätzlich auch nur die Kosten für Teile des Bauvorhabens umfassen. Aus diesem Grund muss bei der vertraglichen Vereinbarung bezüglich der Kostendeckelung unmissverständlich festgelegt werden, welche Kosten unter die Vereinbarung fallen sollen (sog. Umfang der Kostendeckelung).[21] Ein Rückgriff auf die Kostengruppen der DIN 276 bietet sich für diese Vereinbarung an.[22] Wurde die Kostendeckelung auf einzelne Kostengruppen der DIN 276 beschränkt, besteht für den fachfremden Bauherren jedoch gleichzeitig die Gefahr, dass das Bauwerk letztendlich mehr kostet, als er geplant hat, ohne dass darin eine Überschreitung der Kostendeckelung liegt.[23] Neben die Kosten, die in der Kostendeckelung enthalten sind, können dann weitere, in anderen Kostengruppen verortete Kosten treten, die zusätzlich anfallen. Die Kostendeckelung bezüglich der vereinbarten Kostengruppen würde dadurch nicht überschritten, da die Kosten neben der Vereinbarung stünden.

Es empfiehlt sich grundsätzlich für den Architekten, die Kostendeckelung auf solche Leistungen zu beschränken, die in seinem unmittelbaren Einflussbereich

[20] Zu den unterschiedlichen Möglichkeiten der Bestimmung der Rechtsnatur siehe 4.2.1; dazu auch *Schulz-Eickhorst*, Die Bauherren-Architekten-Beziehung, S. 86 f.; *Werner/Pastor*, Der Bauprozess, Rn. 2259.

[21] *Siemon*, Baukostenplanung und -steuerung, S. 275; *Fuchs*, in: FS Messerschmidt, S. 21, 25; vgl. *Irlbeck-Kimberger*, Beschaffenheitsvereinbarung in Architektenverträgen am Beispiel Einfamilienhäuser, S. 87.

[22] *Fuchs*, in: FS Messerschmidt, S. 21, 25; vgl. *Irlbeck-Kimberger*, Beschaffenheitsvereinbarung in Architektenverträgen am Beispiel Einfamilienhäuser, S. 87; *Schotten*, in: FS Koeble, S. 499, 501 f.

[23] *Kuhn*, in: Thode/Wirth/Kuffer, § 13 Haftung im Kostenbereich Rn. 29.

liegen.[24] Regelmäßig kommt es aufgrund der steigenden Komplexität der Bauvorhaben zu einer Übertragung von Leistungspflichten auf Sonderfachleute, sodass der Architekt diesbezüglich nicht in eigener Verantwortung tätig wird.[25] Insbesondere im Hinblick auf diese immer häufiger auftretende Weiterverteilung von Planungsleistungen an Sonderfachleute wird das Risiko für den Architekten nicht unwesentlich gesteigert.[26] Übernimmt der Architekt jedoch durch die Kostendeckelung eine Gesamtkostenverantwortung, fallen auch solche Kostengruppen darunter, die der Architekt selbst lediglich koordiniert und integriert.[27] Übernimmt er die Gesamtkostenverantwortung, sollte sich der Architekt selbst Möglichkeiten überlegen, wie er seinen Leistungspflichten nachkommen und die Leistungen der Sonderfachleute und damit die entstehenden Kosten beeinflussen kann. Auch auf diesem Weg kann das wirtschaftliche Risiko für den Architekten deutlich verringert werden.

Wird vertraglich hingegen nicht festgelegt, welche Kosten unter die Kostendeckelung fallen sollen, wird die Auslegung der Kostendeckelung regelmäßig zu dem Ergebnis kommen, dass all diejenigen Kosten erfasst sind, die den Vertragsgegenstand darstellen.[28]

Zusätzlich muss auch die Höhe der Kostendeckelung bestimmt oder zumindest bestimmbar sein.[29] Dazu gehört beispielsweise auch die Bestimmung, ob die benannte Summe die Umsatzsteuer[30], Nebenkosten oder das Architektenhonorar beinhaltet.[31]

---

[24] *Siemon*, Baukostenplanung und -steuerung, S. 277; vgl. *Irlbeck-Kimberger*, Beschaffenheitsvereinbarung in Architektenverträgen am Beispiel Einfamilienhäuser, S. 90.

[25] *Siemon*, Baukostenplanung und -steuerung, S. 277; vgl. *Schotten*, in: FS Koeble, S. 499, 502.

[26] Vgl. *Siemon*, Baukostenplanung und -steuerung, S. 277.

[27] *Fuchs*, in: FS Messerschmidt, S. 21, 25.

[28] *Fuchs*, in: FS Messerschmidt, S. 21, 25.

[29] *Kuhn*, in: Thode/Wirth/Kuffer, § 13 Haftung im Kostenbereich Rn. 17; vgl. OLG Dresden, Urteil vom 16.04.2003, 11 U 1633/02 BeckRS 2003, 30315977 (= IBRRS 2003, 2208); *Kehrberg*, in: Die Haftung des Architekten, Kapitel L Rn. 95.

[30] *Fuchs*, in: FS Messerschmidt, S. 21, 24; vgl. *Siemon*, Baukostenplanung und -steuerung, S. 275.

[31] *Kober*, in: BeckOGK-BGB, § 636 BGB (Stand: 01.04.2022) Rn. 531.

4.1.2.3 Formerfordernisse für die Vereinbarung einer Kostendeckelung

Die Vereinbarung der Kostendeckelung setzt grundsätzlich keine besondere Form voraus,[32] wobei sich schon aus Beweisgründen eine eindeutige und unmissverständliche Vereinbarung anbietet.[33] In der obergerichtlichen Rechtsprechung wurde für den Fall, dass ein schriftlicher Architektenvertrag vorliegt, aber keine (schriftliche) Kostenvereinbarung, die widerlegbare Vermutung entwickelt, dass eine Kostenvereinbarung nicht getroffen wurde.[34] Dies wird vor allem mit der Vermutung der Vollständigkeit und Richtigkeit der Privaturkunde begründet.[35] Der Bauherr[36] kann hier theoretisch einen Gegenbeweis erbringen, wobei die Anforderungen an diesen Gegenbeweis hoch sind.[37] Aus diesem Grund ist eine schriftliche Vereinbarung der Kostendeckelung gewiss vorzugswürdig.

4.1.2.4 Vorläufige Anforderungen an eine Kostendeckelung

Daraus ergeben sich für die Festlegung einer Kostendeckelung vorläufig folgende Anforderungen. Es bedarf

- einer Bestimmung, welche Kosten unter die Kostendeckelung fallen sollen,
- einer Bestimmung der genauen Höhe der Kostendeckelung (insbesondere, ob sich diese inklusive oder exklusive Umsatzsteuer versteht), sowie
- (im Idealfall) eine eindeutige und unmissverständliche Vereinbarung.

Diese Faktoren stellen jedoch keine zwingenden Wirksamkeitsvoraussetzungen dar, sodass ihr Ausbleiben keine unmittelbaren Auswirkungen auf die Wirksamkeit einer Kostendeckelung hat.

---

[32] Vgl. *Kuhn*, in: Thode/Wirth/Kuffer, § 13 Haftung im Kostenbereich Rn. 5, 19.

[33] Vgl. *Siemon*, Baukostenplanung und -steuerung, S. 275.

[34] OLG Düsseldorf, Hinweisbeschluss vom 07.11.2014, I-22 U 94/14 NJOZ 2015, 1436 (= BeckRS 2015, 231) Rn. 36; KG, Urteil vom 10.03.2009, 7 U 182/08 (nicht veröffentlicht); OLG Saarbücken, Urteil vom 25.05.2004, 4 U 589/03 BeckRS 2006, 3707 (= BauR 2005, 1957).

[35] KG, Urteil vom 10.03.2009, 7 U 182/08 (nicht veröffentlicht); OLG Saarbücken, Urteil vom 25.05.2004, 4 U 589/03 BeckRS 2006, 3707 (= BauR 2005, 1957); zur Vermutung im Allgemeinen BGH, Urteil vom 05.02.1999, V ZR 353/97 NJW 1999, 1702, 1703 (= NZM 1999, 565).

[36] Früher war umstritten, wer den Beweis bezüglich des Vorliegens einer solchen Kostenvereinbarung zu erbringen hat, mittlerweile ist dies jedoch höchstrichterlich durch BGH, Urteil vom 06.10.2016, VII ZR 185/13 NJW 2017, 386 (= BauR 2017, 134) Rn. 10 ff. geklärt.

[37] KG, Urteil vom 10.03.2009, 7 U 182/08 (nicht veröffentlicht).

4.1.3 Abgrenzung der Kostendeckelung zu ähnlichen Vereinbarungen im Bereich der Kosten

Im Bereich der Kosten eines Bauvorhabens gibt es viele unterschiedliche Konstrukte, die der Vereinbarung einer Kostendeckelung ähneln. Unterschiede finden sich diesbezüglich nicht nur im Bereich des Inhaltes der jeweiligen Vereinbarung, sondern auch bei den Rechtsfolgen, die mit einer Nichteinhaltung der vereinbarten Kosten einhergehen. Diese Vereinbarungen müssen daher trennscharf von der Kostendeckelung abgegrenzt werden, um auch bei der Beurteilung einzelner Kostenvereinbarungen klar differenzieren zu können, welche Art der Vereinbarung jeweils einschlägig ist.

4.1.3.1 Abgrenzung der Kostendeckelung zum Kostenanschlag nach § 649 BGB

Die Kostendeckelung ist zunächst von dem Kostenanschlag nach § 649 BGB abzugrenzen.

4.1.3.1.1 Inhalt des Kostenanschlags

4.1.3.1.1.1 Im Allgemeinen

Mit dem Kostenanschlag nach § 649 BGB führt der Unternehmer eine fachmännische Berechnung der voraussichtlichen Kosten des eigenen Werkes durch, welche Grundlage des Vertrages mit dem Besteller wird.[38] § 649 BGB ist gemäß § 650q Abs. 1 BGB grundsätzlich auch im Rahmen des Architektenvertrages anwendbar. Für das Vorliegen eines Kostenanschlags ist maßgeblich, dass dieser nach Sinn und Zweck dazu geeignet ist, die wirtschaftliche Entscheidung des Bauherren zu beeinflussen.[39] Gemäß § 649 Abs. 1 BGB übernimmt der Unternehmer für die Richtigkeit des Kostenanschlags nach dem gesetzlichen Regelfall keine Gewähr, sodass keine verbindliche Erklärung vorliegt, aus welcher der Unternehmer verpflichtet werden kann. Der Kostenanschlag wird daher als eine Art Motiv für den Vertragsabschluss im Rahmen der Vertragsanbahnung bewertet.[40] Darin ist ein wesentlicher Unterschied zur Kostendeckelung zu sehen. Auch wenn keine Einigkeit darüber besteht, welchen Rechtscharakter diese haben

---

[38] *Merkle*, in: BeckOGK-BGB, § 649 BGB (Stand: 01.04.2022) Rn. 7; *Busche*, in: MüKo-BGB, § 649 BGB Rn. 3.

[39] *von Rintelen*, in: Kniffka, § 649 BGB Rn. 6.

[40] *Busche*, in: MüKo-BGB, § 649 BGB Rn. 6.

kann,[41] so besteht zumindest Einigkeit darüber, dass die Kostendeckelung im Ergebnis in irgendeiner Art und Weise verbindlich sein soll.

Für die Bewertung, ob es sich um einen unverbindlichen Kostenanschlag nach § 649 BGB handelt, sind insbesondere der Inhalt der Erklärung sowie die zum Ausdruck gebrachten Erwartungen des Bestellers maßgeblich.[42] Indizien für einen Kostenanschlag können beispielsweise eine ausdrückliche Bezeichnung als „*Kostenanschlag*“ sein oder dass zum Ausdruck gebracht wird, dass es sich nur um einen ungefähren Preis handelt.[43]

Inhalt des Kostenanschlags kann weiterhin nur die Vergütung für das Werk des Unternehmers selbst und nicht die Vergütung für andere Unternehmer oder andere Werke sein.[44] Die Regelung des § 649 BGB ist folglich nur dann anwendbar, wenn der Kostenanschlag sich auf die eigenen Leistungen des Architekten bezieht.[45] Der Kostenanschlag kann sich daher grundsätzlich nur auf das Architektenhonorar selbst beziehen.[46] Aufgrund dieser Anforderung wird der Architekt regelmäßig keinen Kostenanschlag gemäß § 649 BGB erstellen, da er die Kosten meist auch für Leistungen Dritter wie Bauunternehmer oder Sonderfachleute prognostiziert.[47] Kostendeckelungen umfassen in der Regel auch Leistungen Dritter, sodass anhand dieses Kriteriums im jeweiligen Einzelfall die Kostendeckelung zuverlässig vom Kostenanschlag abgegrenzt werden kann. Sobald Leistungen von Dritten erfasst sind, kann es sich nicht um einen Kostenanschlag handeln.

Für einen wirksamen Kostenanschlag müsste dieser zudem grundsätzlich hinreichend konkrete Angaben enthalten und die Berechnungsgrundlagen erkennen lassen.[48] Obwohl es sich hier um eine unverbindliche Erklärung handelt, werden vergleichsweise hohe Anforderungen an sie gestellt. Dies lässt sich insbesondere mit der Rechtsfolge bei Überschreitung des Kostenanschlags erklären, da gemäß § 649 Abs. 1 BGB dem Besteller dann ein Kündigungsrecht zusteht.[49]

---

[41] Siehe 4.2.1.

[42] *von Rintelen*, in: Kniffka, § 649 BGB Rn. 12.

[43] Vgl. *von Rintelen*, in: Kniffka, § 649 BGB Rn. 8.

[44] *Merkle*, in: BeckOGK-BGB, § 649 BGB (Stand: 01.04.2022) Rn. 8.

[45] *Busche*, in: MüKo-BGB, § 649 BGB Rn. 20.

[46] *von Rintelen*, in: Kniffka, § 649 BGB Rn. 65; *Zahn*, in: Locher/Koeble/Frik, Einleitung Rn. 337.

[47] *Merkle*, in: BeckOGK-BGB, § 649 BGB (Stand: 01.04.2022) Rn. 18; *Busche*, in: MüKo-BGB, § 649 BGB Rn. 20.

[48] *Peters*, in: Staudinger, § 649 BGB Rn. 20.

[49] Zu den Rechtsfolgen bei Überschreitung eines Kostenanschlags siehe noch unter 4.1.3.1.2

Wie auch die Kostendeckelung unterliegt der Kostenanschlag keinem besonderen Formerfordernis.[50] In der Praxis wird in der Regel jedoch auf die Schriftform zurückgegriffen,[51] was insbesondere mit Blick auf die Anforderungen bezüglich der Erkennbarkeit der Berechnungsgrundlage sinnvoll erscheint.

4.1.3.1.1.2 Abgrenzung zum Kostenanschlag nach HOAI und DIN 276

Bis 2013 war in der Leistungsphase 7 lit. f HOAI 2009 für das Leistungsbild Gebäude und Innenräume noch ein Kostenanschlag im Sinne der DIN 276 vorgesehen, welcher nun jedoch durch die Grundleistung des *„Ermitteln[s] der Kosten auf Grundlage vom Planer bepreister Leistungsverzeichnisse“* in der Leistungsphase 6 ersetzt wurde. Dies hat aber lediglich die Konsequenz, dass der Kostenanschlag nicht mehr Teil der Grundleistungen ist. Trotzdem können Kostenanschläge weiterhin zwischen den Parteien vereinbart werden.

Im Vergleich zum Kostenanschlag nach § 649 BGB zielt der Kostenanschlag nach DIN 276 nicht auf eine Vereinbarung bezüglich des Architektenhonorars, sondern dient als Grundlage für die Entscheidung über die Ausführungsplanung und Vorbereitung der Vergabe.[52] Folglich sind nicht nur die Kosten betroffen, die sich auf die eigene Leistung des Architekten beziehen, sondern alle mutmaßlichen Kosten des Bauvorhabens und somit auch Kosten Dritter.[53]

4.1.3.1.2 Rechtsfolge einer Überschreitung des Kostenanschlags

Sollte ein wirksamer Kostenanschlag nach § 649 BGB vereinbart worden sein, steht dem Besteller gemäß § 649 Abs. 1 BGB bei wesentlicher Überschreitung des Kostenanschlags ein Kündigungsrecht zu. Bei Ausübung dieses Kündigungsrechts will der Besteller insgesamt nicht mehr am Vertrag festhalten. Er kann sich trotz Überschreitung des Kostenanschlags auch dazu entscheiden, dass der Vertrag bestehen bleiben soll und von einer Kündigung absehen. Dann bleibt es bei der vereinbarten Vergütung, dem Besteller steht jedoch unabhängig von der Kündigung ein Schadensersatzanspruch nach allgemeinem Schuldrecht zu.[54] Die Pflichtverletzung kann hierbei indes nicht in der Überschreitung des Kostenanschlags allein liegen, da dieser gerade unverbindlich ist. Es bedarf einer

---

[50] *Merkle*, in: BeckOGK-BGB, § 649 BGB (Stand: 01.04.2022) Rn. 16; *Busche*, in: MüKo-BGB, § 649 BGB Rn. 5.

[51] *Merkle*, in: BeckOGK-BGB, § 649 BGB (Stand: 01.04.2022) Rn. 16; *Busche*, in: MüKo-BGB, § 649 BGB Rn. 5.

[52] Weitere Ausführungen zu dem Kostenanschlag nach DIN 276 unter 4.1.3.2.1.5.

[53] Vgl. *Bernhard*, in: BeckOGK-BGB, § 650p BGB (Stand: 15.05.2022) Rn. 138.

[54] *Busche*, in: MüKo-BGB, § 649 BGB Rn. 12 f.

etwaigen anderen Pflichtverletzung. Eine solche könnte beispielsweise vorliegen, wenn bei der Werkerrichtung vermeidbare Mehrkosten durch eine zu aufwendige Ausführung verursacht wurden.[55]

4.1.3.2 Abgrenzung der Kostendeckelung zu den unterschiedlichen Stufen der Kostenermittlung nach DIN 276

Die Kostendeckelung ist weiterhin von den unterschiedlichen Stufen der Kostenermittlung nach DIN 276 abzugrenzen. Die Kostenermittlung stellt nach Ziff. 3.3 der DIN 276 die Ermittlung der entstehenden und entstandenen Kosten dar. Damit sind nicht nur die Kosten des Architekten selbst gemeint, sondern beispielsweise auch die Kosten der Sonderfachleute, ohne welche eine umfassende Kostenplanung nicht möglich ist.[56] Die DIN 276 sieht sechs Phasen der Kostenermittlung vor – den Kostenrahmen, die Kostenschätzung, die Kostenberechnung, den Kostenvoranschlag, den Kostenanschlag und die Kostenfeststellung. Die Kostenschätzung, die Kostenberechnung, die Kostenfeststellung und der Kostenanschlag sind in der HOAI mit Verweis auf die DIN 276 vorgesehen, während der Kostenrahmen und der Kostenvoranschlag dort zumindest nicht ausdrücklich benannt werden. Den Architekten trifft im Rahmen der Kostenermittlung allgemein die Pflicht, die voraussichtlichen Kosten des Bauvorhabens zu ermitteln und während des Bauprozesses innerhalb der jeweiligen Phasen zu konkretisieren und zu überprüfen.[57] Die Kostenermittlungsphasen sind dabei immer präziser und sorgfältiger, je weiter das Bauvorhaben fortgeschritten ist.[58] Die Phasen stellen jedoch lediglich die Planungsmethoden dar – die Art und Weise der tatsächlichen Kostenermittlung bleibt den Architekten selbst vorbehalten.[59]

Gemäß Ziff. 3.3.6 der DIN 276 stellt die Kostenfeststellung die Ermittlung der entstandenen Kosten dar. Sie dient somit dazu, die tatsächlich entstandenen Kosten nach Fertigstellung des Bauvorhabens zusammenzufassen. Alle übrigen Stufen der Kostenermittlung dienen im Gegensatz dazu der Ermittlung der noch entstehenden Kosten. Die Kostendeckelung betrifft ebenfalls – wie auch die sonstigen Stufen der Kostenermittlung – den Fall, dass das Bauvorhaben noch nicht fertiggestellt wurde und die Kosten noch nicht final feststehen. Sinn und Zweck

---

[55] Vgl. *Merkle*, in: BeckOGK-BGB, § 649 BGB (Stand: 01.04.2022) Rn. 87 ff.; *von Rintelen*, in: Kniffka, § 649 BGB Rn. 57 ff.; *Busche*, in: MüKo-BGB, § 649 BGB Rn. 13.

[56] Vgl. *Siemon*, Baukostenplanung und -steuerung, S. 143 f.

[57] *Bernhard*, in: BeckOGK-BGB, § 650p BGB (Stand: 15.05.2022) Rn. 130.

[58] *Werner/Pastor*, Der Bauprozess, Rn. 2259.

[59] *Jochem*, in: FS Craushaar, S. 1, 3.

der Kostendeckelung ist es, dem Bauherren eine vertragliche Sicherheit bezüglich der zu erwartenden Baukosten zu gewähren. Aus diesem Grund kann eine weitergehende Abgrenzung der Kostenfeststellung zur Kostendeckelung dahinstehen, da konträre Bauphasen betroffen sind. Alle anderen Phasen der Kostenermittlung müssen hingegen von der Kostendeckelung abgegrenzt werden.

4.1.3.2.1 Inhalt der einzelnen Kostenermittlungsphasen

4.1.3.2.1.1 Inhalt des Kostenrahmens

Der Kostenrahmen stellt die erste Stufe der Kostenermittlung dar, welcher meist im Rahmen der Ausformulierung der Idee und damit noch vor Beginn der eigentlichen Planung als eine erste Kosteneinschätzung durch den Architekten erstellt wird.[60] Der Kostenrahmen ist damit eine zeitlich vorgelagerte Stufe der Kostenermittlung und wird daher in der HOAI auch nicht aufgeführt, da diese ihren Anwendungsbereich gemäß § 1 i.V.m. Anlage 10 zu § 34 Abs. 4, § 35 Abs. 7 HOAI erst im Zeitpunkt der Planung in Form der Grundlagenermittlung eröffnet. Der Kostenrahmen dient nach Ziff. 4.3.2 der DIN 276 der Entscheidung über die Bedarfsplanung, grundsätzlichen Wirtschaftlichkeits- und Finanzierungsüberlegungen und der Festlegung der Kostenvorgabe. Es ist hierbei insbesondere auch die Aufgabe des Architekten, die finanziellen Rahmenbedingungen mit dem Bauherren abzustimmen[61] und diese in die Finanzierungs- und Wirtschaftlichkeitsüberlegungen des Architekten zu integrieren. Regelmäßig werden in diesem ersten Schritt der Kostenermittlung die quantitativen, qualitativen und terminlichen Vorstellungen des Bauherren überhaupt erstmalig zusammengefasst.[62] Es scheint letztlich das Ziel des Kostenrahmens zu sein, einen ersten Überblick über das Bauvorhaben zu verschaffen und seine wirtschaftlichen Umsetzungsmöglichkeiten in ihren Grundzügen zu überprüfen.

Dem Kostenrahmen werden eher rudimentäre Informationen zu Grunde gelegt, wie gegebenenfalls Angaben zum Standort des Bauvorhabens sowie quantitative und qualitative Bedarfsangaben. Weiterhin können auch die Berechnung der Mengen von Bezugseinheiten der Kostengruppen und erläuternde Angaben zur organisatorischen und terminlichen Abwicklung des Bauprojektes vorausgesetzt werden. Die Kosten müssen nur auf der ersten Ebene der Kostengliederung ermittelt werden. Diesbezüglich werden also keine allzu hohen Anforderungen

---

[60] *Siemon*, Baukostenplanung und -steuerung, S. 106.

[61] *Werner/Pastor*, Der Bauprozess, Rn. 2258.

[62] *Fuchs*, in: FS Messerschmidt, S. 21, 23.

an den Kostenrahmen gestellt, was die These unterstützt, dass es sich bei dem Kostenrahmen um eine erste, skizzenartige Stufe der Kostenermittlung handelt.[63]

4.1.3.2.1.2 Inhalt der Kostenschätzung

Die Kostenschätzung dient der Entscheidung über die Vorplanung im Sinne der Leistungsphase 2 nach der HOAI, die die Kostenschätzung auch explizit unter Anlage 10 Nr. 10.1 LPH2 lit. g zu §§ 34 Abs. 4, 35 Abs. 7 HOAI aufführt. Ziel der Kostenschätzung ist es – in Übereinstimmung mit dem Ziel der Vorplanung –[64] dem Bauherren bei der Entscheidung zu helfen, ob und wie er die Planung tatsächlich umsetzen möchte.[65]

Der Kostenschätzung sollen nach Ziff. 4.3.3 der DIN 276 Angaben zum Baugrundstück, Angaben zur Erschließung und die Ergebnisse der Vorplanung, insbesondere Planungsunterlagen und zeichnerische Darstellungen zugrunde gelegt werden. Weiterhin sollen (i) die Berechnung der Mengen von Bezugseinheiten der Kostengruppen, (ii) erläuternde Angaben zu den planerischen Zusammenhängen, Vorgängen und Bedingungen sowie zur organisatorischen und terminlichen Abwicklung des Bauprojektes und (iii) Zusammenstellungen, der zum Zeitpunkt der Kostenschätzung bereits tatsächlich entstandenen Kosten, berücksichtigt werden. Im Gegensatz zum Kostenrahmen werden die Gesamtkosten jedoch auf der zweiten Ebene der Kostengliederung ermittelt. An die Kostenschätzung werden also höhere Anforderungen gestellt, insbesondere auch auf Grund dessen, dass das Bauvorhaben insgesamt schon weiter fortgeschritten ist.[66] Trotzdem stellt die Kostenschätzung im Ergebnis – auch im Vergleich zu den noch folgenden Stufen der Kostenermittlung – nach § 2 Abs. 10 S. 1 HOAI nur eine grobe, überschlägige Ermittlung der Baukosten dar und verschafft dem Bauherren entsprechend ihres Zieles eine erste Orientierung, anhand derer er eine Entscheidung bezüglich des Bauvorhabens treffen kann.

4.1.3.2.1.3 Inhalt der Kostenberechnung

Die Kostenberechnung, welche ausdrücklich in Leistungsphase 3 nach Anlage 10 Nr. 10.1 LPH3 lit. e zu §§ 34 Abs. 4, 35 Abs. 7 HOAI benannt wird, dient gemäß Ziff. 4.3.3 der DIN 276 der Entscheidung über die Entwurfsplanung.

---

[63] *Deckers*, ZfBR 2017, 523, 531.

[64] Siehe 3.2.1.1.2.1.

[65] Vgl. *Miegel*, Die Haftung des Architekten für höhere Baukosten sowie fehlerhafte und unterlassene Kostenermittlung, S. 12; *Kehrberg*, in: Die Haftung des Architekten, Kapitel L Rn. 36.

[66] Siehe unter 4.1.3.2.

Die Kostenberechnung soll zudem die Grundlage der endgültigen Finanzierung sein und dem Bauherren bei der finalen Entscheidung helfen, ob er das Vorhaben realisieren möchte.[67] Schon aus der Stellung innerhalb der Leistungsphase 3 ergibt sich, dass höhere Anforderungen an die Kostenberechnung gestellt werden als an die Kostenschätzung und den Kostenrahmen.

Nach Ziff. 4.3.4 sind der Kostenberechnung Planungsunterlagen, beispielsweise in Form von Entwurfszeichnungen oder Detailplänen von mehrfach wiederkehrenden Raumgruppen, Erläuterungen (z. B. Beschreibungen von Einzelheiten in der Systematik der Kostengliederung, die aus den Zeichnungen oder Berechnungsunterlagen nicht erkenntlich, aber für die Berechnung der Kosten relevant sind) sowie Erläuterungen zur organisatorischen und terminlichen Abwicklung des Bauprojektes zu Grunde zu legen. Wie schon bei der Kostenschätzung sollen zudem auch die Berechnungen der Mengen von Bezugseinheiten der Kostengruppen und eine Zusammenstellung der bis dahin bereits entstandenen Kosten berücksichtigt werden. Die zu Grunde gelegten Unterlagen und Informationen sind im Vergleich zu den vorherigen Stufen der Kostenermittlung detailreicher und ergiebiger, sodass entsprechend höhere Anforderungen an die Kostenberechnung zu stellen sind. Die Kostenberechnung ist nach Kostengruppen auf der dritten Ebene der Kostengliederung vorzunehmen. Die dritte Ebene stellt die präziseste und damit gleichzeitig anspruchsvollste Ebene der Kostengliederung dar, wie sie in der DIN 276 vorgesehen ist.

4.1.3.2.1.4 Inhalt des Kostenvoranschlags

Der Kostenvoranschlag wurde erstmalig mit der Einführung der DIN 276:2018–12 in dem Regelwerk vorgesehen und ist bisher auch kein Bestandteil der HOAI geworden. Weder in der Leistungsphase 5 noch in der Leistungsphase 6 wurde ein Kostenvoranschlag bislang ausdrücklich vorgesehen. Es bleibt abzuwarten, ob der Verordnungsgeber den Kostenvoranschlag überhaupt umsetzt und wenn ja, inwieweit er ihn als Grundleistung oder besondere Leistung ausgestaltet. In der aktuellen HOAI wurde der Kostenvoranschlag von dem Verordnungsgeber zumindest noch nicht berücksichtigt, was jedoch im Einklang mit dem statischen Verweis auf die DIN 276 aus 2008 steht.[68]

---

[67] *Kehrberg*, in: Die Haftung des Architekten, Kapitel L Rn. 37; *Schrammel/Mitterer*, in: Motzke/Bauer/Seewald, Rn. 87.

[68] *Architektenkammer Nordrhein-Westfalen*, Praxishinweis – Prüffähige Honorarrechnung (HOAI 2021), S. 3, abrufbar unter: https://www.aknw.de/fileadmin/user_upload/Praxishinweise/PH46_Prueffaehige_Honorarrechnung__01_2021_HOAI_2021.pdf (zuletzt abgerufen am: 26.02.2021).

Der Kostenvoranschlag dient gemäß Ziff. 4.3.5 der DIN 276 der Entscheidung über die Ausführungsplanung und der Vorbereitung der Vergabe. Aus dem Wortlaut ergibt sich bereits, dass es sich bei dem Kostenvoranschlag um eine Vorstufe des Kostenanschlags handelt. Dieser Gedanke wird auch durch Sinn und Zweck der Kostenermittlungsstufe gestützt. Während der Kostenvoranschlag unter anderem der Vorbereitung der Vergabe dient, zielt der Kostenanschlag auf eine Unterstützung bei der Entscheidung über die Vergabe, sodass der Kostenvoranschlag zeitlich vorgelagert sein muss.

Dem Kostenvoranschlag sollen Planungsunterlagen zum Beispiel in Form von Ausführungs-, Detail- und Konstruktionszeichnungen zu Grunde gelegt werden. Auch bei der Kostenberechnung werden Planungsunterlagen zu Grunde gelegt, jedoch müssen die Anforderungen an die Genauigkeit der Ausarbeitungen bei der Kostenberechnung geringer sein. Weiterhin sollen Leistungsbeschreibungen der einzelnen Leistungsbereiche, Berechnungen für Standsicherheit, technische Anlagen etc. und Mengenermittlungen von Teilleistungen vorausgesetzt werden. Wie schon im Rahmen der Kostenberechnung sollen außerdem Berechnungen der Mengen von Bezugseinheiten der Kostengruppen, Erläuterungen zur organisatorischen und terminlichen Abwicklung des Bauvorhabens und die Kosten von bereits vorliegenden Angeboten und Aufträgen Berücksichtigung finden.

Im Kostenvoranschlag sind die Gesamtkosten nicht nur nach der dritten Ebene der Kostengruppen zu bestimmen, sondern zusätzlich müssen diese nach technischen Merkmalen oder anderen herstellungsmäßigen Gesichtspunkten untergliedert werden. Die ermittelten Kosten müssen nach den für das Bauvorhaben vorgesehenen Vergabeeinheiten geordnet werden, um dann die Angebote, Aufträge und Abrechnungen zusammenstellen, kontrollieren und vergleichen zu können. Im Vergleich zum Kostenanschlag ergibt sich hierbei, dass im Rahmen des Kostenvoranschlags auch die finalen Kontrollen der Angebote, Aufträge und Abrechnungen stattfinden müssen, da diese im Kostenanschlag nur noch als gegeben hingenommen werden.

4.1.3.2.1.5 Inhalt des Kostenanschlags

Der Kostenanschlag nach DIN 276 stellt die letzte Stufe der Kostenermittlung vor Fertigstellung des Bauvorhabens dar. Er dient neben der Entscheidung über die Vergabe auch der Entscheidung über die Ausführung. Der Kostenanschlag selbst wird jedoch in keiner der in der HOAI benannten Leistungsphasen für Gebäude und Innenräume als Grundleistung oder besondere Leistung angeführt.

Gemäß Ziff. 4.3.6 der DIN 276 soll der Kostenanschlag in Übereinstimmung mit dem für das Bauprojekt gewählten Projektablauf in mehreren Schritten aufgestellt werden. Die Kosten sollen sich dabei aus den zum jeweiligen Zeitpunkt vorliegenden Angeboten, Aufträgen oder Abrechnungen ergeben.

Dem Kostenanschlag werden ebenfalls Planungsunterlagen zu Grunde gelegt. Neben Ausführungs-, Detail- und Konstruktionszeichnungen kommen nun zusätzlich aufgrund des weiter fortgeschrittenen Planungsstandes Montage-, Aufmaß- und Abrechnungszeichnungen in Betracht. Überdies sollen auch Angebote der ausführenden Unternehmen inklusive der Leistungsbeschreibungen, Aufträge der ausführenden Unternehmen samt Vertragsunterlagen, technische Berechnungen und Rechnungen der ausführenden Unternehmen sowie Ergebnisse der Rechnungsprüfung zu Grunde gelegt werden. Zudem sollen Mengenermittlungen von Teilleistungen, Informationen über die Ausführung und zur organisatorischen und terminlichen Abwicklung des Bauvorhabens sowie Zusammenstellungen der in den Teilbereichen entstandenen Kosten Berücksichtigung finden.

Im Vergleich zu den vorherigen Stufen der Kostenermittlung stellt der Kostenanschlag vermehrt auf bereits feststehende Fakten ab – zum Beispiel wird auf die Angebote und Aufträge der Unternehmen sowie Rechnungen beziehungsweise Ergebnisse der Rechnungsprüfung zurückgegriffen. Es wird auch nicht mehr von Erläuterungen zu der Abwicklung des Bauvorhabens gesprochen, sondern von diesbezüglichen Informationen. Hier wurde folglich bereits eine (finale) Entscheidung hinsichtlich der Abwicklung getroffen, deren Inhalt nun dem Kostenanschlag zu Grunde gelegt werden soll. Es muss folglich gerade nicht mehr eine Prüfung der Angebote, Aufträge und Abrechnungen erfolgen, sondern die finalen Angebote, Aufträge und Abrechnungen müssen nur noch zusammengetragen und geordnet werden.

Dies stimmt auch mit dem Ziel des Kostenanschlags überein, das darin liegt, die zu erwartenden Kosten möglichst genau zu ermitteln.[69] Die ermittelten Kosten müssen nach den festgelegten Vergabeeinheiten zusammengestellt und geordnet werden.

4.1.3.2.2 Unterschiede der Kostenermittlungsphasen zur Kostendeckelung

Nach Ziff. 4.6.2 der DIN 276 können Budgetfestlegungen oder jegliche Stufen der Kostenermittlung zur Grundlage einer Kostenvorgabe werden. Ziff. 4.6.2 der

[69] *Miegel*, Die Haftung des Architekten für höhere Baukosten sowie fehlerhafte und unterlassene Kostenermittlung, S. 14; *Kehrberg*, in: Die Haftung des Architekten, Kapitel L Rn. 38.

DIN 276 sieht zudem vor, dass eine Kostenvorgabe entweder als Kostendeckelung oder als Kostenspanne ausgestaltet sein kann. Folglich kann eine Phase der Kostenermittlung schon aus systematischen Erwägungen nur die Grundlage für die Kostenvorgabe darstellen und nicht selbst eine Kostenvorgabe sein. Diese Kostenvorgabe kann dann als Kostendeckelung vereinbart werden. Die unterschiedlichen Kostenermittlungsstufen können somit im Hinblick auf die Systematik der DIN 276 selbst keine Kostendeckelung darstellen und müssen insofern von ihr abgegrenzt werden.

Die einzelnen Stufen der Kostenermittlung stellen zudem lediglich eine Auskunft dar.[70] Es ist hier die Aufgabe des Architekten, die Kosten des Bauvorhabens zu ermitteln und anhand derer Auskünfte über die voraussichtlichen Kosten zu erteilen.[71] Ein zentraler Unterschied zwischen der Kostendeckelung und den Stufen der Kostenermittlung kann weiterhin in der Reihenfolge liegen, in welcher der Architekt die Planungsinformationen erhält.[72] Bei den Phasen der Kostenermittlung geht die Planung regelmäßig von den künstlerischen und technischen Vorstellungen des Bauherren aus und es ist dann die Aufgabe des Architekten, im Rahmen der Kostenermittlung dem Bauherren aufzuzeigen, welche Kosten auf ihn bei einer derartigen Umsetzung des Vorhabens zukommen. Dem Bauherren wird dabei insbesondere auch die Möglichkeit gegeben, seine Anforderungen infolgedessen anzupassen. Bei der Kostendeckelung kann jedoch die preisliche Vorgabe den restlichen Planungszielen vorausgehen.[73] Aufgabe des Architekten ist es in einem solchen Fall, ausgehend von der Kostendeckelung das Bauvorhaben inklusive seiner Flächen, Nutzungen und Standards so zu planen, dass es mit dem vorgegebenen Budget umsetzbar ist.[74]

Selbst wenn die Kostendeckelung allein nicht den Ausgangspunkt der Planung darstellt, so werden im Rahmen der Kostendeckelung nicht nur die technischen und gestalterischen Vorstellungen durch den Bauherren benannt und der Architekt muss die Kosten anhand dessen ermitteln, sondern auch die wirtschaftlichen Vorstellungen des Bauherren werden bei den Erwägungen berücksichtigt. Sowohl die gestalterische, technische als auch die wirtschaftliche Planung sind dann aufeinander abzustimmen.

---

[70] *Miegel*, Die Haftung des Architekten für höhere Baukosten sowie fehlerhafte und unterlassene Kostenermittlung, S. 55.

[71] *Miegel*, Die Haftung des Architekten für höhere Baukosten sowie fehlerhafte und unterlassene Kostenermittlung, S. 55.

[72] *Siemon*, Baukostenplanung und -steuerung, S. 106.

[73] *Siemon*, Baukostenplanung und -steuerung, S. 106.

[74] *Siemon*, Baukostenplanung und -steuerung, S. 106.

4.1.3.2.3 Toleranzgrenzen bei der Baukostenermittlung und Rechtsfolgen ihrer Überschreitung

Dem Architekten stehen bei einer Bausummenüberschreitung grundsätzlich Toleranzrahmen zu. Sind die Abweichungen im Budget innerhalb dieser Toleranzrahmen, liegt kein Mangel der Architektenleistung vor, sondern erst dann, wenn der Toleranzrahmen überschritten wird und dazu noch weitere Umstände treten.[75] Wie die Toleranzgrenze genau zu bestimmen ist, richtet sich grundsätzlich nach dem Einzelfall.[76] Zu Beginn der Planung sollten Toleranzrahmen zunächst großzügiger bestimmt werden, da die ersten Maßnahmen im Rahmen der Kostenermittlung aufgrund der zur Verfügung stehenden Informationen bezüglich der Planung und der voraussichtlichen Kosten weniger umfangreich und präzise ausfallen als bei fortgeschrittenen Bauvorhaben.[77] Ein wesentlicher Faktor bei der Bestimmung der Toleranzgrenze, aber keineswegs der einzig maßgebliche, stellt daher der Bauabschnitt dar, sodass die Toleranzgrenze je nach der Stufe der Kostenermittlung variiert.[78] Im Bereich der Kostenschätzung nach Ziff. 4.3.3 der DIN 276 liegt der Toleranzrahmen aufgrund der vergleichsweise geringen Anforderungen an ihren Genauigkeitsgrad bei circa 30–40 %.[79] Bei der Kostenberechnung nach Ziff. 4.3.4 liegt der Toleranzrahmen bei 20–25 %[80] und bei dem Kostenanschlag nach Ziff. 4.3.6 bei 10–15 %[81], wobei in allen Fällen

[75] Vgl. *Krause-Allenstein*, Die Haftung des Architekten für Bausummenüberschreitung und sein Versicherungsschutz, S. 109; *Kehrberg*, in: Die Haftung des Architekten, Kapitel L Rn. 47.

[76] BGH, Urteil vom 16.12.1993, VII ZR 115/92 NJW 1994, 856, 857 (= BauR 1994, 268); *Kehrberg*, in: Die Haftung des Architekten, Kapitel L Rn. 45; vgl. *Koeble*, in: Kompendium des Baurechts, 11. Teil Rn. 873.

[77] So auch BGH, Urteil vom 23.01.1997, VII ZR 171/95 NJW-RR 1997, 850, 851 (= BauR 1997, 494); *Zahn*, in: Locher/Koeble/Frik, Einleitung Rn. 275; *Werner/Pastor*, Der Bauprozess, Rn. 2281.

[78] *Zahn*, in: Locher/Koeble/Frik, Einleitung Rn. 275; Vgl. *Locher/Locher*, Das private Baurecht, Rn. 433.

[79] *Zahn*, in: Locher/Koeble/Frik, Einleitung Rn. 275; vgl. OLG Koblenz, Urteil vom 14.06.2006, 6 U 994/05 BeckRS 2008, 19964 (= BauR 2008, 851); differenzierend zwischen Kostenschätzung und Kosteneinschätzung i. S. d. § 650p BGB *Werner/Pastor*, Der Bauprozess, Rn. 2280.

[80] OLG Köln, Urteil vom 04.09.2001, 3 U 166/00 BeckRS 2001, 30202784 (= BauR 2002, 978); *Zahn*, in: Locher/Koeble/Frik, Einleitung Rn. 275; *Werner/Pastor*, Der Bauprozess, Rn. 2281.

[81] OLG Köln, Urteil vom 04.09.2001, 3 U 166/00 BeckRS 2001, 30202784 (= BauR 2002, 978); *Zahn*, in: Locher/Koeble/Frik, Einleitung Rn. 275; *Werner/Pastor*, Der Bauprozess, Rn. 2281.

Abweichungen aufgrund der Umstände des Einzelfalles möglich sind[82]. Weder für den Kostenrahmen noch für den Kostenvoranschlag wurden in Rechtsprechung und Literatur bisher Richtwerte für Toleranzrahmen entwickelt. Aus den Toleranzrahmen der anderen Stufen der Kostenermittlung lassen sich jedoch Konsequenzen für diese beiden Phasen ziehen. Der Toleranzrahmen bei dem Kostenrahmen muss angesichts dessen, dass es sich um die erste, skizzenartige Stufe der Kostenermittlung handelt, deren Genauigkeitsgrad noch unter dem der Kostenschätzung liegt, über 40 % sein. Der Kostenvoranschlag muss angesichts seiner Einordnung zwischen der Kostenberechnung und dem Kostenanschlag auch bezüglich der Toleranzgrenze innerhalb der entsprechenden Prozentwerte verortet werden. Der Toleranzrahmen muss daher folgerichtig bei 15–20 % liegen. Ein wesentlicher Unterschied zwischen der Kostendeckelung und den Phasen der Kostenermittlung liegt insgesamt darin, dass bei der Kostendeckelung zumindest bei einer Ausgestaltung in Form einer Baukostengarantie oder einer Beschaffenheitsvereinbarung grundsätzlich kein Toleranzrahmen zugestanden wird, sondern der vereinbarte Betrag als Obergrenze verbindlich ist.[83] Etwas anderes kann sich nur dann ergeben, wenn sich in dem Vertrag selbst Anhaltspunkte dafür finden, dass die vereinbarte Bausumme keine strikte Grenze sein soll.[84]

Wird der jeweilige Toleranzrahmen überschritten, liegt darin mithin nicht automatisch ein Mangel des Architektenwerkes. Es bedarf vielmehr eines Fehlers im Rahmen der Kostenermittlung. Fehler bei der Kostenermittlung können unter anderem die fehlerhafte (z. B. falsche Mengenangaben oder vergessene Bauleistungen), vergessene (z. B. Fehlen von Kostenschätzung, Kostenberechnung oder Kostenanschlag) oder verspätete Kostenermittlung sein.[85]

Liegt ein solcher Fehler im Bereich der Kostenermittlung vor, so ist darin ein Mangel der Architektenleistung zu sehen, sodass der Architekt nach dem Gewährleistungsrecht des allgemeinen Werkvertragsrechts (§§ 650q Abs. 1 i.V.m. 633 ff. BGB) haftet, soweit der Architektenvertrag derart verfasst wurde, dass die Kostenermittlungsphasen als Hauptleistungspflichten

---

[82] *Kehrberg*, in: Die Haftung des Architekten, Kapitel L Rn. 45.

[83] BGH, Urteil vom 13.02.2003, VII ZR 395/01 NJW-RR 2003, 877, 878 (= BauR 2003, 1061); BGH, Urteil vom 23.01.1997, VII ZR 171/95 NJW-RR 1997, 850, 851 (= BauR 1997, 494); *Siemon*, Baukostenplanung und -steuerung, S. 289; *Kehrberg*, in: Die Haftung des Architekten, Kapitel L Rn. 102, zu Spezialfällen, wann bei einer Kostendeckelung Toleranzrahmen vorliegen können.

[84] BGH, Urteil vom 13.02.2003, VII ZR 395/01 NJW-RR 2003, 877, 878 (= BauR 2003, 1061); BGH, Urteil vom 23.01.1997, VII ZR 171/95 NJW-RR 1997, 850, 851 (= BauR 1997, 494).

[85] *Zahn*, in: Locher/Koeble/Frik, Einleitung Rn. 271.

ausgestaltet wurden.[86] Dem Architekten steht zunächst – im Rahmen des Zumutbaren – ein Nacherfüllungsrecht zu.[87] Etwas anderes ergibt sich jedoch dann, wenn das Vorhaben bereits durchgeführt wurde und die Kostenermittlung dem Bauherren erst nachträglich vorgelegt wird.[88] Eine Nacherfüllungsfrist ist dann gerade nicht mehr zu setzen, da die Nacherfüllung den Leistungserfolg nicht mehr herbeiführen kann und die Kosten sich bereits vollständig verwirklicht haben.[89] In einem solchen Fall kommt insbesondere ein Schadensersatzanspruch aufgrund der Bausummenüberschreitung in Betracht, wobei die Schadensberechnung dabei ein zentrales Problem darstellt.[90]

4.1.3.3 Abgrenzung der Kostendeckelung zur Baukostenvereinbarung

4.1.3.3.1 Inhalt und Form der Baukostenvereinbarung in Abgrenzung zur Kostendeckelung

§ 6 Abs. 3 S. 1 HOAI 2013 sah für den Fall, dass noch keine Planung für das Bauvorhaben vorliegt, die Möglichkeit vor, eine sogenannte Baukostenvereinbarung zu treffen, welche Grundlage für das Honorar werden soll. Dabei durften jedoch gemäß § 6 Abs. 3 S. 1 HOAI 2013 nur nachprüfbare Baukosten zur Grundlage der Baukostenvereinbarung werden.

4.1.3.3.1.1 Notwendigkeit einer Abgrenzung zwischen Baukostenvereinbarung und Kostendeckelung nach dem BGH

Die Notwendigkeit einer Abgrenzung zwischen Baukostenvereinbarung und Kostendeckelung wurde in Bezug auf neu abgeschlossene Verträge teilweise in Abrede gestellt,[91] da der BGH die Baukostenvereinbarung nach § 6 Abs. 3 HOAI 2013 (beziehungsweise dessen Vorgängerversion

---

[86] Zur Ausgestaltung des Architektenvertrages und den Kostenermittlungsphasen als Hauptleistungspflichten siehe *Kehrberg*, in: Die Haftung des Architekten, Kapitel L Rn. 56 f.

[87] *Werner/Pastor*, Der Bauprozess, Rn. 2282.

[88] Vgl. BGH, Urteil vom 11.11.2004, VII ZR 128/03 NJW-RR 2005, 318, 322 (= BauR 2005, 400); *Kehrberg*, in: Die Haftung des Architekten, Kapitel L Rn. 59.

[89] BGH, Urteil vom 11.11.2004, VII ZR 128/03 NJW-RR 2005, 318, 322 (= BauR 2005, 400); *Krause-Allenstein*, Die Haftung des Architekten für Bausummenüberschreitung und sein Versicherungsschutz, S. 134 f.; *Kehrberg*, in: Die Haftung des Architekten, Kapitel L Rn. 59.

[90] Zur Problematik der Berechnung des Schadensersatzanspruchs bei Bausummenüberschreitung siehe *Krause-Allenstein*, Die Haftung des Architekten für Bausummenüberschreitung und sein Versicherungsschutz, S. 166 ff.

[91] *Kuhn*, in: Thode/Wirth/Kuffer, § 13 Haftung im Kostenbereich Rn. 35.

§ 6 Abs. 2 HOAI 2009) für unwirksam erklärte[92]. Daher sei die Abgrenzung nur noch für Verträge, die nach der Einführung der HOAI 2009 und vor dem Urteil des BGH am 24.04.2014 abgeschlossen wurden, relevant.[93] Begründet wurde die Entscheidung des BGH ausschließlich damit, dass diese Regelung (§ 6 Abs. 2 HOAI 2009/ § 6 Abs. 3 HOAI 2013) nicht von der Ermächtigungsgrundlage der HOAI erfasst sei, da durch eine derartige Vereinbarung die Möglichkeit bestehe, dass die Mindest- und Höchstsätze der HOAI unter- oder überschritten werden könnten.[94] Es wurde davon ausgegangen, dass die Honorare für Architekten- und Ingenieurleistungen zum Schutz ihrer Berufsstände an den bis dahin wirksamen Mindest- und Höchstsätzen auszurichten seien und eine Unter- bzw. Überschreitung nur in Ausnahmefällen möglich sei.[95] Die Mindestsätze dienten insbesondere der Qualitätssicherung, da vermieden werden sollte, dass Architekten bzw. Ingenieure ihre Leistungen zu Billigpreisen anbieten und aufgrund dessen die Leistungsqualität gleichermaßen reduziert würde, während die Höchstsätze den Verbraucherschutz sicherstellen sollten.[96]

4.1.3.3.1.2 Entscheidung des EuGHs zu Mindest- und Höchstsätzen

Die Mindest- und Höchstsätze der HOAI wurden durch den EuGH jedoch für unwirksam erklärt, da die Mindestsätze zum einen nur dann zur Qualitätssicherung beitragen könnten, wenn auch die Leistungen selbst Mindestgarantien (und damit Qualitätsanforderungen) unterliegen würden, und zum anderen die Höchstsätze als unverhältnismäßig eingestuft wurden.[97] Diese Entscheidung macht die Argumentation des BGH bezüglich des § 6 Abs. 3 HOAI 2013 gegenstandslos, da nicht mehr das Bedürfnis besteht, eine Über- oder Unterschreitung der Mindest- bzw. Höchstsätze zu unterbinden. Es muss also grundsätzlich möglich sein, eine Baukostenvereinbarung zu treffen.

---

[92] BGH, Urteil vom 24.04.2014, VII ZR 164/13 BGHZ 201, 32 (= NJW 2014, 2354) Rn. 13 ff.

[93] *Kuhn*, in: Thode/Wirth/Kuffer, § 13 Haftung im Kostenbereich Rn. 35.

[94] BGH, Urteil vom 24.04.2014, VII ZR 164/13 BGHZ 201, 32 (= NJW 2014, 2354) Rn. 15.

[95] BGH, Urteil vom 24.04.2014, VII ZR 164/13 BGHZ 201, 32 (= NJW 2014, 2354) Rn. 15 ff.

[96] EuGH, Urteil vom 04.07.2019, C-377/17 ECLI: EU:C:2019:562 Rn. 69, 78 ff.

[97] Siehe diesbezüglich EuGH, Urteil vom 04.07.2019, C-377/17 ECLI: EU:C:2019:562 Rn. 92 ff.

4.1.3.3.1.3 Novellierung der HOAI

Nunmehr hat der Gesetzgeber die Baukostenvereinbarung mit der Novellierung der HOAI zum 01.01.2021 jedoch ersatzlos aus der HOAI gestrichen. Dies begründet sich gleichwohl lediglich mit der Tatsache, dass es der explizit vorgesehenen Möglichkeit einer schriftlichen Abweichung nicht mehr bedarf, da die HOAI kein verbindliches Preisrecht mehr enthält.[98] Insofern muss es also weiterhin die Option geben, sich auf eine Baukostenvereinbarung zu einigen, auch wenn dies in der HOAI nicht mehr ausdrücklich so vorgesehen ist.[99] Daher muss die Baukostenvereinbarung nun mithilfe von entsprechenden Kriterien von einer Kostendeckelung abgegrenzt werden.

4.1.3.3.1.4 Abgrenzungskriterien

Bei der (bis 2013 in der HOAI geregelten) Baukostenvereinbarung handelt es sich zunächst um eine preisrechtliche Regelung, während die Kostendeckelung grundsätzlich vertragsrechtlicher Natur ist.[100] Es ist zwar nicht ausgeschlossen, dass eine Baukostenvereinbarung auch eine vertragsrechtliche Kostendeckelung darstellen kann, jedoch ist insbesondere aufgrund der unterschiedlichen Interessenlagen, Rechtsfolgen und zur Bestimmung des Rechtscharakters zwischen ihnen zu differenzieren.[101]

Die Baukostenvereinbarung und Kostendeckelung haben zunächst sehr unterschiedliche (Vertrags-)Inhalte. Während die Kostendeckelung dazu dient, die Kosten für das Bauvorhaben festzulegen, wird mit der Baukostenvereinbarung ein Betrag bestimmt, der die Grundlage für die Berechnung des Architektenhonorars darstellt.

Ein weiterer Unterschied ergibt sich außerdem im Hinblick auf die Rechtsfolge bei einer Überschreitung der Baukostenvereinbarung – während dem Bauherren bei der Nichteinhaltung einer vertragsrechtlichen Kostendeckelung die werkvertraglichen Mängelrechte und insbesondere Schadensersatzansprüche zustehen können, stehen ihm diese Rechte bei der Nichteinhaltung der preisrechtlichen Baukostenvereinbarung als unverbindliche Schätzung gerade nicht zu.[102] Die Baukostenvereinbarung dient lediglich dazu, das Architektenhonorar unabhängig von den tatsächlichen Kosten zu bestimmen, sodass bei einer Überschreitung

---

[98] BR-Drucks. 539/20, S. 19.

[99] *Wessel*, MDR 2019, 1349, 1354; vgl. *Fuchs/Berger/Seifert*, NZBau 2021, 3, 6 f.

[100] *Kuhn*, in: Thode/Wirth/Kuffer, § 13 Haftung im Kostenbereich Rn. 32.

[101] Vgl. *Kuhn*, in: Thode/Wirth/Kuffer, § 13 Haftung im Kostenbereich Rn. 33.

[102] Vgl. *Kuhn*, in: Thode/Wirth/Kuffer, § 13 Haftung im Kostenbereich Rn. 33.

der Baukostenvereinbarung das Honorar nicht angepasst wird. Für den Architekten ergibt sich daher lediglich die Rechtsfolge, dass sein Honorar niedriger ist, als das Honorar, welches ihm bei der Berechnung anhand der tatsächlichen Kosten zustände.[103] Aufgrund dieser wesentlichen Unterscheidung müssen daher Abgrenzungskriterien ermittelt werden.

Ein Unterschied konnte früher beispielsweise bezüglich der formellen Anforderungen vorliegen. Bei der Baukostenvereinbarung wurde nach dem Wortlaut des § 6 Abs. 3 HOAI 2013 eine schriftliche Vereinbarung für deren Wirksamkeit vorausgesetzt, wohingegen die Kostendeckelung keiner bestimmten Form bedarf. Mittlerweile wurde die Baukostenvereinbarung aus der HOAI gestrichen, sodass es kein Schriftformerfordernis mehr gibt. In der Praxis hat dieses Abgrenzungskriterium bis dahin jedoch sowieso nur bedingt weitergeholfen, da in der Regel auch schriftliche Kostendeckelungen vorliegen.

Der Wille der Parteien stellt hingegen ein stichhaltiges Merkmal dar, an welchem man sich orientieren kann. Dieser kann in der Regel am Wortlaut der Vereinbarung festgemacht werden, wobei aber unter anderem auch die Vertragsverhandlungen zur Bestimmung des Rechtscharakters relevant sein können. Während die Vertragsparteien mit der Vereinbarung einer Baukostenvereinbarung lediglich eine grobe, unverbindliche Schätzung anstreben, müsste für die Vereinbarung einer Kostendeckelung ein Wille bezüglich einer verbindlichen Vereinbarung erkennbar sein.[104] Bei Kostendeckelungen liegt zumindest im Fall einer bauwerksbezogenen Kostendeckelung eine Planung vor, sodass es sich bereits nicht um eine grobe Schätzung handeln und diesbezüglich eindeutig differenziert werden kann. Bei bauwerksunabhängiger Kostendeckelung liegt regelmäßig keine Planung vor, da diese sich aus der festgelegten Kostendeckelung entwickeln soll. Hier ist folglich nach dem zuvor benannten Kriterium des verlautbarten Willens der Vertragsparteien zu unterscheiden.

§ 6 Abs. 3 HOAI 2013 sah zudem vor, dass eine Baukostenvereinbarung nur dann abgeschlossen werden konnte, wenn noch keine Planung vorlag. Selbst wenn die Regelung nun gestrichen wurde, deutet dies zumindest an, dass der Gesetzgeber eine Baukostenvereinbarung lediglich dann ermöglichen wollte, wenn noch keine Planung bestand. Dies bestätigt daher die vorherigen Ausführungen.

Liegt eine Baukostenvereinbarung vor, kann darin grundsätzlich nur dann gleichzeitig eine Kostendeckelung im vertragsrechtlichen Sinne gesehen werden,

---

[103] Dazu noch unter 4.1.3.3.2.

[104] *Kuhn*, in: Thode/Wirth/Kuffer, § 13 Haftung im Kostenbereich Rn. 33.

wenn es dafür entsprechende Anhaltspunkte gibt, da eine haftungsrechtliche Verbindlichkeit aufgrund der weitreichenden Rechtsfolgen nicht einfach unterstellt werden kann.[105] Andersherum bedarf es auch bei einer Kostendeckelung Anhaltspunkte dafür, dass sie zugleich eine preisrechtliche Vereinbarung darstellen soll, da sich der Architekt in der Regel keine Gedanken über honorarrechtliche Folgen einer vertragsrechtlichen Vereinbarung macht.[106]

4.1.3.3.2 Rechtsfolge einer Überschreitung der Baukostenvereinbarung

Wurde keine preisrechtliche Baukostenvereinbarung vereinbart, stehen die tatsächlichen Kosten und das Honorar grundsätzlich unabhängig voneinander.[107] Ohne die Vereinbarung einer Baukostenvereinbarung würde die Honorarermittlung daher auf anrechenbaren Kosten unter Zugrundelegung der Kostenberechnung im Sinne der DIN 276 beruhen,[108] während sich das Honorar bei einer Baukostenvereinbarung lediglich nach der dort festgelegten Höhe bestimmt. Das Honorar wird jedoch nicht an den nachträglich ermittelten, tatsächlich einschlägigen Kosten festgemacht, sondern nur an der Baukostenvereinbarung selbst. Eine Überschreitung der Baukostenvereinbarung hätte daher keine Auswirkungen auf das Honorar. Diese Regelung ist im Falle einer Überschreitung für den Bauherren zumindest im Hinblick auf das Architektenhonorar vorteilhaft, da dieser trotz einer etwaigen Überschreitung der Baukostenvereinbarung lediglich ein an die Baukostenvereinbarung angelehntes Honorar zahlen muss. Für den Architekten ist die Regelung hingegen risikobehaftet, da anhand einer groben Schätzung sein Honorar bestimmt wird und er darauf nachträglich keinen Einfluss mehr nehmen kann. Der Architekt wird dann nicht mehr angemessen seiner Leistung entlohnt.

4.1.3.4 Fazit

Anhand der vorstehenden Kriterien können die Kostendeckelung, der Kostenanschlag nach § 649 BGB, die Kostenermittlungsphasen nach DIN 276 und die Baukostenvereinbarung voneinander abgegrenzt werden. Insgesamt wird jedoch deutlich, dass im Bereich der Kostenvereinbarung schon rein begrifflich einige Überschneidungen vorliegen. Nicht nur die Kostendeckelung ist daher von

---

[105] *Kuhn*, in: Thode/Wirth/Kuffer, § 13 Haftung im Kostenbereich Rn. 33.

[106] Vgl. *Kuhn*, in: Thode/Wirth/Kuffer, § 13 Haftung im Kostenbereich Rn. 34.

[107] Vgl. zu dem allgemeinen Grundsatz, dass Honorar und tatsächliche Baukosten voneinander abgekoppelt sind, BR-Drucks. 395/09 S. 151.

[108] Vgl. BR-Drucks. 395/09 S. 151.

anderen Kostenvereinbarungen abzugrenzen, sondern gerade im Bereich des Kostenanschlags ist große Sorgfalt geboten. Die Verwendung dieser Begrifflichkeit kann zu Schwierigkeiten führen, wenn nicht eindeutig definierbar ist, welche Bedeutung der jeweiligen Vereinbarung beizumessen ist.

Bei der Beurteilung einer Kostenvereinbarung ist daher zunächst zu überprüfen, ob es sich tatsächlich um eine Kostendeckelung handelt oder möglicherweise doch um eine der vorstehenden Varianten einer Kostenvereinbarung. Wurde die zu analysierende Kostenvereinbarung dann als eine Kostendeckelung identifiziert, muss danach ihre jeweilige Rechtsnatur bestimmt werden.

4.2 Bestimmung der Rechtsnatur der Kostendeckelung

Die Rechtsnatur der Kostendeckelung kann nicht pauschal festgelegt werden, sondern ist abhängig von ihrem jeweiligen Verbindlichkeitsgrad, der sich nach der zwischen den Vertragsparteien getroffenen Vereinbarung richtet.[109] Die Rechtsnatur der jeweiligen Kostendeckelungen ist neben den einzelnen Absprachen weiterhin von den Gesamtumständen abhängig. Eine Einordnung muss also anhand des jeweiligen Einzelfalles vorgenommen werden, sodass sich eine generalisierende Zuweisung verbietet.[110] Die Bedeutung der Vereinbarung und insbesondere ihr Verbindlichkeitsgrad können sodann mithilfe der Auslegung gemäß §§ 133, 157 BGB bestimmt werden.[111] Im Hinblick auf den Verbindlichkeitsgrad muss im Ergebnis zwischen der Baukostengarantie, der Kostenobergrenze als Beschaffenheitsvereinbarung im Sinne des § 633 Abs. 2 S. 1 BGB und der Kostenspanne unterschieden werden.[112]

[109] *Seifert/Fuchs*, in: Fuchs/Berger/Seifert, § 4 HOAI Rn. 56; *Werner/Pastor*, Der Bauprozess, Rn. 2259.

[110] So zum Beispiel aber *Retzlaff*, NZBau 2017, 131; oder auch *Zahn*, BauR 2019, 1513.

[111] *Preisser*, in: BeckOGK-BGB, § 633 BGB (Stand: 01.04.2022) Rn. 232.

[112] *Schulz-Eickhorst*, Die Bauherren-Architekten-Beziehung, S. 86 f.; *Seifert/Fuchs*, in: Fuchs/Berger/Seifert, § 4 HOAI Rn. 56; *Werner/Pastor*, Der Bauprozess, Rn. 2259.

4.2.1 Rechtliche Einordnung der Vereinbarung von Kostendeckelungen

4.2.1.1 Baukostengarantie

4.2.1.1.1 Inhalt

Eine Baukostengarantie liegt – insbesondere im Vergleich zur Beschaffenheitsvereinbarung – nur selten vor. Mit der Vereinbarung einer solchen Garantie verpflichtet sich der Architekt grundsätzlich dazu, persönlich und verschuldensunabhängig für die Einhaltung der garantierten Bausumme einzustehen.[113] Im Allgemeinen kann zwischen zwei Arten der Baukostengarantie differenziert werden – der selbstständigen (echten) und der unselbstständigen (unechten) Garantie.[114] Bei einer selbstständigen Garantie verpflichtet sich der Architekt in jedem Fall zur Einhaltung der Garantiesumme, selbst dann, wenn der Bauherr beispielsweise Planungsänderungen vornimmt oder es zu überraschenden Geschehensabläufen kommt.[115] Bei der unselbstständigen Garantie verpflichtet sich der Architekt zwar auch zu einer verschuldensunabhängigen Haftung, jedoch sollen nur typische Geschehensabläufe von dem Versprechen umfasst sein.[116] Ob nun eine selbstständige oder unselbstständige Garantie vorliegt, wird durch Auslegung der jeweiligen Parteivereinbarungen bestimmt. Die Haftung im Rahmen der selbstständigen Garantie ist im Ergebnis gewiss weitreichender, sodass bei Zweifeln über den Charakter der Garantievereinbarung von einer unselbstständigen Garantie auszugehen ist, da der Architekt regelmäßig wohl nicht für solche Kostensteigerungen einstehen möchte, die beispielsweise auf Planungsänderungen beruhen.[117]

---

[113] Vgl. *Kuhn*, in: Thode/Wirth/Kuffer, § 13 Haftung im Kostenbereich Rn. 3 ff.

[114] *Miegel*, Die Haftung des Architekten für höhere Baukosten sowie fehlerhafte und unterlassene Kostenermittlung, S. 20 ff.; *Werner/Pastor*, Der Bauprozess, Rn. 2261; *Kuhn*, in: Thode/Wirth/Kuffer, § 13 Haftung im Kostenbereich Rn. 5.

[115] *Miegel*, Die Haftung des Architekten für höhere Baukosten sowie fehlerhafte und unterlassene Kostenermittlung, S. 20 f.; *Werner/Pastor*, Der Bauprozess, Rn. 2261; *Kuhn*, in: Thode/Wirth/Kuffer, § 13 Haftung im Kostenbereich Rn. 5.

[116] *Miegel*, Die Haftung des Architekten für höhere Baukosten sowie fehlerhafte und unterlassene Kostenermittlung, S. 21; *Werner/Pastor*, Der Bauprozess, Rn. 2261; *Kuhn*, in: Thode/Wirth/Kuffer, § 13 Haftung im Kostenbereich Rn. 5.

[117] *Kuhn*, in: Thode/Wirth/Kuffer, § 13 Haftung im Kostenbereich Rn. 5.

4.2.1.1.2 Anforderungen an die Vereinbarung

An die Vereinbarung einer Baukostengarantie werden inhaltlich insgesamt hohe Anforderungen gestellt, da die Rechtsfolgen bei einer Überschreitung schwerwiegend sind.[118] Die Garantievereinbarung ist in erster Linie jedoch unabhängig davon, ob der Begriff der „*Garantie*" verwendet wird.[119] Der Architekt muss für die Vereinbarung einer Baukostengarantie nicht nur ein über die üblichen Vertragspflichten eines Architekten hinausgehendes Versprechen abgeben,[120] es bedarf insbesondere auch einer eindeutigen Erklärung des Architekten, dass er für die Einhaltung der Baukosten in jedem Falle unabhängig von externen Einflüssen persönlich einstehen möchte.[121]

Weiterhin wird für eine wirksame Garantievereinbarung vorausgesetzt, dass die von der Baukostengarantie umfassten Leistungen des Architekten eindeutig beziffert werden müssen.[122] Entsprechend ist es nicht möglich, eine bauwerksunabhängige Kostendeckelung in Form einer Garantie zu vereinbaren, da diese lediglich aus dem zur Verfügung stehenden Budget besteht und dementsprechend keine von der Kostendeckelung umfassten Leistungen enthält.[123]

Die Anforderungen an die selbstständige und unselbstständige Baukostengarantie müssen sehr ähnlich – wenn nicht sogar identisch – sein, da in beiden Fällen eine verschuldensunabhängige Haftung des Architekten begründet wird. Die Unterscheidung nach typischen und atypischen Geschehensabläufen kann dabei kaum Auswirkungen auf die Anforderungen haben, da die Haftung in beiden Fällen zweifelsohne weitreichend ist. Bei einer unselbstständigen Garantie wird lediglich die Anzahl möglicher haftungsauslösender Geschehnisse begrenzt.

---

[118] *Kuhn*, in: Thode/Wirth/Kuffer, § 13 Haftung im Kostenbereich Rn. 3; vgl. *Kehrberg*, in: Die Haftung des Architekten, Kapitel L Rn. 81.

[119] *Zahn*, in: Locher/Koeble/Frik, Einleitung Rn. 269; *Kuhn*, in: Thode/Wirth/Kuffer, § 13 Haftung im Kostenbereich Rn. 4a.

[120] *Krause-Allenstein*, Die Haftung des Architekten für Bausummenüberschreitung und sein Versicherungsschutz, S. 71.

[121] Vgl. KG, Teilurteil vom 28.08.2018, 21 U 24/16 BeckRS 2018, 20996 Rn. 135; OLG Düsseldorf, Urteil vom 06.12.2002, 5 U 28/02 BeckRS 2002, 30297226 (= BauR 2003, 1604).

[122] *Zahn*, in: Locher/Koeble/Frik, Einleitung Rn. 269; vgl. *Kuhn*, in: Thode/Wirth/Kuffer, § 13 Haftung im Kostenbereich Rn. 6.

[123] Zur bauwerksunabhängigen Kostendeckelung bereits unter 4.1.2.1.

4.2.1.1.3 Rechtsfolge einer Überschreitung der Baukostengarantie

Der Architekt haftet bei Vorliegen eines Garantieversprechens auf Erfüllung seiner vertraglichen Zusage und nicht auf Schadensersatz.[124] Wird eine Baukostengarantie überschritten, muss der Architekt grundsätzlich verschuldensunabhängig für alle Kosten einstehen, welche die vertragliche Baukostengarantie überschreiten.[125] Je nach dem, welche Art der Garantie vereinbart wurde, ergeben sich Unterschiede bezüglich der Kostensteigerungen, für die der Architekt einzustehen hat. Bei einer selbstständigen Garantie muss er auch für unerwartete Kostensteigerungen haften, bei der unselbstständigen Garantie hingegen nicht. Bei der selbstständigen Garantie haftet der Architekt also selbst dann, wenn die Kostensteigerung nicht vorhersehbar war, so zum Beispiel bei unvorhersehbaren Materialpreiserhöhungen oder überraschenden Witterungsverhältnissen, die zu Bauzeitverzögerungen führen.[126] Selbst ein Wegfall der Geschäftsgrundlage nach § 313 BGB kommt dann nicht in Betracht, da ein Rückgriff auf § 313 BGB grundsätzlich nicht möglich ist, wenn eine vertragliche Regelung für das eingetretene Risiko besteht.[127] Unter diesen Umständen hat eine Partei bewusst ein bestimmtes Risiko auf sich genommen und sich für diese Risikoübernahme gewissermaßen bezahlen lassen, sodass eine Anwendung des § 313 BGB zu einem unverdienten Vorteil führen würde.[128] Eine solche vertragliche Regelung kann grundsätzlich in einer Garantievereinbarung liegen.[129]

Wurde also eine selbstständige Baukostengarantie vereinbart, bei welcher der Architekt selbst für unerwartete Kostensteigerungen haftet, hat der Architekt für solche Umstände einzustehen und insgesamt verschuldensunabhängig zu haften. Unabhängig davon, aufgrund welchen Umstandes die Baukostengarantie dann überschritten wird, muss der Bauherr den Architekten dafür in Anspruch nehmen

---

[124] *Locher/Locher*, Das private Baurecht, Rn. 429; vgl. *Kehrberg*, in: Die Haftung des Architekten, Kapitel L Rn. 80.

[125] *Kehrberg*, in: Die Haftung des Architekten, Kapitel L Rn. 80; *Kuhn*, in: Thode/Wirth/Kuffer, § 13 Haftung im Kostenbereich Rn. 3; vgl. BGH, Urteil vom 22.11.2012, VII ZR 200/10 NJW 2013, 930 (= NZBau 2013, 172) Rn. 18.

[126] *Kuhn*, in: Thode/Wirth/Kuffer, § 13 Haftung im Kostenbereich Rn. 4.

[127] BGH, Urteil vom 12.07.2013, V ZR 122/12 NJW 2013, 3779 (= NZM 2014, 722) Rn. 18; BGH, Urteil vom 16.02.2000, XII ZR 279/97 NJW 2000, 1714, 1716 (= NZM 2000, 492); BGH, Urteil vom 01.02.1990, VII ZR 176/88 NJW-RR 1990, 601, 602 (= BauR 1990, 379); *Martens*, in: BeckOGK-BGB, § 313 BGB (Stand: 01.04.2022) Rn. 60; *Finkenauer*, in: MüKo-BGB, § 313 BGB Rn. 61.

[128] *Finkenauer*, in: MüKo-BGB, § 313 BGB Rn. 61.

[129] Vgl. *Wilhelmi*, in: BeckOGK-BGB, § 453 BGB (Stand: 01.04.2022) Rn. 730.

können. In dem Fall muss er für die gesamte Differenz zwischen den tatsächlichen Baukosten und dem in der Garantievereinbarung festgelegten Budget einstehen.

Bei einer unselbstständigen Garantie muss danach differenziert werden, ob es sich um typische Geschehensabläufe handelt oder nicht. Für Kosten, die aufgrund von atypischen Geschehensabläufen angefallen sind, muss der Architekt im Rahmen der Garantiehaftung nicht einstehen. In einem solchen Fall kann der Wegfall der Geschäftsgrundlage nach § 313 BGB einschlägig sein, da für atypische Geschehensabläufe gerade keine vertragliche Regelung für die Risikoübernahme getroffen wurde. Die Haftung im Zuge der unselbstständigen Garantie ist insgesamt daher weniger weitreichend als bei der selbstständigen Garantie.

4.2.1.2 Kostenobergrenze als Beschaffenheitsvereinbarung

4.2.1.2.1 Inhalt

Eine Kostendeckelung, welche die Einhaltung eines bestimmten Budgets für das Bauvorhaben als einen für den Architekten zu erreichenden Erfolg festlegt, kann auch als Kostenobergrenze im Sinne einer Beschaffenheitsvereinbarung gemäß § 633 Abs. 2 S. 1 BGB vereinbart werden. Die Beschaffenheitsvereinbarung stellt eine Parteivereinbarung dar, welche den geschuldeten Erfolg des Werkes (sog. Beschaffenheit) definiert.[130] Wurde eine Kostendeckelung als Beschaffenheitsvereinbarung festgelegt, liegt darin folglich ein Planungs- und Überwachungsziel, welches der Architekt als eine seiner Hauptleistungspflichten zu erreichen hat.[131]

4.2.1.2.2 Anforderungen an die Vereinbarung

Die Anforderungen an die Vereinbarung müssen im Vergleich zur Baukostengarantie insgesamt niedriger sein, da hier keine stets verschuldensunabhängige Haftung vorliegt. Die Parteien müssen sich für das Vorliegen einer Beschaffenheitsvereinbarung zunächst – ausdrücklich oder konkludent[132] – einigen.[133] Es muss eindeutig erkennbar sein, dass der Bauherr ein besonderes Interesse an der Einhaltung der Kostenobergrenze hat und der Architekt muss verdeutlichen, dass

---

[130] Zur Beschaffenheit siehe 4.2.1.2.3.1.

[131] *Kober*, in: BeckOGK-BGB, § 636 BGB (Stand: 01.04.2022) Rn. 534; vgl. *Miegel*, Die Haftung des Architekten für höhere Baukosten sowie fehlerhafte und unterlassene Kostenermittlung, S. 53.

[132] *Kober*, in: BeckOGK-BGB, § 636 BGB (Stand: 01.04.2022) Rn. 532; *Busche*, in: MüKo-BGB, § 631 BGB Rn. 12; *Zahn*, in: Locher/Koeble/Frik, Einleitung Rn. 296.

[133] BGH, Urteil vom 23.01.1997, VII ZR 171/95 NJW-RR 1997, 850, 850 f. (= BauR 1997, 494); OLG Celle, Urteil vom 07.01.2009, 14 U 115/08 NJW-RR 2009, 1177 (= NZBau 2009, 663).

er die Vorgaben einhalten kann und will.[134] Nach Ansicht des BGH kann es indes noch nicht genügen, wenn der Architekt dem Bauherren den Bauantrag inklusive einer dort benannten Bausumme vorlegt und der Bauherr diesen Bauantrag dann unterzeichnet und an die Baubehörde weiterleitet.[135] Eine einseitige Bestimmung einer Kostenobergrenze soll zudem nur ausnahmsweise möglich sein, wenn ein Leistungsbestimmungsrecht gemäß § 315 BGB im Vertrag vorgesehen ist.[136]

4.2.1.2.3 Rechtsfolge einer Überschreitung der Beschaffenheitsvereinbarung

Die Rechtsfolgen bei einer Überschreitung der Beschaffenheitsvereinbarung ergeben sich aus §§ 633 ff. BGB.

4.2.1.2.3.1 Der werkvertragliche Mangel

Grundsätzlich liegt ein werkvertraglicher Mangel immer dann vor, wenn die Ist-Beschaffenheit des Werkes von seiner Soll-Beschaffenheit abweicht.[137] Unter die Ist-Beschaffenheit fallen alle dem Werk dauerhaft oder zeitweise anhaftenden physischen und geistigen Merkmale, welche nach der Verkehrsanschauung die Wertschätzung und Brauchbarkeit des Werkes beeinflussen können.[138] Die Soll-Beschaffenheit ist hingegen eine statische und zeitlich unabhängige Beschreibung, die im Zeitpunkt der Verschaffung des Werkes vorliegen soll.[139]

Liegt eine Beschaffenheitsvereinbarung vor, so ist das Werk mangelfrei, wenn es die vereinbarte Beschaffenheit hat (§ 633 Abs. 2 S. 1 BGB). Unter der Beschaffenheit versteht man grundsätzlich Merkmale, die dem Werk anhaften sowie äußere Umstände und relevante Faktoren für die Verwendung des Werkes.[140] Die Beschaffenheitsvereinbarung kann sich beispielsweise auf die Größe, die Qualität,

---

[134] OLG Celle, Urteil vom 07.01.2009, 14 U 115/08 NJW-RR 2009, 1177 (= NZBau 2009, 663); *Kuhn*, in: Thode/Wirth/Kuffer, § 13 Haftung im Kostenbereich Rn. 17.

[135] BGH, Urteil vom 13.02.2003, VII ZR 395/01 NJW-RR 2003, 877 (= BauR 2003, 1061).

[136] *Kuhn*, in: Thode/Wirth/Kuffer, § 13 Haftung im Kostenbereich Rn. 18; a.A. KG, Urteil vom 10.03.2009, 7 U 182/08 (nicht veröffentlicht); *Randhahn*, IBR 2010, 1104.

[137] Vgl. *Schwenker/Rodemann*, in: Erman, § 633 BGB Rn. 9; *Genius*, in: jurisPK, § 633 BGB Rn. 9; *Busche*, in: MüKo-BGB, § 633 BGB Rn. 7; *Preussner*, in: Die Haftung des Architekten, Kapitel G Rn. 50 ff.

[138] *Fuchs*, in: BeckOK BauvertragsR, § 650p BGB Rn. 141; *Busche*, in: MüKo-BGB, § 633 BGB Rn. 10.

[139] *Fuchs*, in: BeckOK BauvertragsR, § 650p BGB Rn. 141.

[140] *Voit*, in: BeckOK-BGB, § 633 BGB (Stand: 01.05.2020) Rn. 4; *Schwenker/Rodemann*, in: Erman, § 633 BGB Rn. 11.

aber auch die Eignung und Verwendbarkeit eines Werkes beziehen.[141] Im Fall der Kostenobergrenze bezieht sie sich auf die Kosten für das gesamte Bauvorhaben oder Teile davon.[142] Bereits in der Überschreitung der Kostenobergrenze selbst ist dabei die Pflichtverletzung des Architekten zu sehen.[143] Sobald die Kostenobergrenze überschritten wird, liegt darin also ein Mangel des Architektenwerkes. Eine Beschaffenheitsvereinbarung – und damit auch eine Kostenobergrenze in Form einer Beschaffenheitsvereinbarung – führt daher regelmäßig zu einem erheblichen Haftungsrisiko des Architekten, da schon geringfügige Abweichungen von der Vereinbarung einen Mangel darstellen, selbst wenn sie beispielsweise technisch für den Bauherren vorteilhafter wären.[144]

4.2.1.2.3.2 Rechtsfolge eines Werkmangels

Bei Vorliegen eines Werkmangels stehen dem Bauherren grundsätzlich nach Abnahme des Werkes – in der sogenannten „*Nacherfüllungsphase*"[145] – die Mängelgewährleistungsrechte nach §§ 634 ff. BGB zu. In der Nacherfüllungsphase wird grundsätzlich zwischen Mängelansprüchen – wie Nacherfüllung, Schadensersatz, Aufwendungsersatz – und Gestaltungsrechten – wie Rücktritt oder Minderung – differenziert.[146] Daneben tritt die Möglichkeit, den Mangel durch eine Selbstvornahme zu beseitigen und für die Mängelbeseitigungskosten Erstattung zu verlangen.[147] Im Zentrum der Mängelrechte steht der Nacherfüllungsanspruch, welcher einen Anspruch auf Erfüllung des Vertrages darstellt.[148] Der Auftragnehmer soll davor geschützt werden, dass die Mängel über seinen Kopf hinweg beseitigt werden, sodass der Nacherfüllungsanspruch vorrangig

---

[141] *Busche*, in: MüKo-BGB, § 633 BGB Rn. 12.

[142] Siehe 4.1.2.2.

[143] BGH, Urteil vom 23.01.1997, VII ZR 171/95 NJW-RR 1997, 850, 850 f. (= BauR 1997, 494); *Werner/Pastor*, Der Bauprozess, Rn. 2277; *Zahn*, BauR 2019, 1513, 1519.

[144] Vgl. *Preisser*, in: BeckOGK-BGB, § 633 BGB (Stand: 01.04.2022) Rn. 125 ff.

[145] *Kniffka*, in: Kompendium des Baurechts, 6. Teil Rn. 2.

[146] *Thierau/Schmidt*, in: Thode/Wirth/Kuffer, § 9 Vertragliche Haftung des Architekten Rn. 65.

[147] *Thierau/Schmidt*, in: Thode/Wirth/Kuffer, § 9 Vertragliche Haftung des Architekten Rn. 65.

[148] *Kober*, in: BeckOGK-BGB, § 634 BGB (Stand: 01.04.2022) Rn. 201; *Krause-Allenstein*, in: Kniffka, § 634 BGB Rn. 1; vgl. *Preussner*, in: Die Haftung des Architekten, Kapitel G Rn. 110.

ist.[149] Dies ergibt sich beispielsweise aus der Tatsache, dass alle anderen Mängelrechte an den bestehenden Nacherfüllungsanspruch anknüpfen und daher als nachrangig einzustufen sind.[150]

4.2.1.2.3.2.1 Die Nacherfüllung

Der Nacherfüllungsanspruch ist in § 634 Nr. 1 BGB geregelt und wird durch § 635 BGB spezifiziert. Er gibt dem Unternehmer die Möglichkeit, den Zustand herzustellen, der bei ordnungsgemäßer Vertragserfüllung schon mit der erstmaligen Leistungserbringung herbeigeführt worden wäre.[151] Es handelt sich hierbei um einen sogenannten *„modifizierten Erfüllungsanspruch“*[152], der an die Stelle des ursprünglichen Erfüllungsanspruches tritt.[153] Eine Nacherfüllung im Rahmen des Architektenvertrages ist zweifelsohne dann möglich, wenn sich die mangelhafte Leistung des Architekten noch nicht im Bauwerk selbst verwirklicht hat.[154] Bei Planungsmängeln ist dies beispielsweise der Fall, wenn die Planung noch nicht realisiert ist.[155] Die Nacherfüllung ist in diesem Fall derart denkbar, dass der Architekt die Mängel in seiner Planung (z. B. in Bauvorlagen oder Ausführungszeichnungen)[156] beseitigt, sodass eine mangelfreie Planung entsteht.[157] Die Nacherfüllung kann im Hinblick auf eine Kostenobergrenze also gewiss dann vorgenommen werden, wenn die Kosten bei der Umsetzung des Bauvorhabens noch nicht entstanden sind.

---

[149] *Preussner*, in: Die Haftung des Architekten, Kapitel G Rn. 111.

[150] *Peters*, in: Staudinger, § 634 BGB Rn. 6; *Preussner*, in: Die Haftung des Architekten, Kapitel G Rn. 110.

[151] *Busche*, in: MüKo-BGB, § 635 BGB Rn. 12.

[152] BGH, Urteil vom 04.12.1997, IX ZR 247/96 NJW 1998, 1140, 1141 (= BauR 1998, 332); BGH, Urteil vom 10.10.1985, VII ZR 303/84 BGHZ 96, 111, 121 (= NJW 1986, 711); *Moufang/Koos*, in: Messerschmidt/Voit, § 635 BGB Rn. 2; *Busche*, in: MüKo-BGB, § 635 BGB Rn. 2; *Retzlaff*, in: Grüneberg, § 634 BGB Rn. 11; *Peters*, in: Staudinger, § 634 BGB Rn. 27.

[153] *Busche*, in: MüKo-BGB, § 634 BGB Rn. 14.

[154] BGH, Urteil vom 21.12.2000, VII ZR 488/99 NJW-RR 2001, 383 (= NZBau 2001, 211); *Bernhard*, in: BeckOGK-BGB, § 650p BGB (Stand: 15.05.2022) Rn. 320; *Busche*, in: MüKo-BGB, § 634 BGB Rn. 138; *Peters*, in: Staudinger, Anh zu §§ 650p-650t BGB Rn. 7; *Schrammel*, Die Werkaufgabe des Architekten in Abgrenzung zu den anderen Baubeteiligten, S. 157.

[155] BGH, Urteil vom 29.09.1988, VII ZR 182/87 NJW-RR 1989, 86, 87 (= BauR 1989, 97).

[156] *Busche*, in: MüKo-BGB, § 634 BGB Rn. 138.

[157] BGH, Urteil vom 13.03.1974, VII ZR 65/72 BeckRS 1974, 31125383 (= BauR 74, 356).

4.2.1.2.3.2.2 Der Rücktritt vom Vertrag

Ist das Werk mangelhaft, steht dem Bauherren unter den Voraussetzungen der §§ 634 Nr. 3 Alt. 1, 636, 323, 326 Abs. 5 BGB ein Rücktrittsrecht zu. Voraussetzung für ein Rücktrittsrecht gemäß § 323 Abs. 1 BGB ist eine Pflichtverletzung in Form einer Schlecht- oder Nichtleistung. Das Rücktrittsrecht nach § 326 Abs. 5 BGB ist hingegen einschlägig, wenn eine Leistung nach § 275 Abs. 1–3 BGB unmöglich ist.

Die Wirkungen und Rechtsfolgen des Rücktritts ergeben sich aus § 346 BGB. Durch den Rücktritt wird der bis dahin bestehende Vertrag in ein Rückgewährschuldverhältnis umgewandelt.[158] Noch ausstehende Leistungen sind dann nicht mehr zu erbringen[159] und empfangene Leistungen sind zurück zu gewähren (§ 346 Abs. 1 BGB) bzw. für sie ist Wertersatz zu leisten (§ 346 Abs. 2 BGB) und die gezogenen Nutzungen sind herauszugeben (§ 346 Abs. 1 BGB).

Da die Nacherfüllung vorrangig ist, bedarf es grundsätzlich des Ablaufes einer Nacherfüllungsfrist, bevor Rücktritt, aber auch Minderung oder Schadensersatz statt der Leistung geltend gemacht werden können.[160] Die Fristsetzung ist jedoch entbehrlich, wenn die Nacherfüllung unmöglich ist.[161] Bei der Kostenobergrenze als Beschaffenheitsvereinbarung bedarf es entsprechend nur dann einer Nacherfüllungsfrist, wenn durch eine Nacherfüllung in Form einer Modifizierung oder Umplanung eine Planung innerhalb der Kostenobergrenze noch erreicht werden kann, ansonsten ist die Nacherfüllungsfrist entbehrlich.[162]

Ob eine Nacherfüllung im Falle einer Kostenüberschreitung möglich ist, richtet sich nach den Umständen des Einzelfalles.[163] Hat sich die Planung jedoch bereits im Bauwerk realisiert[164] und wurden die Kosten dabei überschritten,

[158] BGH, Urteil vom 10.07.1998, V ZR 360/96 NJW 1998, 3268, 3268 f. (= MDR 1998, 1153); *Kober*, in: BeckOGK-BGB, § 636 BGB (Stand: 01.04.2022) Rn. 1; *Schwarze*, in: Staudinger, § 323 BGB Rn. D26; *Preussner*, in: Die Haftung des Architekten, Kapitel G Rn. 213.

[159] BGH, Urteil vom 10.07.1998, V ZR 360/96 NJW 1998, 3268, 3268 f. (= MDR 1998, 1153); *Kober*, in: BeckOGK-BGB, § 636 BGB (Stand: 01.04.2022) Rn. 94; *Preussner*, in: Die Haftung des Architekten, Kapitel G Rn. 213.

[160] *Kober*, in: BeckOGK-BGB, § 634 BGB (Stand: 01.04.2022) Rn. 1; *Retzlaff*, in: Grüneberg, § 634 BGB Rn. 9.

[161] *Peters*, in: Staudinger, § 634 BGB Rn. 60; vgl. *Koeble*, in: Kompendium des Baurechts, 11. Teil Rn. 726.

[162] *Kehrberg*, in: Die Haftung des Architekten, Kapitel L Rn. 109.

[163] *Kuhn*, in: Thode/Wirth/Kuffer, § 13 Haftung im Kostenbereich Rn. 43.

[164] Zu den unterschiedlichen Ansichten, inwieweit eine Nacherfüllung grundsätzlich möglich ist, sobald sich ein Planungsmangel bereits im Bauwerk realisiert hat, siehe folgende Quellen, dagegen: BGH, Urteil vom 22.07.2010, VII ZR 77/08 NJW-RR 2010, 1604 (=

müsste die Nacherfüllung dafür sorgen, dass die Kosten nachträglich wieder reduziert würden. Einmal entstandene Kosten können jedoch selten im Nachhinein verringert werden. Denkbar wäre eine nachträgliche Herabsetzung der Kosten jedoch zum Beispiel, wenn die Kostenüberschreitung auf einer zu hoch angesetzten Gewinnmarge beruht. Die Gewinnmarge kann auch nachträglich zulasten des Architekten verringert werden, da diese größtenteils unabhängig von externen Faktoren steht. Der Architekt kann vielmehr selbst entscheiden, wie er die Gewinnmarge berechnet und sie dementsprechend auch reduzieren. So könnte durch eine Reduzierung der Gewinnmarge eine Nacherfüllung gewährt und die Kostendeckelung eingehalten werden.

Der Rücktritt spielt im Architektenrecht jedoch grundsätzlich eine eher untergeordnete Rolle.[165]

4.2.1.2.3.2.3 Die Minderung des Vergütungsanspruchs

Das Minderungsrecht wird in § 634 Nr. 3 BGB in Verbindung mit § 638 BGB geregelt. Durch die Minderung soll dem Umstand Rechnung getragen werden, dass der Besteller möglicherweise Interesse daran haben kann, die mangelhafte Leistung zu behalten und den Werklohn entsprechend herabzusetzen.[166] Eine Minderung kommt gemäß § 638 Abs. 1 S. 1 BGB anstelle eines Rücktritts in Betracht. Folglich müssen die Voraussetzungen für einen Rücktritt vorliegen, damit eine Minderung in Frage kommt.[167]

Die Minderung gewährt dem Besteller im Gegensatz zum verschuldensabhängigen Schadensersatzanspruch einen verschuldensunabhängigen Ausgleich in Geld und ist daher im Architekten- und Bauvertragsrecht von besonderer Bedeutung.[168] Der Schadensersatzanspruch neben der Leistung bleibt zudem

---

BauR 2010, 1959) Rn. 20; BGH, Urteil vom 11.10.2007, VII ZR 65/06 NJW-RR 2008, 260 (= BauR 2007, 2082) Rn. 15; BGH, Urteil vom 25.04.1996, VII ZR 157/94 NJW-RR 1996, 1044, 1045 (= BauR 1996, 735); dafür: *Ganten*, Pflichtverletzung und Schadensrisiko im privaten Baurecht, S. 95 ff.; *Hess*, Die Haftung des Architekten für Mängel des errichteten Bauwerks, S. 69 ff.; *Jagenburg*, in: Bindhardt/Jagenburg, § 4 Rn. 31 f.

[165] *Preussner*, in: Die Haftung des Architekten, Kapitel G Rn. 214; *Preussner*, in: Fuchs/Berger/Seifert, Syst B Rn. 90; *Koeble*, in: Locher/Koeble/Frik, 10. Auflage 2010, Einleitung Rn. 269; *Thierau/Schmidt*, in: Thode/Wirth/Kuffer, § 9 Vertragliche Haftung des Architekten Rn. 74.

[166] *Krause-Allenstein*, in: Kniffka, § 638 BGB Rn. 1; vgl. *Kober*, in: BeckOGK-BGB, § 634 BGB (Stand: 01.04.2022) Rn. 291.

[167] *Busche*, in: MüKo-BGB, § 638 BGB Rn. 4; *Retzlaff*, in: Grüneberg, § 638 BGB Rn. 2; *Scheuch*, in: Schulze/Dörner/Ebert, § 638 BGB Rn. 2; *Preussner*, in: Die Haftung des Architekten, Kapitel G Rn. 226.

[168] *Preussner*, in: Die Haftung des Architekten, Kapitel G Rn. 244.

grundsätzlich neben dem Minderungsrecht bestehen.[169] Dies führt dazu, dass der Bauherr einerseits das Architektenhonorar mindern und gleichzeitig Schadensersatz für Baumängel geltend machen kann.[170] Auch aus diesem Grund ist die Minderung beim Architektenvertrag von signifikanter Bedeutung.[171] Bei einer Überschreitung der Kostenobergrenze ist die Minderung zudem von Bedeutung, da die Überschreitung zu einer vom Einzelfall abhängigen Reduzierung des Architektenhonorars führt.[172]

§ 638 Abs. 3 S. 1 BGB bestimmt die Herabsetzung des Vergütungsanspruchs als Rechtsfolge der Minderung. Die Herabsetzung der Vergütung hat sich dabei an der Wertminderung des Werkes zu orientieren. Zur Bestimmung der genauen Höhe der Wertminderung muss die vertraglich festgelegte mangelfreie Leistung mit dem wirklichen Wert der mangelhaften Leistung verglichen werden.

4.2.1.2.3.2.4 Der Schadensersatzanspruch

Die Grundsätze des Allgemeinen Schuldrechts und die dort dargelegten Voraussetzungen der Schadensersatzansprüche nach §§ 280, 281, 283, 311a BGB bzw. die Voraussetzungen des Aufwendungsersatzanspruches nach § 284 BGB gelten auch im Werkvertragsrecht.[173]

Die Einhaltung der Kostenobergrenze stellt eine Hauptleistungspflicht des Architektenvertrages dar, sodass bei der Überschreitung der Kostenobergrenze dem Bauherren ein Schadensersatzanspruch gemäß §§ 634 Nr. 4, 281 Abs. 1 S. 1 BGB gegen den Architekten zusteht.[174] Dabei handelt es sich um einen Schadensersatzanspruch statt der Leistung. Der Schadensersatzanspruch statt der Leistung kann im Gegensatz zum Schadensersatzanspruch neben der Leistung nicht zusätzlich zu den anderen Mängelgewährleistungsrechten geltend gemacht werden.[175]

---

[169] *Koeble*, in: Locher/Koeble/Frik, Einleitung Rn. 249; *Retzlaff*, in: Grüneberg, § 634 BGB Rn. 13; a.A. *Busche*, in: MüKo-BGB, § 636 BGB Rn. 32.

[170] *Koeble*, in: Locher/Koeble/Frik, Einleitung Rn. 249, 254.

[171] *Schrammel*, Die Werkaufgabe des Architekten in Abgrenzung zu den anderen Baubeteiligten, S. 164; *Koeble*, in: Locher/Koeble/Frik, 10. Auflage 2010, Einleitung Rn. 168.

[172] *Krause-Allenstein*, Die Haftung des Architekten für Bausummenüberschreitung und sein Versicherungsschutz, S. 150.

[173] *Schwenker/Rodemann*, in: Erman, § 636 BGB Rn. 19.

[174] Vgl. *Kehrberg*, in: Die Haftung des Architekten, Kapitel L Rn. 108 f.

[175] Zur Abgrenzung von Schadensersatz statt und neben der Leistung siehe BGH, Urteil vom 07.02.2019, VII ZR 63/18 BGHZ 224, 271 (= NJW 2019, 1867) Rn. 17 ff.; *Kober*, in: BeckOGK-BGB, § 636 BGB (Stand: 01.04.2022) Rn. 161 ff.; *Krause-Allenstein*, in: Kniffka,

Die Schadensberechnung gestaltet sich bei der Überschreitung der Kostenobergrenze, vornehmlich aufgrund des Vorteilsausgleiches, jedoch regelmäßig schwierig.[176] Selbst wenn der Architekt die Kostenobergrenze überschreitet, erleidet der Bauherr nicht automatisch einen Schaden in der Höhe, da sich der Mehraufwand regelmäßig in einer Wertsteigerung des Objektes wiederfindet.[177] Ein Schaden liegt folglich nur dann vor, wenn die Wertsteigerung des Objektes hinter den von dem Architekten geltend gemachten Kosten zurückbleibt und dem Architekten entsprechend vorgeworfen werden kann, dass er den Bau kostengünstiger hätte errichten können.[178] Das Prinzip des Vorteilsausgleiches wird nur dann durch § 242 BGB begrenzt, wenn der Bauherr die Wertsteigerung nicht finanzieren kann oder er sich für die Finanzierung in einer die Opfergrenze überschreitenden Weise in seiner Lebensführung einschränken müsste.[179]

Das Verschulden des Architekten ist bei den werkvertraglichen Mängelrechten grundsätzlich mit Ausnahme der Schadensersatzansprüche unerheblich,[180] sodass der Architekt auch dann nach §§ 634 ff. BGB haftet, wenn er keinen Einfluss auf die zusätzlichen Kosten hat, welche die Überschreitung der Kostenobergrenze

§ 636 BGB Rn. 46; *Jurgeleit*, in: Kompendium des Baurechts, 5. Teil Rn. 375, 286; weitergehende Ausführungen zu der „dynamischen" Abgrenzung nach der h.M. unter *Ostendorf*, NJW 2010, 2833, 2834 ff.; a.A. *Moufang/Koos*, in: Messerschmidt/Voit, § 636 BGB Rn. 130 ff.

[176] Vgl. *Krause-Allenstein*, Die Haftung des Architekten für Bausummenüberschreitung und sein Versicherungsschutz, S. 166 ff.; *Kehrberg*, in: Die Haftung des Architekten, Kapitel L Rn. 112 ff., insbesondere unter Rn. 115 zu den Positionen, die im Rahmen der Vorteilsausgleichung berücksichtigt werden müssen; *Zahn*, BauR 2019, 1513, 1520 f.

[177] BGH, Urteil vom 21.05.2015, VII ZR 190/14 NJW-RR 2015, 1048 (= NZBau 2015, 477) Rn. 19; *Kuhn*, in: Thode/Wirth/Kuffer, § 13 Haftung im Kostenbereich Rn. 49; weitergehend zu dieser Problematik und zur Schadensberechnung im Allgemeinen *Krause-Allenstein*, Die Haftung des Architekten für Bausummenüberschreitung und sein Versicherungsschutz, S. 166 ff.

[178] *Kuhn*, in: Thode/Wirth/Kuffer, § 13 Haftung im Kostenbereich Rn. 49; *Kehrberg*, in: Die Haftung des Architekten, Kapitel L Rn. 117.

[179] OLG Hamm, Urteil vom 22.04.1993, 21 U 39/92 NJW-RR 1994, 211, 212 (= BauR 1993, 628); OLG Köln, Urteil vom 27.01.1993, 11 U 166/92 NJW-RR 1993, 986, 987 (= BeckRS 9998, 12000); *Werner/Pastor*, Der Bauprozess, Rn. 2291; vgl. BGH, Urteil vom 21.05.2015, VII ZR 190/14 NJW-RR 2015, 1048 (= NZBau 2015, 477) Rn. 20.

[180] *Moufang/Koos*, in: Messerschmidt/Voit, § 634 BGB Rn. 37; *Busche*, in: MüKo-BGB, § 634 BGB Rn. 64.

verursachen.[181] Im Rahmen der Haftung auf Schadensersatz kann sich der Architekt jedoch entsprechend exkulpieren, wenn ihm kein Verschulden nachweisbar ist.[182]

4.2.1.3 Die Kostenspanne als Modifikation der Kostendeckelung

Die Kostenspanne stellt lediglich eine Modifikation der Kostendeckelung dar. Sie kann daher nicht als eigenständige Möglichkeit betrachtet werden, wie die Kostendeckelung vereinbart werden kann. Bei der Bestimmung des Verbindlichkeitsgrades muss die Kostenspanne dennoch zusätzlich berücksichtigt werden, da sich einige Besonderheiten ergeben, die von Relevanz sein können.

4.2.1.3.1 Inhalt der Kostenspanne

Im Vergleich zur Kostendeckelung wird bei der Kostenspanne nicht ein bestimmter Betrag Inhalt der Vereinbarung, sondern ein preislicher Rahmen. Zur Abgrenzung der Kostendeckelung von der Kostenspanne muss insbesondere auf den Inhalt des Architektenvertrages abgestellt werden. In dem Vertrag müssen sich Anhaltspunkte dafür finden, dass der Architekt nicht an einen spezifischen Betrag, sondern an einen preislichen Rahmen gebunden sein soll. Die Kostendeckelung kann in Form eines Minimal- und eines Maximalbetrages ausgestaltet sein (z. B. *„Die Kosten belaufen sich auf eine Höhe zwischen 500.000 € und 550.000 €.“*[183]), durch Prozentbeträge (z. B. *„Die Kosten sind mit einer Sicherheit von 5 % ermittelt worden.“*[184]) oder durch die Benennung eines überschlägigen Geldbetrages (z. B. *„Die Kosten belaufen sich auf eine Höhe von ca. 500.000 €.“*[185]). Im Gegensatz zur Kostendeckelung wird dem Architekten hier bei der Planung ein gewisser Handlungsspielraum zugestanden.[186] Bei den ersten beiden Varianten ist je eine eigene Kostendeckelung in die Kostenspanne integriert, da der jeweilige Höchstbetrag nicht überschritten werden darf und dieser Betrag damit eine Kostendeckelung

[181] *Kuhn*, in: Thode/Wirth/Kuffer, § 13 Haftung im Kostenbereich Rn. 40a.

[182] *Kuhn*, in: Thode/Wirth/Kuffer, § 13 Haftung im Kostenbereich Rn. 48.

[183] BGH, Urteil vom 23.01.1997, VII ZR 171/95 NJW-RR 1997, 850 (= BauR 1997, 494); in OLG Dresden, Urteil vom 16.04.2003, 11 U 1633/02 BeckRS 2003, 30315977 (= IBRRS 2003, 2208)wurde ein Kostenrahmen mit dem Inhalt festgelegt, dass das Bauvorhaben zwischen 1,2 Mio. DM netto und brutto kosten darf.

[184] Vgl. OLG Köln, Urteil vom 12.01.2007, 19 U 128/06 NJOZ 2007, 1421 (= BeckRS 2007, 3193).

[185] Vgl. BGH, Urteil vom 23.01.2003, VII ZR 362/01 NJW-RR 2003, 593, 594 (= NZBau 2003, 281).

[186] *Werner/Pastor*, Der Bauprozess, Rn. 2266.

darstellt.[187] Die zuletzt dargestellte Variante erfüllt zwar die Anforderung, dass kein bestimmter Betrag vorliegen darf, jedoch erscheint diese Art der Kostenspanne wenig sinnvoll, da nicht eindeutig erkennbar ist, wann tatsächlich eine Überschreitung der Kostenspanne vorliegen soll. Durch die Verwendung des Begriffes „*circa*" wird im Unterschied zu den anderen beiden Varianten kein eindeutiger Rahmen abgesteckt und diese Art der Vereinbarung lässt damit einen nicht unwesentlichen Spielraum bei der Entscheidung, wann eine Überschreitung der Kostenspanne vorliegen soll.[188]

4.2.1.3.2 Anforderung an die Vereinbarung

Da es sich bei der Kostenspanne um einen Unterfall der Kostendeckelung handelt, sind die Ausführungen zur Kostendeckelung grundsätzlich ebenso auf die Kostenspanne anwendbar. Dies gilt auch für die unterschiedlichen Möglichkeiten, wie eine Kostendeckelung vereinbart werden kann. Eine Kostenspanne kann daher grundsätzlich sowohl als Baukostengarantie als auch als Kostenobergrenze im Sinne einer Beschaffenheitsvereinbarung ausgestaltet sein. Es bedarf folglich gerade nicht einer unterschiedlichen Behandlung von Kostenspanne und Kostendeckelung.[189] Infolgedessen muss bezüglich der Anforderungen an die Vereinbarung danach unterschieden werden, ob eine Baukostengarantie oder eine Kostenobergrenze im Sinne einer Beschaffenheitsvereinbarung vorliegt. Die Anforderungen variieren dann dementsprechend.

4.2.1.3.3 Rechtsfolge einer Überschreitung der Kostenspanne

Auch im Hinblick auf die Rechtsfolgen bei einer Überschreitung der Kostenspanne sind die Ausführungen zur Kostendeckelung grundsätzlich anwendbar. Je nachdem, ob die Kostenspanne eine Baukostengarantie oder eine Kostenobergrenze im Sinne einer Beschaffenheitsvereinbarung darstellt, ergeben sich für eine Überschreitung der Kostenspanne unterschiedliche Rechtsfolgen.

Bei der Kostenspanne handelt es sich wie auch bei der Kostendeckelung letztlich grundsätzlich um eine verbindliche Vereinbarung, an welcher der Architekt festgehalten werden kann.[190] Es werden im Unterschied zur Kostendeckelung

---

[187] Vgl. OLG Dresden, Urteil vom 16.04.2003, 11 U 1633/02 BeckRS 2003, 30315977 (= IBRRS 2003, 2208); *Werner/Pastor*, Der Bauprozess, Rn. 2287; *Kehrberg*, in: Die Haftung des Architekten, Kapitel L Rn. 95; *Schrammel/Mitterer*, in: Motzke/Bauer/Seewald, Rn. 58.

[188] So auch *Werner/Pastor*, Der Bauprozess, Rn. 2266.

[189] *Kehrberg*, in: Die Haftung des Architekten, Kapitel L Rn. 211.

[190] *Preussner*, in: Fuchs/Berger/Seifert, Syst B Rn. 211.

jedoch in einem gewissen Bereich Toleranzen – innerhalb der definierten Kostenspanne in Form von Ober- und Untergrenze[191] – zugelassen, bevor von einem Planungsmangel ausgegangen werden muss.[192] Über die Kostenspanne hinaus gibt es jedoch aufgrund der Verbindlichkeit grundsätzlich keine Toleranzen, welche dem Architekten bei einer etwaigen Überschreitung zugestanden werden können.[193] Etwas anderes könnte sich ausnahmsweise nur dann ergeben, wenn sich im Vertrag Indizien dafür finden, dass es sich nicht um eine verbindliche Grenze nach oben oder unten handelt.[194]

4.2.2 Faktoren für die Verbindlichkeit von Vereinbarungen über die Einhaltung von Kostendeckelungen

Zur Bestimmung des Verbindlichkeitsgrades können unterschiedliche Faktoren bei der Vereinbarung der Kostendeckelung von Bedeutung sein, die im Rahmen einer Auslegung berücksichtigt werden müssen. Die Umstände des Abschlusses der Vereinbarung und die Möglichkeit der Einflussnahme des Architekten auf die Vereinbarung können einen ersten, für die Einordnung relevanten Aspekt darstellen. Daneben können weitere Faktoren wie beispielsweise der Planungsstand im Zeitpunkt der Vereinbarung, der genaue Wortlaut der Vereinbarung und ihr Inhalt von Relevanz sein. Diese Faktoren sollen im Folgenden genauer untersucht werden und mit ihrer Hilfe soll eine Untersuchungsmethode entwickelt werden, anhand derer der Verbindlichkeitsgrad von Kostendeckelung bestimmt werden kann.

Bei der nachfolgenden Untersuchung soll die Kostenspanne – mit Ausnahme zu den Ausführungen zum Wortlaut – zunächst außer Acht bleiben, da es sich hierbei lediglich um eine Modifikation der Kostendeckelung handelt. Im Rahmen der Rechtsprechungsanalyse wird diese Differenzierung jedoch erneut von Relevanz sein.

---

[191] *Seifert*, in: FS Motzke, S. 393, 404.

[192] *Meurer/Rothermel*, in: Korbion/Mantscheff/Vygen, § 4 HOAI Rn. 22.

[193] OLG Celle, Urteil vom 07.01.2009, 14 U 115/08 NJW-RR 2009, 1177, 1178 (= NZBau 2009, 663); *Preussner*, in: Fuchs/Berger/Seifert, Syst B Rn. 211.

[194] *Preussner*, in: Fuchs/Berger/Seifert, Syst B Rn. 211; vgl. *Schrammel/Mitterer*, in: Motzke/Bauer/Seewald, Rn. 62.

4.2.2.1 Bezeichnung der Kostendeckelung im Wortlaut der Vereinbarung

Die Bezeichnung der Kostendeckelung im Wortlaut der Vereinbarung bietet als Ausgangspunkt der Auslegung[195] regelmäßig erste Anhaltspunkte, um den Verbindlichkeitsgrad der Vereinbarung festzulegen.

4.2.2.1.1 Formulierung der Vereinbarung über die Einhaltung der Kostendeckelung

Die Parteien können in der Vereinbarung ausdrücklich definieren, ob es sich dabei um eine Beschaffenheitsvereinbarung oder eine Garantie handelt. Es ist insbesondere möglich, die Begrifflichkeiten in den Wortlaut der Vereinbarung mit aufzunehmen, um so zu verdeutlichen, welche Art der Kostendeckelung vorliegen soll. Dabei kann auch die Begrifflichkeit der Kostenspanne oder des Kostenrahmens verwendet werden. Dies hilft zwar noch nicht bei der Frage weiter, welchen Verbindlichkeitsgrad die Vereinbarung haben soll, trotzdem können daraus wesentliche Informationen gezogen werden – insbesondere im Hinblick auf einen etwaigen Toleranzrahmen.

Daneben ist es zudem möglich, durch die Formulierung der Klausel entsprechend zu verdeutlichen, inwieweit der Architekt haften soll. Wird beispielsweise in der Klausel festgehalten, dass der Architekt persönlich und verschuldensunabhängig für jegliche Überschreitungen der Kostendeckelung einstehen soll, deutet dies auf eine Baukostengarantie hin. Werden hingegen Begrifflichkeiten wie *„circa"* oder *„ungefähr"* verwendet, spricht dies für eine Kostenspanne.[196] Außerdem kann in der Klausel auf einschlägige Gesetze oder Normen (z. B. § 633 BGB) verwiesen werden, welche bei der Zuordnung des Verbindlichkeitsgrades von Nutzen sein können.

In der Laiensphäre werden jedoch regelmäßig fehlerhafte Bezeichnungen und Begriffe gebraucht, da Laien oftmals alltagssprachliche und weniger konturscharfe Begrifflichkeiten verwenden. Würde man also lediglich strikt auf den Wortlaut einer Vereinbarung abstellen, so könnte dies dazu führen, dass einer Vereinbarung ein anderer Verbindlichkeitsgrad zugemessen wird als die Parteien tatsächlich beabsichtigt haben. Es kommt daher bei (juristischen) Laien gerade nicht nur auf den gewählten Wortlaut an.[197]

---

[195] *Wendtland*, in: BeckOK-BGB, § 133 BGB (Stand: 01.02.2022) Rn. 23; *Mansel*, in: Jauernig, § 133 BGB Rn, 9.

[196] Vgl. BGH, Urteil vom 23.01.2003, VII ZR 362/01 NJW-RR 2003, 593, 594 (= NZBau 2003, 281).

[197] BGH, Urteil vom 23.07.2014, IV ZR 330/13 NJOZ 2014, 1858 (= BeckRS 2014, 15661) Rn. 14; vgl. LG Berlin, Urteil vom 24.09.2014, 65 S 64/14 BeckRS 2014, 22920 (= GE 2014,

4.2.2.1.2 Auslegungsgrundsätze des §§ 133, 157 BGB

Willenserklärungen müssen gemäß § 133 BGB nach dem tatsächlich Gewollten der Erklärenden ausgelegt werden. Eine unzutreffende Bezeichnung ist dabei irrelevant, wenn sich aus der Auslegung nach § 133 BGB ergibt, dass die Parteien sich tatsächlich geeinigt haben.[198] Liegt eine solche vor, gilt das tatsächlich Gewollte als vereinbart und die objektive Bezeichnung ist bedeutungslos (sog. „*falsa demonstratio non nocet*").[199] Das wäre hier denkbar, wenn sich die Parteien tatsächlich über den Verbindlichkeitsgrad der Vereinbarung einig sind, dafür aber übereinstimmend eine falsche Bezeichnung verwenden.

Wenn sich kein wirklicher und übereinstimmender Wille der Parteien ermitteln lässt, bedarf es einer normativen, an Treu und Glauben und der Verkehrssitte ausgerichteten Auslegung gemäß § 157 BGB.[200] Bedient sich lediglich eine der Parteien eines falschen Ausdrucks beziehungsweise einer falschen Formulierung, kommt daher eine normative Auslegung der Willenserklärung in Betracht.[201] Durch diese sollen insbesondere die Interessen des Erklärungsempfängers gewahrt werden.[202] Der Erklärungsempfänger und seine Interessen sind jedoch nur dann schutzwürdig, wenn er auch bei Anwendung der erforderlichen Sorgfalt nicht hätte erkennen können, was der Erklärende tatsächlich gewollt hat.[203] Zur Beurteilung dessen müssen die außerhalb des Erklärungsaktes liegenden Gesamtumstände bei der Auslegung berücksichtigt werden, sofern sie

1588); unzutreffend diesbezüglich *Weise*, NJW-Spezial 2018, 684, 685 mit der Behauptung, dass eine Klarstellung im Architektenvertrag mit dem Inhalt, dass es sich um eine Beschaffenheitsvereinbarung handeln würde, immer genügen würde, um Sicherheit über den Verbindlichkeitsgrad zu erhalten.

[198] *Armbrüster*, in: MüKo-BGB, § 119 BGB Rn. 63 ff.

[199] Zum Begriff der „falsa demonstratio non nocet" siehe zum Beispiel BGH, Urteil vom 07.12.2001, V ZR 65/01 NJW 2002, 1038 (= MDR 2002, 510); *Armbrüster*, in: MüKo-BGB, § 119 BGB Rn. 60 ff; *Busche*, in: MüKo-BGB, § 155 BGB Rn. 7.

[200] *Armbrüster*, in: Erman, § 157 BGB Rn. 5.

[201] *Armbrüster*, in: MüKo-BGB, § 119 BGB Rn. 64.

[202] *Arnold*, in: Erman, § 133 BGB Rn. 19.

[203] Vgl. *Armbrüster*, in: MüKo-BGB, § 119 BGB Rn. 64.

einen Rückschluss auf den Willen erlauben.[204] Unter anderem können Vertragsverhandlung[205] oder auch das Verhalten nach Abschluss des Vertrages[206] für die Auslegung desselben von besonderer Relevanz sein.

4.2.2.2 Umstände des Vertragsschlusses

Die Umstände des Vertragsschlusses sind für die Auslegung des verlautbarten Willens und damit für die Auslegung der Vereinbarung sowie für die Einstufung des Verbindlichkeitsgrades von zentraler Bedeutung. Hierbei muss insbesondere berücksichtigt werden, inwieweit die jeweiligen Parteien auf den Vertragsschluss Einfluss nehmen und ihre eigenen Interessen vertreten konnten. Diesbezüglich muss vor allem auch einbezogen werden, wie genau die Vertragsverhandlungen verlaufen sind und in welcher Konstellation und Position sich die Parteien gegenüberstehen.

4.2.2.2.1 Die Vertragsverhandlungen

Auf die Vertragsverhandlungen kann es zunächst Einfluss haben, wer die Vertragsparteien sind. Es bietet sich eine Differenzierung nach Verbrauchern (§ 13 BGB) und Unternehmern (§ 14 BGB) an.

4.2.2.2.1.1 Die Vertragsparteien

Die Einordnung als Unternehmer im Sinne von § 14 BGB setzt voraus, dass eine natürliche oder juristische Person oder eine rechtsfähige Personengesellschaft bei Abschluss eines Vertrages in Ausübung ihrer gewerblichen oder selbstständigen Tätigkeit handelt. Eine gewerbliche oder selbstständige berufliche Tätigkeit setzt ein planmäßiges und selbstständiges Anbieten entgeltlicher Leistungen am Markt voraus, dass nicht nur einmalig, sondern auf Dauer angelegt sein muss.[207]

---

204 BAG, Urteil vom 22.07.2014, 9 AZR 1066/12 NZA 2014, 1330 (= BeckRS 2014, 73696) Rn. 13; BGH, Urteil vom 19.01.2000, VIII ZR 275/98 NJW-RR 2000, 1002, 1003 (= BeckRS 2000, 3748).

205 BGH, Urteil vom 19.12.2001, XII ZR 281/99 NJW 2002, 1260, 1261 (= MDR 2002, 573); BGH, Urteil vom 16.10.1997, IX ZR 164–96 NJW-RR 1998, 259 (= MDR 1998, 113).

206 BGH, Versäumnisurteil vom 06.07.2005, VIII ZR 136/04 NJW 2005, 3205, 3207 (= MDR 2006, 19); BGH, Urteil vom 24.06.1988, V ZR 49/87 NJW 1988, 2878, 2878 f. (= MDR 88, 1043).

207 BGH, Urteil vom 18.10.2017, VIII ZR 32/16 NJW 2018, 150 (= MDR 2018, 17) Rn. 30; BGH, Urteil vom 29.03.2006, VIII ZR 173/05 BGHZ 167, 40 (= NJW 2006, 2250) Rn. 14; *Mansel*, in: Jauernig, § 14 BGB Rn. 2.

4.2.2.2.1.1.1 Der Architekt

Architekten werden im Zuge eines Architektenvertrages von dem Bauherren beauftragt, bestimmte Architektenleistungen zu erbringen, welche die von ihnen am Markt angebotenen Leistungen im Rahmen ihrer gewerblichen oder selbstständigen beruflichen Tätigkeit als Architekten darstellen. Damit handelt es sich bei Architekten in dem Kontext grundsätzlich um Unternehmer im Sinne des § 14 BGB. Etwas anderes ergibt sich allenfalls dann, wenn der Architekt als privater Bauherr auftritt und einen anderen Architekten beauftragt.

4.2.2.2.1.1.2 Der Bauherr

Der Bauherr kann dagegen, zumindest wenn es sich um eine natürliche Person handelt, als Verbraucher und als Unternehmer handeln. Ob es sich um einen Verbraucher oder Unternehmer handelt, bestimmt sich danach, zu welchem Zweck der Bauherr das Rechtsgeschäft abschließt – überwiegend zur Ausübung seiner gewerblichen oder selbstständigen beruflichen Tätigkeit oder zu privaten Zwecken.[208] Bei Bauherren wird hierbei entsprechend überprüft, ob das Bauvorhaben lediglich privaten Zwecken (so zum Beispiel bei dem Bau des eigenen Wohnhauses) oder der gewerblichen beziehungsweise selbstständigen beruflichen Tätigkeit dient (so zum Beispiel im Fall von sog. gewerblichen Bauherren, welche das Bauwerk zum Zwecke der Vermietung oder des Verkaufes errichten[209]). Handelt es sich bei dem Bauherren um eine juristische Person ist gemäß § 13 BGB grundsätzlich davon auszugehen, dass gerade kein Verbraucher vorliegt.[210]

4.2.2.2.1.1.3 Das Verhältnis von Bauherr und Architekt

Im Verhältnis zwischen Verbraucher und Unternehmer ist grundsätzlich von einem strukturellen Ungleichgewicht zu Lasten des Verbrauchers auszugehen.[211] Diese Unterlegenheit kann zum Beispiel dazu führen, dass der Verbraucher vorformulierten Bedingungen zustimmt, ohne auf deren Inhalt Einfluss nehmen zu können.[212] Die strukturelle Unterlegenheit des Verbrauchers könnte sich daher

---

[208] BGH, 27.09.2017, VIII ZR 271/16 NJW 2018, 146 (= MDR 2017, 1411) Rn. 41; BGH, Beschluss vom 24.02.2005, III ZB 36/04 BGHZ 162, 253, 255 f. (= NJW 2005, 1273).

[209] *Schulz-Eickhorst*, Die Bauherren-Architekten-Beziehung, S. 33.

[210] *Martens*, in: BeckOK-BGB, § 13 BGB (Stand: 01.02.2022) Rn. 25; *Micklitz*, in: MüKo-BGB, § 13 BGB Rn. 13 ff.

[211] *Alexander*, in: BeckOGK-BGB, § 13 BGB (Stand: 01.05.2022) Rn. 81; *Tamm*, in: Tamm/Tonner/Brönneke, § 1 Rn. 5.

[212] EuGH, Urteil vom 14.06.2012, C-618/10 NJW 2012, 2257 (= EuZW 2012, 754) – *Banco Español de Crédito SA/Joaquín Calderón Camino Rn. 39*; EuGH, Urteil vom 15.03.2012, C-453/10 NJW 2012, 1781 (= BeckRS 2012, 678023) – *Jana Pereničová u. u./SOS financ spol. s*

gegebenenfalls auch auf die Verhandlungen zwischen dem Architekten und dem Bauherren um eine Kostendeckelung auswirken.

Die Einordnung des Bauherren als Verbraucher allein darf jedoch nicht dazu führen, dass generell von einer strukturellen Unterlegenheit des Bauherren ausgegangen wird, sondern kann lediglich ein Indiz dafür darstellen. Es muss hingegen berücksichtigt werden, ob der jeweilige Bauherr als erfahren oder unerfahren im Hinblick auf Kostendeckelungen einzustufen ist und ob im Einzelfall eine tatsächliche Unterlegenheit des Verbrauchers vorliegt.

Die Einstufung des Bauherren als Verbraucher oder Unternehmer kann dabei keine unmittelbare Auswirkung auf die Beurteilung der Erfahrenheit des Bauherren im Hinblick auf etwaige Vertragsschlüsse haben. Auch ein Bauherr in Form eines Verbrauchers kann beispielsweise erfahren sein, wenn er schon mehrmals zu privaten Zwecken gebaut hat. Hat der Bauherr bereits diverse Bauvorhaben begleitet, hat er auch schon Erfahrungen im Hinblick auf die Vertragsverhandlungen gesammelt und weiß, worauf er bei der Kostenvereinbarung achten muss und wofür gewisse (Fach-) Termini stehen. Diese Erfahrungen kann er dann entsprechend bei den Vertragsverhandlungen anwenden und einbringen. Handelt es sich bei dem Vorhaben hingegen um das erste Bauvorhaben des Bauherren, so kann es dem Bauherren an grundlegendem Wissen – tatsächlicher und rechtlicher Natur – rund um die Kostendeckelung fehlen. Selbst wenn der Bauherr theoretisch also als Verbraucher einzuordnen wäre, müsste bei der Beurteilung mit einbezogen werden, dass der Bauherr rein tatsächlich nicht so hilflos ist, wie sich dies zunächst aus der Stellung als Verbraucher ergibt.

Auch der Architekt kann als erfahren oder unerfahren eingestuft werden. Wie bereits erläutert, handelt es sich bei dem Architekten grundsätzlich um einen Unternehmer. Die Einordnung als Unternehmer hat jedoch keine Auswirkungen auf die Frage, ob es sich um einen erfahrenen oder unerfahrenen Architekten handelt, da auch ein erstmalig handelnder Architekt unter das Begriffsverständnis eines Unternehmers fallen würde, solange er zumindest die Absicht hatte, eine Vielzahl von Architektenverträgen abzuschließen. Handelt es sich also um einen Berufseinsteiger, kann auch der Architekt, der im Zusammenhang mit seinem erlernten Beruf handelt, als unerfahren im Hinblick auf die Vereinbarung einer Kostendeckelung eingestuft werden. Musste er tatsächlich noch nie eine Kostendeckelung vereinbaren, so kann er nicht auf bereits erlangte Erfahrungswerte zurückgreifen. Dies kann sich entsprechend in den Vertragsverhandlungen widerspiegeln.

---

r. o. Rn. 27; EuGH, Urteil vom 27.06.2000, verb.Rs. C-240/98 bis C-244/98 NJW 2000, 2571 (= EuZW 2000, 506) Rn. 25.

Ein Architekt, der hingegen schon mehrmals einen Architektenvertrag mit einer Kostendeckelung vereinbart hat, kann auf seine bereits erlangten Kenntnisse im Hinblick auf Kostenvereinbarungen oder bereits bewährte Formulierungen zurückgreifen.

4.2.2.2.1.1.4 Fazit

Insgesamt wird somit deutlich, dass nicht nur eine Kategorisierung nach Verbraucher und Unternehmer, sondern auch nach Erfahrenheit notwendig ist. Die Erfahrenheit kann im Hinblick auf die tatsächliche Stellung in den Vertragsverhandlungen von Relevanz sein. Insbesondere kann auch der Architekt bei einem Verbrauchervertrag bei den Vertragsverhandlungen unterlegen sein, sodass der Erfahrenheit gegebenenfalls sogar mehr Gewicht bei der Beurteilung eingeräumt werden kann. Die Stellung als Verbraucher und Unternehmer hat jedoch zumindest indizielle Wirkung und muss ebenfalls berücksichtigt werden. Um zu bestimmen, ob eine tatsächliche Unterlegenheit des Verbrauchers vorliegt, kann auch berücksichtigt werden, ob der Unternehmer seine überlegene Stellung ausnutzt oder sich aus den sonstigen Umständen eine Unterlegenheit einer der Vertragsparteien ergibt. Dafür kann ein Blick auf den Ablauf der Vertragsverhandlungen hilfreich sein.

4.2.2.2.1.2 Ablauf der Vertragsverhandlungen

Der Ablauf der Vertragsverhandlungen ist also insbesondere daher relevant, da sich daraus Rückschlüsse auf die Unterlegenheit einer Partei ergeben können. Die Vertragsverhandlungen können demnach für die Auslegung des verlautbarten Willens der Parteien entscheidend sein. Bezüglich des Ablaufs der Vertragsverhandlungen muss zwischen drei unterschiedlichen Szenarien differenziert werden.

4.2.2.2.1.2.1 Gleichberechtigte Vertragsverhandlungen

Zunächst könnten sich Architekt und Bauherr bei den Vertragsverhandlungen ebenbürtig gegenüberstehen. In diesem Szenario wäre es für beide Vertragsparteien möglich, ihre Interessen bei den Vertragsverhandlungen hinreichend zu vertreten. Es kann jedoch von keiner der beiden Vertragsparteien erwartet werden, dass ihre Interessen in Gänze genauso umgesetzt werden können, wie sie es sich vorstellen. Im Rahmen der Vertragsverhandlungen tauschen sich die Parteien über ihre Interessen aus und müssen versuchen, diese aufeinander abzustimmen. Das Ziel der Vertragsverhandlungen ist es folglich, mit Hilfe von beiderseitigen Kompromissen eine Vereinbarung zu treffen, die beide Parteiinteressen gleichermaßen berücksichtigt.

4.2.2.2.1.2.2 Überlegenheit des Architekten

Weiterhin könnte der Umstand eintreten, dass der Bauherr keine ausreichenden Möglichkeiten hat, seine Interessen im Zuge der Vertragsverhandlungen durchzusetzen. Der Architekt könnte aufgrund seiner Stellung als Unternehmer in einem Verbraucherarchitektenvertrag oder aufgrund seiner persönlichen Erfahrungen im Zusammenhang mit Kostenvereinbarungen überlegen sein. In Frage käme zudem der Fall, dass der Architekt aufgrund seines Wissensvorsprungs[213] die Planung des Bauvorhabens von Anfang an nahezu allein vornimmt und wesentliche Entscheidungen – wie die Bestimmung des Verbindlichkeitsgrades der Kostendeckelung – selbstständig trifft, indem er die fehlenden Fachkenntnisse des Bauherren ausnutzt und eine Kostendeckelung nach seinen eigenen Vorstellungen trifft, ohne dass der Bauherr dies bemerkt. Wie bereits zuvor erläutert, war der Wissensvorsprung des Architekten primär früher ein Problem, welchem die Bauherren ausgesetzt waren.[214] Zudem stellt der Wissensvorsprung eher ein Problem im Laufe der Planung des Bauvorhabens dar und nicht bei Abschluss des Architektenvertrages. Bei den Vertragsverhandlungen gibt der Bauherr meist vor, was er sich grundsätzlich für das Bauvorhaben vorstellt und Aufgabe des Architekten ist es, diese Ideen in eine Planung umzusetzen. Damit es überhaupt zu einem Vertragsschluss kommt, muss der Architekt daher anfangs die (preislichen) Vorstellungen des Bauherren hinreichend berücksichtigen. Nach dem Vertragsschluss – im Rahmen der Planung – ist es wahrscheinlicher, dass der Architekt aufgrund eines etwaigen Wissensvorsprungs seine Ideen umsetzen kann, ohne dass der Bauherr darauf Einfluss nehmen kann.

Für den Bauherren entstehen aufgrund der Kostendeckelung selbst jedoch keine Verpflichtungen. Er nutzt die Kostendeckelung vielmehr, um sich wirtschaftlich abzusichern. Die Frage des Verbindlichkeitsgrades der Kostendeckelung hat für den Bauherren somit dahingehend Relevanz, welche Rechte er bei einer etwaigen Überschreitung der Kostendeckelung geltend machen kann. Daher könnte er an einer Vereinbarung mit weitergehender Haftung interessiert sein. Eine etwaige Überlegenheit des Architekten muss daher bei der Auslegung des verlautbarten Willens des Architekten berücksichtigt werden.

4.2.2.2.1.2.3 Überlegenheit des Bauherren

Zuletzt besteht die Möglichkeit, dass der Architekt seine Interessen im Rahmen der Vertragsverhandlungen nicht genügend einbringen kann. Eine Überlegenheit

---

[213] Dazu bereits unter 2.2.2.

[214] Siehe 2.2.2.1.

des Bauherren könnte sich zunächst mit einer besonderen Erfahrenheit des Bauherren und der Unerfahrenheit des Architekten begründen. Ein solcher Fall ist aber insbesondere deshalb wahrscheinlich, da der Bauherr bei Vertragsschluss selbstständig entscheiden kann, mit welchem Architekten er einen Architektenvertrag eingehen möchte und mit welchem nicht. Grundsätzlich hätte der Architekt im Rahmen der Vertragsverhandlungen die Möglichkeit, den Bauherren darauf hinzuweisen, dass eine Umsetzung des geplanten Bauvorhabens mit der vom Bauherren vorgesehenen Kostendeckelung für ihn schwer oder gar nicht umsetzbar ist. Tatsächlich sind die Einflussmöglichkeiten auf die Kostendeckelung jedoch meist gering und die Interessen des Architekten müssen zurückstehen, da er von dem Bauherren unter Druck gesetzt wird. Er kann bei Abschluss der Vereinbarung insbesondere dahingehend unter Druck gesetzt werden, dass ein Abschluss des gesamten Architektenvertrages von der Vereinbarung der Kostendeckelung nach den Vorstellungen des Bauherren abhängig gemacht wird. Der Architekt hat dann praktisch keine Möglichkeiten, auf die Kostendeckelung einzuwirken. Er ist daher regelmäßig gezwungen, dem Bauherren ein möglichst gutes Angebot – insbesondere im Hinblick auf die Kosten des Bauvorhabens – zu machen, um überhaupt als Vertragspartner in Erwägung gezogen zu werden. In einem solchen Fall ist fraglich, inwieweit der Architekt tatsächlich eine Vereinbarung bezüglich der Baukosten mit dem bezeichneten Verbindlichkeitsgrad treffen wollte. Die Unterlegenheit des Architekten ist daher bei der Auslegung seines verlautbarten Willens zu berücksichtigen.

4.2.2.3 Verhalten der Vertragsparteien nach Vertragsschluss

Das Verhalten nach Vertragsschluss könnte ebenfalls Aufschluss über den Verbindlichkeitsgrad der Kostendeckelung geben. Signalisiert eine der Parteien durch ihr Verhalten oder bestimmte Aussagen nach Vertragsschluss, von welcher Rechtsnatur sie im Zeitpunkt der Vereinbarung ausgegangen ist, muss dies bei der Bestimmung des Verbindlichkeitsgrades berücksichtigt werden.[215] Das Verhalten oder bestimmte Aussagen geben hierbei einen Hinweis darauf, welchen Inhalt die Partei erwartet. Denkbar wäre zum Beispiel, dass die Partei im Nachhinein im Hinblick auf die Kostendeckelung eindeutig von Mängelgewährleistungsrechten im Sinne des § 634 BGB spricht. Selbst wenn dies nicht ausdrücklich in der Vereinbarung festgehalten wurde und während den Vertragsverhandlungen keine vergleichbaren Äußerungen getroffen wurden, würde dies dafür sprechen,

[215] Zur Berücksichtigung des nachträglichen Verhaltens bei der Auslegung von Willenserklärungen siehe BGH, Versäumnisurteil vom 06.07.2005, VIII ZR 136/04 NJW 2005, 3205 (= MDR 2006, 19); BGH, Urteil vom 24.06.1988, V ZR 49/87 NJW 1988, 2878, 2878 f (= MDR 88, 1043).

dass die Partei von einer Kostenobergrenze im Sinne einer Beschaffenheitsvereinbarung ausging. Dieser Umstand müsste dann bei der Bestimmung des Verbindlichkeitsgrades bedacht werden.

4.2.2.4 Inhalt der Kostendeckelung

Der Verbindlichkeitsgrad kann sich weiterhin aus dem Inhalt der Vereinbarung ergeben. Je nachdem, was die Parteien vereinbart haben, könnten daraus Rückschlüsse auf den Verbindlichkeitsgrad gezogen werden. In der Regel umfasst die Kostendeckelung nicht nur Leistungen des Architekten selbst, sondern auch Leistungen Dritter (wie z. B. von Sonderfachleuten oder Bauunternehmern).[216] Dieser Umstand hat Auswirkungen auf die Frage, welche Rechtsnatur für eine derartige Kostendeckelung in Betracht kommt. Es wird teilweise die Ansicht vertreten, dass die Kostendeckelung zumindest für den Fall, dass sie auch fremde Leistungen umfasst, ausschließlich eine Garantie und keine Beschaffenheitsvereinbarung darstellen kann.[217]

4.2.2.4.1 Rechtliche Möglichkeit der Vereinbarung einer Kostendeckelung, die auch fremde Leistungen umfasst

Diese Ansicht stützt sich insbesondere darauf, dass fremde Leistungen nicht Inhalt einer Beschaffenheitsvereinbarung des Architekten werden können, da es in einem solchen Fall nicht mehr um die Beschaffenheit der Leistung des Architekten selbst gehe.[218] Die Kostendeckelung beinhalte regelmäßig Leistungen Dritter, sodass der Architekt im Gegensatz zum Planungs- und Überwachungswerk das „*Kostenbegrenzungswerk*" gerade nicht eigenverantwortlich herstelle.[219] Das Kostenbegrenzungswerk meint in diesem Fall das Werk des Architekten, welches die Kostendeckelung zum Inhalt und die Einhaltung der Kostendeckelung zum Ziel hat. Der Architekt könne die Leistungen der Dritten zwar noch dahingehend beeinflussen, dass er bei der Planung die bauliche Variante wählen könne, die preislich zu der vereinbarten Kostendeckelung passe, sodass die Gesamtkosten insgesamt in dem Budget des Bauherren lägen,[220] gleichzeitig dürfe jedoch

216 Dazu unter 4.1.3.1.1.1.

217 KG, Teilurteil vom 28.08.2018, 21 U 24/16 BeckRS 2018, 20996 Rn. 135 ff., wobei Retzlaff zugleich in dem betroffenen Zeitpunkt Vorsitzender Richter des 21. Zivilsenates am Kammergericht Berlin war; *Retzlaff*, NZBau 2017, 131, 132.

218 KG, Teilurteil vom 28.08.2018, 21 U 24/16 BeckRS 2018, 20996 Rn. 134; vgl. *Retzlaff*, NZBau 2017, 131, 132.

219 *Retzlaff*, NZBau 2017, 131, 132.

220 KG, Teilurteil vom 28.08.2018, 21 U 24/16 BeckRS 2018, 20996 Rn. 132.

nicht verkannt werden, dass neben der Planung auch Faktoren wie die Marktlage bei der Ausschreibung und die Vergabe der Bauleistungen für die Baukosten relevant seien.[221] Finde sich bereits bei der Ausschreibung niemand, der die Arbeiten zu den Preisen durchführen könne oder wolle, habe der Architekt keine Möglichkeit, darauf Einfluss zu nehmen.[222] Der Architekt könne folglich die Einhaltung der Kostendeckelung nicht unter allen Umständen sicherstellen.[223] Die Grenzen seiner Einflussmöglichkeiten seien hier offensichtlich, sodass an dieser Stelle auch gleichzeitig seine Erfolgshaftung als Werkunternehmer enden müsse.[224] Die Frage, zu welchen Kosten die Planung umsetzbar ist, sei somit keine Eigenschaft des Architektenwerkes selbst und dementsprechend könne keine Beschaffenheitsvereinbarung diesbezüglich getroffen werden.[225] Im Gegensatz dazu könnten jedoch Garantien Leistungen Dritter zum Inhalt haben,[226] da die Haftung bei der Übernahme einer Garantie grundsätzlich ohnehin verschuldensunabhängig sei, sodass es irrelevant sei, ob es sich um Leistungen handele, auf welche der Garantiegeber Einfluss nehmen könne.[227]

Die Ansicht übersieht an dieser Stelle jedoch, dass der Architekt im Rahmen der Baukosten in gewisser Weise die Position eines Koordinators übernimmt. Er hat durch die Vereinbarung einer Kostendeckelung vertraglich die Leistungspflicht übernommen, den Überblick über das gesamte Bauvorhaben, die einzelnen Planungsleistungen und die damit verbundenen Kosten zu behalten. Er muss sich entsprechend in vielseitiger Hinsicht mit dem Objekt und dadurch auch mit den Leistungen Dritter befassen.[228] Dieser Aufgabe kann er nachkommen, indem er die Sonderfachleute und Bauunternehmer beispielsweise durch die Überprüfung etwaiger Kostenvoranschläge kontrolliert, indem er Teilrechnungen anfordert und diese überprüft. Die Position des Architekten würde sich zudem deutlich verbessern, wenn er mithilfe einer entsprechenden Architektenvollmacht die Vertragsverhandlungen mit den Bauunternehmern selbst durchführen könnte. So wäre

---

[221] KG, Teilurteil vom 28.08.2018, 21 U 24/16 BeckRS 2018, 20996 Rn. 132.

[222] KG, Teilurteil vom 28.08.2018, 21 U 24/16 BeckRS 2018, 20996 Rn. 132; *Retzlaff*, NZBau 2019, 29, 32.

[223] *Retzlaff*, NZBau 2019, 29, 32.

[224] *Retzlaff*, NZBau 2019, 29, 32.

[225] KG, Teilurteil vom 28.08.2018, 21 U 24/16 BeckRS 2018, 20996 Rn. 131.

[226] KG, Teilurteil vom 28.08.2018, 21 U 24/16 BeckRS 2018, 20996 Rn. 135; *Retzlaff*, NZBau 2017, 131, 132.

[227] BGH, Urteil vom 04.12.1986, VII ZR 197/85 NJW-RR 1987, 337 (= BauR 1987, 225); OLG Düsseldorf, Hinweisbeschluss vom 07.11.2014, I-22 U 94/14 NJOZ 2015, 1436 (= BeckRS 2015, 231) Rn. 46.

[228] *Schotten*, in: FS Koeble, S. 499, 502.

es ihm beispielsweise möglich, auf solche Unternehmer zurückzugreifen, mit denen er regelmäßig zusammenarbeitet und dessen Preisvorstellungen er bereits kennt. Dadurch würde er das Risiko minimieren, dass niemand die erforderliche Leistung zu dem von ihm kalkulierten Preis erbringen möchte. Zudem könnte er mit den Sonderfachleuten ebenfalls Kostenvereinbarungen treffen.

Im Idealfall sollte der Architekt die Planung von Anfang an gleichwohl so vornehmen, dass die Preise den üblichen Gegebenheiten des Marktes entsprechen und Eventualitäten bezüglich Marktveränderungen zumindest teilweise berücksichtigt werden – beispielsweise durch das Einplanen eines preislichen Puffers.[229]

Dementsprechend werden in der Regel nicht nur fremde Leistungen zum Inhalt der Kostendeckelung, sondern insbesondere auch die Koordinationspflicht des Architekten selbst. Diese Koordinationspflicht hat dabei die Abstimmung der Leistungen Dritter zum Inhalt und stellt den Hauptbestandteil der Kostendeckelung dar.

Zudem übersieht die Ansicht, dass der Architekt bei einer Beschaffenheitsvereinbarung nur eingeschränkt und nicht allumfassend für etwaige Leistungen Dritter einstehen muss.[230] Die Grenzen ergeben sich aus den Regelungen des allgemeinen Schuldrechts. Seine Haftung wird nicht nur durch die Voraussetzung des Vertretenmüssens im Sinne von §§ 276, 278 BGB beschränkt, sondern beispielsweise auch durch das Vorliegen von nachträglicher Unmöglichkeit. Lediglich bei einer anfänglichen, objektiven Unmöglichkeit nach § 311a BGB haftet der Architekt für die Einhaltung der Kostendeckelung, ohne dass ein etwaiges Vertretenmüssen hier relevant ist.[231] Diese Haftung beschränkt sich nach § 311a Abs. 2 S. 2 BGB auf Fälle der anfänglichen Unmöglichkeit, die der Architekt kannte oder die für ihn erkennbar waren. Hatte der Architekt Kenntnis von der Unmöglichkeit oder hätte sie zumindest kennen müssen, ist er regelmäßig nicht schutzwürdig.[232] In dem Fall ist es daher ausnahmsweise gerechtfertigt, wenn der Architekt für die Unmöglichkeit einstehen muss.

---

[229] Der Architekt muss diese Möglichkeit jedoch mit dem Vorwurf der unwirtschaftlichen Planung in Einklang bringen können, siehe diesbezüglich *Minckwitz*, BrBp 2005, 260, 264.

[230] *Fuchs*, in: FS Messerschmidt, S. 21, 24.

[231] *Grüneberg*, Grüneberg, § 311a BGB Rn. 1.

[232] Dies übersieht *Zahn*, in: Locher/Koeble/Frik, Einleitung Rn. 289.

Vor diesem Hintergrund geht die herrschende Meinung zu Recht davon aus, dass eine Kostendeckelung nicht nur als Baukostengarantie, sondern auch als Beschaffenheitsvereinbarung vereinbart werden kann.[233]

4.2.2.4.2 Indizielle Wirkung des Inhaltes der Vereinbarung

Wie bereits dargelegt, wird eine eigene Architektenleistung in Form der Koordinierungspflicht zum Inhalt des Vertrages. Daneben spielen aber auch fremde Leistungen eine maßgebliche Rolle, um die Einhaltung der Kostendeckelung zu gewährleisten. Die Tatsache, dass fremde Leistungen Inhalt der Kostendeckelung wurden, kann ein Indiz dafür sein, welchen Verbindlichkeitsgrad die Kostendeckelung haben soll. Dies ergibt sich insbesondere daraus, dass fraglich ist, inwieweit der Architekt die Verantwortung für die Einhaltung der Kosten für Leistungen Dritter übernehmen möchte, auf welche er nicht unbedingt Einfluss nehmen kann.

4.2.2.4.2.1 Grundsätzliche Einflussnahmemöglichkeiten auf die Kosten der Leistungen Dritter

Geht man davon aus, dass der Architekt für die Kosten der Leistungen von Dritten einstehen würde, könnte dies zunächst zu einem Widerspruch zu vorherigen Ausführungen führen. Es wurde bereits festgestellt, dass sowohl Sonderfachleute als auch Bauunternehmer regelmäßig keine Erfüllungsgehilfen des Architekten gegenüber dem Bauherren darstellen.[234] Dieser Grundsatz könnte nun jedoch umgangen werden. Während der Architekt ursprünglich nicht für die Leistungen der Sonderfachleute einstehen sollte, da er aufgrund seiner fehlenden Expertise ihre Leistungen grundsätzlich nicht schuldet, wird nun davon ausgegangen, dass er zumindest auf der Ebene der Kosten für die Leistungen der Sonderfachleute einzustehen hat. Der Architekt schuldet das Bauwerk auch nicht als körperliche Sache, sodass er daher auch nicht für die Ausführungsleistungen der Bauunternehmer zuständig sein kann. Trotzdem soll er in diesem Fall auf der Ebene der Kosten für die Leistungen verantwortlich gemacht werden. Dies bedarf einer zusätzlichen Begründung. Der Architekt übernimmt – wie schon zuvor erwähnt – im Rahmen der Baukosten die Position eines Koordinators. Auf der Ebene der Kosten kann eine Kontrolle und Einflussnahme auf die Sonderfachleute und Bauunternehmer erwartet werden, da hierfür keine besonderen Kenntnisse in den

---

[233] BGH, Urteil vom 11.07.2019, VII ZR 266/17 BGHZ 223, 1 (= NJW 2019, 2997) Rn. 24; *Kober*, in: BeckOGK-BGB, § 636 BGB (Stand: 01.04.2022) Rn. 532; *Schotten*, in: FS Koeble, S. 499, 502; *Zahn*, BauR 2019, 1513, 1514.

[234] Siehe dazu unter 2.2.2.2. und 2.2.2.3.

speziellen Fachbereichen notwendig sind. Die Überlegung, dass der Architekt für die Gesamtbaukosten eine Kostendeckelung vereinbaren kann, steht daher nicht im Widerspruch zu der Feststellung, dass Sonderfachleute bzw. Unternehmer keine Erfüllungsgehilfen des Architekten gegenüber dem Bauherren darstellen, da hierbei zwei unterschiedliche Ebenen der Architektenleistung – die Primärleistung in Form der Planung oder tatsächlichen Bauleistung einerseits und die Koordination der Baukosten andererseits – betroffen sind.

Der Architekt hat mit der Koordinationspflicht eine eigene Leistungspflicht mit dem Inhalt übernommen, den Überblick über das gesamte Bauvorhaben, die einzelnen Planungsleistungen und die damit verbundenen Kosten zu behalten. Er steht daher nicht für die Primärpflicht der Dritten ein, sondern vielmehr für seine eigene Leistungspflicht, die wirtschaftlichen Vorstellungen des Bauherren zu berücksichtigen.

Es ist regelmäßig Teil dieser Koordinierungspflicht des Architekten auf die Leistungen Dritter Einfluss zu nehmen. Grundsätzlich hat der Architekt auch die Möglichkeit dazu. Es darf dabei jedoch nicht übersehen werden, dass der Einfluss des Architekten auf die Leistung der Sonderfachleute und Bauunternehmer in aller Regel lediglich mittelbarer Natur ist. Der Architekt kann seiner Aufgabe durch unterschiedliche Maßnahmen gerecht werden. Er berät den Bauherren zunächst bezüglich der Notwendigkeit der Beauftragung von Sonderfachleuten und kann diesen regelmäßig Vorgaben bezüglich der Kosten erteilen, um die Einhaltung der Kostendeckelung zu gewährleisten.[235] Dies ist jedoch nur dann möglich, wenn der Architekt die Beauftragung der Sonderfachleute tatsächlich selbst übernimmt, so zum Beispiel, wenn ihm diesbezüglich eine Architektenvollmacht erteilt wurde. Die Architektenvollmacht kann den Inhalt haben, dass der Architekt den Bauherren in jeglichen Angelegenheiten in Bezug auf Sonderfachleute und auch Bauunternehmer vertritt – darunter sind unter anderem die Vergabe einzelner Bauleistungen, Vertragsverhandlungen, Weisungserteilungen oder auch die Abnahme der Leistungen zu fassen. Auf diese Weise kann der Architekt auch auf solche Leistungen Einfluss nehmen, die eigentlich nicht im klassischen Sinne in seiner Verantwortung liegen. Je nach Ausgestaltung der Architektenvollmacht nähert sich der Architekt in einem solchen Fall in seiner Funktion bezüglich der Kosten der Funktion des Generalplaners an.[236] Der Architekt hat dann hinreichend Möglichkeiten, auf die Leistungen sowie die Kosten der Sonderfachleute und Bauunternehmer Einfluss zu nehmen. Bereits bei der Einholung

---

[235] *Schotten*, in: FS Koeble, S. 499, 502 f.

[236] Zum Generalplaner siehe 2.1.2.1.

von Angeboten oder auch dem Führen von Bietergesprächen kann der Architekt noch vor Abschluss eines Vertrages mit einem Bauunternehmer oder einem Sonderfachmann auf die Kosten des gesamten Bauvorhabens einwirken, indem er ein günstiges Angebot auswählt oder in den Bietergesprächen den Preis noch verhandelt. Auch während der Ausführung des Bauvorhabens kann der Architekt mit der entsprechenden Vollmacht auf den Preis des Bauvorhabens einwirken. Er kann die Bauunternehmer und Sonderfachleute beispielsweise dazu anhalten, ihre Leistungen vertragsgemäß auszuführen. Auch dies kann die Einhaltung der Kostenobergrenze fördern.

Dem Architekten kann zudem mittels Vollmacht das Anordnungsrecht nach § 650b BGB übertragen werden.[237] Dies ermöglicht es dem Architekten insbesondere, Änderungen der Leistungen der Sonderfachleute und Bauunternehmer vorzunehmen (§ 650b Abs. 1 S. 1 Nr. 1, 2 BGB), um die Einhaltung der Kostenobergernze zu gewährleisten. Dabei muss er gewiss gewährleisten, dass der Bauherr trotzallem das von ihm gewünschte Objekt erhält.

Etwas anderes könnte sich jedoch dann ergeben, wenn die Architektenvollmacht eher zurückhaltend ausgestaltet ist und die Einflussmöglichkeiten des Architekten auf die Sonderfachleute und Bauunternehmer entsprechend begrenzt sind. Dies wäre beispielsweise der Fall, wenn sich die Vollmacht nur auf die Vertragsschlüsse beschränkt und die Überprüfung von Kostenvoranschlägen oder Teilrechnungen dem Bauherren zustehen würde. Der Architekt hätte unter diesen Umständen nur die Möglichkeit, durch Vorgaben im Rahmen der Vertragskonditionen auf die Sonderfachleute und Bauunternehmer einzuwirken. Daneben wäre es ihm weiterhin möglich, den Bauherren bezüglich der Notwendigkeit der Beauftragung von Sonderfachleuten zu beeinflussen. Die Position des Architekten wäre dann auf der Ebene der Kosten nicht mehr mit der eines Generalplaners vergleichbar.

Es muss daher bei der Auslegung der Kostendeckelung insgesamt berücksichtigt werden, inwieweit der Architekt auf die fremden Leistungen und deren Kosten Einfluss nehmen kann. Diese Einflussmöglichkeiten stellen letztlich ein Indiz dafür da, inwieweit der Architekt zu einer Risikoübernahme bereit gewesen sein könnte. Je mehr Einflussmöglichkeiten dem Architekten zustehen, desto wahrscheinlicher ist eine weitreichende Risikoübernahme des Architekten. Damit einhergehend ist auch eine Kostendeckelung mit einem hohen Verbindlichkeitsgrad wahrscheinlicher.

Es empfiehlt sich daher, danach zu differenzieren, ob lediglich i) fremde Leistungen, die von dem Architekten nicht beeinflusst werden können; ii) fremde

---

[237] *Voit*, in: BeckOK-BGB, § 650b BGB (Stand: 01.05.2020) Rn. 24.

Leistungen, die zumindest mittelbar von dem Architekten beeinflusst werden können oder iii) die Architektenleistungen selbst zum Inhalt der Vereinbarung werden.

4.2.2.4.2.1.1 Fremde Leistungen als Inhalt der Vereinbarung

Werden fremde Leistungen zum Inhalt der Vereinbarung, die der Architekt in keiner Form beeinflussen kann, würde der Architekt mit der Vereinbarung einer Baukostengarantie ein hohes Haftungsrisiko eingehen, da er für die fremden Leistungen persönlich und verschuldensunabhängig einstehen müsste. Neben das an sich schon hohe Haftungsrisiko des Architekten aufgrund der Vereinbarung einer Kostendeckelung in Form einer Garantie würde dann noch ein zusätzlicher Risikofaktor treten, da der Architekt nicht auf die fremden Leistungen einwirken könnte. Werden fremde, unbeeinflussbare Leistungen Inhalt der Vereinbarung, kann dies somit ein Indiz dafür sein, dass der Architekt keine persönliche Verantwortung für die fremden Leistungen übernehmen möchte und dies für den Bauherren auch erkennbar war. In einem solchen Fall ist daher grundsätzlich eher eine indizielle Wirkung zugunsten einer Vereinbarung mit einem niedrigen Verbindlichkeitsgrad zu erkennen.

4.2.2.4.2.1.2 Leistungen als Inhalt der Vereinbarung, auf die der Architekt lediglich mittelbar einwirken kann

Einigen sich die Vertragsparteien auf eine Kostendeckelung, welche Leistungen zum Inhalt hat, auf die der Architekt lediglich mittelbar einwirken kann, ergibt sich daraus keine spezielle indizielle Wirkung.

Auch von einer solchen Vereinbarung geht gewiss ein nicht unbeachtliches Haftungsrisiko für den Architekten aus. Der Architekt hat hier jedoch die Möglichkeit, auf die Leistungen und Kosten der Dritten zumindest mittelbar einzuwirken. Mittelbare Einflussmöglichkeiten vor Beginn der Leistungsausführung sind, wie soeben bereits erläutert, die Einholung von Angeboten, Bietergespräche und letztlich auch der Vertragsabschluss. Anschließend kann der Architekt zudem beispielsweise durch Aufforderungen und Anweisungen auf die Leistungen und Kosten der Bauunternehmer und Sonderfachleute einwirken. Es ergibt sich daher im Vergleich zur Kostendeckelung mit fremden, unbeeinflussbaren Leistungen keine vergleichbare indizielle Wirkung bezüglich einer Kostendeckelung mit einem niedrigen Verbindlichkeitsgrad. Bei einer solchen Vereinbarung kann jedoch auch keine Indizwirkung zugunsten einer Kostendeckelung mit einem hohen Verbindlichkeitsgrad erkannt werden, da bereits die Vereinbarung einer Baukostengarantie mit erheblichen Risiken für den Architekten verbunden ist. Eine Indizwirkung kann in diesem Fall jedoch aus den Einflussmöglichkeiten des Architekten auf die Leistungen und Kosten der Dritten abgeleitet werden. Je weniger Einflussmöglichkeiten der Architekt aufgrund der Architektenvollmacht hat, desto höher sind die Risiken für den Architekten, was dann für die Vereinbarung einer Kostendeckelung mit einem niedrigen Verbindlichkeitsgrad spricht.

4.2.2.4.2.1.3 Eigene Leistungen als Inhalt der Vereinbarung

Vereinbart der Architekt eine Kostendeckelung, welche sich lediglich auf seine eigenen Architektenleistungen bezieht, ergibt sich daraus ebenfalls keine indizielle Wirkung. Der Architekt kann auf alle betroffenen Leistungen einwirken, sodass beispielsweise mit der Vereinbarung als Garantie keine zusätzlichen Risiken einhergehen. Auch wenn der Architekt unter diesen Umständen das wirtschaftliche Risiko am ehesten beherrschen und einschätzen kann, kann hierin keine indizielle Wirkung für eine Kostendeckelung mit einem hohen Verbindlichkeitsgrad gesehen werden. Die Risiken einer verschuldensunabhängigen, persönlichen Haftung bei einer Baukostengarantie bleiben bestehen. Die Haftung einer Baukostengarante geht dabei so weit, dass allein die Tatsache, dass der Architekt das wirtschaftliche Risiko am besten beherrschen kann, trotzdem keine indizielle Wirkung begründen kann.

4.2.2.4.2.2 Fazit

Insgesamt muss auch der Inhalt der Vereinbarung über die Einhaltung einer Kostendeckelung bei ihrer Auslegung berücksichtigt werden. Wurden zum Beispiel solche Leistungen zum Inhalt der Vereinbarung, auf welche der Architekt keinen Einfluss nehmen kann, so kann dies darauf hindeuten, dass er die Verantwortung für die Einhaltung der Kosten vermutlich nicht übernehmen will. Der Inhalt der Vereinbarung und die Einflussmöglichkeiten des Architekten auf die Leistungen, die Inhalt der Kostendeckelung geworden sind, sind daher maßgeblich für die Frage, wie viel Risiko der Architekt übernehmen wollte und welchen Verbindlichkeitsgrad die Vereinbarung hat.

4.2.2.5 Architektenvertragstypen

Weiterhin muss bei der Bestimmung der Rechtsnatur von Kostendeckelungen auch berücksichtigt werden, um welche Art des Architektenvertrages es sich handelt. Dabei soll nach den bereits bekannten Kategorien des Generalplanervertrages, des Architektenvertrages, der sowohl Planungs- als auch Überwachungsleistungen zum Inhalt hat und des Architektenvertrages, der nur

Planungsleistungen oder nur Überwachungsleistungen zum Inhalt hat, unterschieden werden. Die einzelnen Vertragstypen beinhalten sehr unterschiedliche Leistungen, sodass auch im Hinblick auf die Risikoübernahme deutliche Unterschiede zu erkennen sind.[238] Der Architekt übernimmt bei der Vereinbarung eines Generalplanervertrages grundsätzlich das höchste Risiko, sodass es unwahrscheinlich ist, dass er in dem Fall das zusätzliche Risiko einer Garantievereinbarung auf sich nehmen möchte. Dementsprechend ist von einer indiziellen Wirkung zugunsten einer weniger verbindlichen Vereinbarung in Form einer Kostendeckelung auszugehen. Auch bei der Vereinbarung eines Architektenvertrages, bei dem der Architekt Planungs- und Überwachungsleistungen übernimmt, liegt kein unerhebliches Risiko für den Architekten vor. Trotz allem kann hier nicht von einer vergleichbar starken indiziellen Wirkung ausgegangen werden, da im Vergleich zum Generalplanervertrag ein deutlicher Unterschied im Hinblick auf die erhöhte Risikoübernahme des Generalplaners zu erkennen ist. Gleiches muss für solche Architektenverträge gelten, die lediglich Planungs- oder Überwachungsleistungen zum Inhalt haben. Auch hier ist die Risikoübernahme des Architekten nicht von solch einer signifikanten Bedeutung, als dass von einer Indizwirkung zugunsten einer Beschaffenheitsvereinbarung ausgegangen werden müsste.

4.2.2.6 Vereinbarung einer bauwerksbezogenen oder nicht bauwerksbezogenen Kostendeckelung

Eine Differenzierung nach den bereits bekannten Kategorien der bauwerksbezogenen und nicht bauwerksbezogenen Kostendeckelung kann sich bei der Determinierung des Verbindlichkeitsgrades ebenfalls anbieten.[239] Ein Architekt, der eine bauwerksbezogene Kostendeckelung erstellt, hat mindestens eine Planung nach dem Maßstab eines Kostenrahmens angefertigt. Im Gegensatz dazu hat der Architekt, der eine nicht auf das Bauwerk bezogene Kostendeckelung aufstellt, sich bei ihrer Erstellung primär an den Kostenvorgaben für das Bauvorhaben orientiert. Es liegt also gerade noch keine abgeschlossene Planung vor.

Ein Architekt, der eine nicht bauwerksbezogene Kostendeckelung vereinbart hat, wird vermutlich kein Interesse an einer Kostendeckelung in Form einer Garantie haben, da er das Bauvorhaben selbst noch nicht durchdacht hat und daher nicht wirklich gut einschätzen kann, welche zusätzlichen Kosten noch auf ihn zukommen könnten. Entsprechend wird er nicht die persönliche und verschuldensunabhängige Verantwortung für die Einhaltung der Kostendeckelung

[238] Dazu unter 3.4.

[239] Siehe 4.1.2.1.

übernehmen wollen. Liegt also eine nicht bauwerksbezogene Kostendeckelung vor, geht hiervon eine indizielle Wirkung dahingehend aus, dass der Architekt eher keine Kostendeckelung mit einem hohen Verbindlichkeitsgrad vereinbaren wollte.

Im Gegensatz dazu ist die Wahrscheinlichkeit höher, dass der Architekt ein hohes Risiko auf sich nehmen möchte und beispielsweise eine Garantievereinbarung treffen möchte, wenn er eine bauwerksbezogene Kostendeckelung erstellt hat. Dies kann jedoch nur im Vergleich zu einer nicht bauwerksbezogenen Kostendeckelung so bewertet werden. Eine vergleichbare indizielle Wirkung wie bei der nicht bauwerksbezogenen Kostendeckelung kann hier gerade nicht angenommen werden, da sich aus der Tatsache, dass eine bauwerksbezogene Kostendeckelung vorliegt, nicht die Folge ergeben kann, dass tendenziell eine Kostendeckelung mit einem hohen Verbindlichkeitsgrad vorliegt. Vielmehr sollte die Vereinbarung einer bauwerksbezogenen Kostendeckelung der Standard sein. Trotzdem kann aus der Differenzierung gewiss ein Mehrwert für die Determinierung des Verbindlichkeitsgrades gewonnen werden, da zumindest von der Vereinbarung einer nicht bauwerksbezogenen Kostendeckelung eine indizielle Wirkung zugunsten einer Vereinbarung mit einem niedrigen Verbindlichkeitsgrad ausgeht.

4.2.2.7 Umfang und Komplexität des Bauvorhabens

Dem Umfang des Bauvorhabens könnte ebenfalls eine indizielle Wirkung bei der Bestimmung des Verbindlichkeitsgrades der Kostendeckelung zugesprochen werden. Handelt es sich um ein Bauvorhaben mit einem großen Umfang, so geht dies meist mit einem höheren Risiko einer Kosten- oder Terminüberschreitung einher.[240]

Dieses besondere Risiko muss daher bei der Bestimmung des Verbindlichkeitsgrades berücksichtigt werden.

Der Umfang eines Bauvorhabens bestimmt sich dabei nicht nur nach seinen Baukosten, sondern unter anderem auch nach der Quantität und Qualität des Bauwerkes und der Komplexität des Vorhabens sowie danach, ob etwaige Sonderwünsche enthalten sind. Diese Umstände sollen dabei helfen, den Umfang des Bauvorhabens zu bestimmen.

Die Höhe der Kostendeckelung stellt ein erstes Indiz dar, von welchem Umfang das gesamte Bauvorhaben ist. Je höher die Kostendeckelung, desto

---

240 Vgl. *Dauner-Lieb*, NZBau 2019, 339; Deutsche Bauindustrie, Pressemitteilung vom 13.10.2014, abrufbar unter: https://www.bauindustrie.de/presse/presseinformationen/deutsche-bauindustrie-zur-reformkommission-grossprojekte/ (zuletzt abgerufen am: 21.10.2020).

größer ist in der Regel der Umfang des Bauvorhabens. Bei der Quantität des Bauvorhabens soll überprüft werden, wie groß das Bauwerk ist – insbesondere, welche Gebäudemaße und welche Nutz- bzw. Wohnfläche vorgesehen sind. Bei der Qualität soll unter anderem berücksichtigt werden, welche Anforderungen an den Standard der Ausführung gestellt werden und welche Baustoffe verwendet werden. Je größer das Bauwerk und je höher die Qualitätsstandards, desto größer ist der Umfang des Bauvorhabens einzuordnen. Die Komplexität des Bauvorhabens dient insbesondere zur Differenzierung zwischen einfacheren Bauten wie zum Beispiel Einfamilienhäusern und komplexen Bauwerken, an welche besondere Anforderungen gestellt werden. Öffentliche Großprojekte wie der Bau des Bahnhofes Stuttgart 21, des Flughafens Berlin Brandenburg (BER) oder des Konzerthauses Elbphilharmonie stellen regelmäßig komplexe Bauvorhaben dar.[241] Auch Einfamilienhäuser können gewiss komplexe Bauvorhaben sein, beispielsweise wenn der Bauherr Sonderwünsche äußert. Die Sonderwünsche müssen entsprechend bei der Bestimmung der Komplexität von Bauvorhaben berücksichtigt werden. Hierbei gilt grundsätzlich: je komplexer desto umfangreicher und schwieriger das Bauvorhaben.

Ergibt sich aus den dargelegten Faktoren, dass ein Bauvorhaben von besonders großem Umfang vorliegt, muss überprüft werden, ob eine Kostendeckelung in Form einer Baukostengarantie in dem Interesse des Architekten liegt. Die Risiken für den Architekten hinsichtlich der Baukosten sind bei umfangreichen Bauvorhaben höher als bei einfachen Standardbauten, da der Eintritt von Kosten- und Bauzeitüberschreitungen aufgrund des Umfanges sehr wahrscheinlich ist. Dieses zusätzliche Risiko würde dann neben die Haftungsrisiken einer Kostendeckelung in Form einer Baukostengarantie treten. Entsprechend muss aus Sicht des Architekten berücksichtigt werden, inwieweit er tatsächlich derartige Risiken auf sich nehmen wollte. Im Ergebnis können aus einem Bauvorhaben mit großem Umfang daher keine unmittelbaren Konsequenzen gezogen werden, daraus kann sich aber gewiss eine indizielle Wirkung zugunsten einer Kostenobergrenze im Sinne einer Beschaffenheitsvereinbarung ergeben.

Bei Bauvorhaben mit einem geringen Umfang ergibt sich hingegen keine vergleichbare indizielle Wirkung. Hier sind die Haftungsrisiken insgesamt für den Architekten geringer, sodass beispielsweise die Vereinbarung einer Garantie wahrscheinlicher ist als im Falle eines Bauvorhabens mit großem Umfang. Trotzdem stellt dies kein Indiz dafür dar, dass eine solche Vereinbarung in

[241] Bundesministerium für Verkehr und digitale Infrastruktur, Leitfaden Großprojekte, S. VII, abrufbar unter: https://www.bmvi.de/SharedDocs/DE/Publikationen/G/leitfaden-grossprojekte.pdf?__blob=publicationFile (zuletzt abgerufen am: 21.10.2020).

seinem Interesse ist. Ein Architekt kann auch bei einem Bauvorhaben mit geringem Umfang ein Interesse daran haben, nicht im Wege einer Garantie für etwaige Haftungsrisiken einzustehen, da schon allein von der Vereinbarung als Baukostengarantie beträchtliche haftungsrechtliche Konsequenzen ausgehen.

4.2.2.8 Planungsstand im Zeitpunkt der Vereinbarung

Möglicherweise könnte bei der Determinierung des Verbindlichkeitsgrades auch der Planungsstand im Zeitpunkt der Vereinbarung maßgebend sein. Es könnte sich hierbei anbieten, zwischen den unterschiedlichen Leistungsphasen oder Stufen der Kostenermittlung zu differenzieren. Denkbar wäre die Überlegung, dass je weiter das Bauvorhaben fortgeschritten ist, desto eher kann von einer höheren Stufe der Verbindlichkeit ausgegangen werden. Bei einem weiter fortgeschrittenen Bauvorhaben hat der Architekt die Möglichkeit, die Kosten des Bauvorhabens umfassender zu überblicken und eine Vereinbarung zu treffen, deren Konsequenzen er besser abschätzen kann.

Mit Blick auf die weitreichenden Haftungsfolgen einer (selbstständigen und unselbstständigen) Garantie könnte sich dahingehend eine besondere indizielle Wirkung ergeben. Der selbstständigen Garantie kommen dabei die umfangreichsten Haftungsfolgen zu. Wären das Bauvorhaben und sein Umfang – für welches der Architekt persönlich und verschuldensunabhängig haften soll – vertraglich nicht bestimmt, würde der Architekt hier zusätzlich ein hohes Risiko übernehmen.[242] Er würde für ein Bauvorhaben persönlich und verschuldensunabhängig einstehen, dessen Umfang er selbst noch nicht bewerten könnte. Folglich sollten die vom Architekten zu erbringenden Leistungen im Einzelnen festgelegt sein, wenn eine Baukostengarantie vereinbart wird.[243] Es sollte daher eine konkrete Planung des Bauvorhabens vorgenommen werden[244] – genauer gesagt soll mindestens eine Entwurfsplanung vorliegen.[245] Fehlt es an einer Entwurfsplanung, ist von einer Indizwirkung zugunsten einer weniger verbindlichen Kostendeckelung auszugehen.

---

[242] *Krause-Allenstein*, Die Haftung des Architekten für Bausummenüberschreitung und sein Versicherungsschutz, S. 257; vgl. OLG Celle, Urteil vom 27.06.1996, 14 U 198/95 BeckRS 1996, 11400 (= BauR 1998, 1030).

[243] OLG Düsseldorf, Urteil vom 20.12.1991, 22 U 145/91 NJW-RR 1993, 285, 286 (= BauR 1993, 356).

[244] *Kuhn*, in: Thode/Wirth/Kuffer, § 13 Haftung im Kostenbereich Rn. 4a.

[245] OLG Naumburg, Urteil vom 17.07.2007, 9 U 164/06 BauR 2010, 1641, 1642; vgl. OLG Düsseldorf, Urteil vom 20.12.1991, 22 U 145/91 NJW-RR 1993, 285, 286 (= BauR 1993, 356); *Koeble*, in: Kompendium des Baurechts, 11. Teil Rn. 865.

Teilweise wird angenommen, dass gleiches auch für die Vereinbarung einer unselbstständigen Garantie gelten sollte.[246]

Es wird jedoch auch vertreten, dass aufgrund des weniger weitreichenden Haftungsrisikos der unselbstständigen Garantie der Zeitpunkt der Vereinbarung einer Kostendeckelung dort keine vergleichbare Berücksichtigung finden dürfe.[247] So finden sich zwischen der selbstständigen und unselbstständigen Garantie bezüglich des Haftungsumfangs Unterschiede.[248] Würde man dieser Ansicht jedoch folgen, hätte das zur Konsequenz, dass auch für den Fall, dass der Architekt noch keine Planung vorgenommen hätte und noch nicht umfassend abschätzen könnte, welchen Umfang das Bauvorhaben tatsächlich hat, von einer Indizwirkung zugunsten einer weniger verbindlichen Kostendeckelung auszugehen wäre, worunter die unselbstständige Garantie gewissermaßen gefasst würde. Bei einer unselbstständigen Garantie würde er sich dann trotzdem verpflichten, verschuldensunabhängig und persönlich zumindest für alle typischen Geschehensabläufe einzustehen. Auch dies kann schon weitreichende Folgen haben, da der Architekt selbst typische Geschehensabläufe nicht zwingend abschätzen kann, wenn noch keine oder zumindest keine weitreichende Planung vorgenommen wurde. Folglich sollte dahingehend nicht zwischen einer selbstständigen oder unselbstständigen Garantie unterschieden werden und ohne konkrete Planung zunächst von einer Indizwirkung zugunsten einer weniger verbindlichen Kostenobergrenze in Form einer Beschaffenheitsvereinbarung ausgegangen werden.

Im Rahmen der Beschaffenheitsvereinbarung haftet der Architekt grundsätzlich verschuldensunabhängig für Mängel außer bei einer etwaigen Geltendmachung von Schadensersatzansprüchen.

Jedoch haben sich insbesondere das Schadensersatzrecht und Minderungsrecht im Bereich der Kosten als elementare Mängelrechte herauskristallisiert. Mängel auf Ebene der wirtschaftlichen Planung können besonders effektiv durch das Nebeneinander von Minderung und Schadensersatz ausgeglichen werden.[249] Dadurch ist es hier beispielsweise möglich, dass der Auftraggeber aufgrund einer fehlerhaften oder gar nicht erst vorgenommenen Kostenermittlung einerseits das

---

[246] Zumindest differenzieren OLG Celle, Urteil vom 27.06.1996, 14 U 198/95 BeckRS 1996, 11400 (= BauR 1998, 1030); OLG Düsseldorf, Urteil vom 20.12.1991, 22 U 145/91 NJW-RR 1993, 285, 286 (= BauR 1993, 356); *Koeble*, in: Kompendium des Baurechts, 11. Teil Rn. 865; *Kuhn*, in: Thode/Wirth/Kuffer, § 13 Haftung im Kostenbereich Rn. 4 bei ihren Ausführungen nicht zwischen selbstständiger und unselbstständiger Garantie.

[247] *Krause-Allenstein*, Die Haftung des Architekten für Bausummenüberschreitung und sein Versicherungsschutz, S. 76.

[248] Siehe 4.2.1.1.1.

[249] *Koeble*, in: Locher/Koeble/Frik, Einleitung Rn. 249.

Honorar mindern kann und gleichzeitig eine etwaige Überschreitung der Kostenobergrenze als Schadensersatz geltend machen kann.[250] Diese Möglichkeit begründet die hervorgehobene Stellung von Minderung und Schadensersatz im Mängelgewährleistungsrecht des Architektenvertrages.

Der Schadensersatzanspruch ist daher bei einer Überschreitung der Kostenobergrenze, die nicht mehr im Wege der Nacherfüllung rückgängig gemacht werden kann, von besonderer Bedeutung, sodass die Haftung meist von einem Verschulden des Architekten abhängt. Folglich sind die Haftungsrisiken des Architekten bei einer Beschaffenheitsvereinbarung regelmäßig geringer. Dort muss mit Blick darauf ein entsprechend niedrigerer Maßstab angesetzt werden. Im Idealfall sollte für die Planungssicherheit des Architekten durchaus auch hier bereits eine Planung des Bauwerkes vorliegen, es gibt jedoch keine vergleichbare indizielle Wirkung, wenn es an einer Planung fehlt.

Im Ergebnis kann somit auch der Planungsstand im Zeitpunkt der Vereinbarung der Kostendeckelung für die Determinierung des Verbindlichkeitsgrades von Relevanz sein. Eine allgemeingültige Regelung, welcher Verbindlichkeitsgrad bei welcher Leistungsphase vorliegen soll, gibt es nicht. Der Planungsstand kann jedoch ein Indiz dafür sein, welche Art von Vereinbarung abgeschlossen wurde. Liegt beispielsweise keine Entwurfsplanung vor, kann dies ein Indiz dafür sein, dass keine Garantie, sondern allenfalls eine Beschaffenheitsvereinbarung vorliegt, da der Architekt eine solche weitreichende Haftung regelmäßig nicht übernehmen wollen wird, wenn es noch keine Entwurfsplanung gibt.

4.2.2.9 Sonstige einzelfallabhängige Faktoren

Die vorangegangenen Faktoren sind selbstverständlich nicht abschließend, sondern nur beispielhaft. Alle sonstigen einzelfallabhängigen Faktoren, die in der bisherigen Kategorisierung noch nicht berücksichtigt wurden, müssen ebenso bedacht werden. Darunter sollen alle weiteren Umstände fallen, die in jeglicher Weise für die Vereinbarung einer Kostendeckelung und ihren Verbindlichkeitsgrad von Bedeutung sein können. Aufgrund der vielen Besonderheiten, die bei den einzelnen Bauvorhaben berücksichtigt werden müssen, können etwaige, möglicherweise relevante Faktoren jedoch nicht alle einzeln aufgeführt werden. Neben den bereits aufgeführten Faktoren könnten für die Determinierung des Verbindlichkeitsgrades beispielsweise auch von den Vertragsparteien bereits abgeschlossene, vergleichbare Vereinbarungen maßgebend sein oder eine darüber hinausgehende gemeinsame Vorgeschichte der Vertragsparteien. Letztlich bedarf

[250] *Koeble*, in: Locher/Koeble/Frik, Einleitung Rn. 249.

es einer einzelfallabhängigen Beurteilung der jeweiligen Vereinbarung und der sie begleitenden Umstände.

4.2.3 Kategorisierung der für die Verbindlichkeit von Vereinbarungen über Kostendeckelungen maßgeblichen Faktoren

Durch die einzelnen, zuvor beleuchteten Faktoren wurde insgesamt deutlich, dass eine pauschale Lösung zur Untergliederung der einzelnen Vereinbarungen über Kostendeckelungen unter die Kategorien Garantie und Beschaffenheitsvereinbarung nicht denkbar ist, da die Beurteilung von dem jeweiligen abhängig ist.

Zudem können die einzelnen Faktoren nicht einfach unabhängig voneinander betrachtet werden Einzelfall. Der Großteil der Faktoren steht in einem Zusammenhang zueinander, sodass es einer ganzheitlichen Betrachtung der Kostendeckelung bedarf. Auch wenn die Faktoren nur indizielle Wirkung haben, so ist ihr Zusammenspiel bei der Auslegung von Vereinbarungen über die Einhaltung einer Kostendeckelung relevant. Die Kumulation einzelner Faktoren führt im Idealfall dazu, dass sich ein einheitliches Bild ergibt, welchen Verbindlichkeitsgrad die Parteien vereinbaren wollten. Es bedarf folglich grundsätzlich einer Gesamtbetrachtung aller Faktoren, um zu einem Ergebnis zu gelangen.

Insgesamt soll also eine allgemeingültige Kategorisierung unter bestmöglicher Berücksichtigung der Besonderheiten des Einzelfalles entwickelt werden, mithilfe derer anschließend höchstrichterliche und obergerichtliche Rechtsprechung überprüft werden kann.

4.2.3.1 Einzelfallabhängige Faktoren

Zunächst müssen solche Faktoren berücksichtigt werden, deren indizielle Wirkung sich aus dem jeweiligen Einzelfall ergibt. Eine pauschalisierende Einordnung der Faktoren ist gerade nicht möglich, da die Faktoren je nachdem sowohl zugunsten einer Kostendeckelung mit einem niedrigen Verbindlichkeitsgrad als auch mit einem hohen Verbindlichkeitsgrad ausgelegt werden können. Unter diese einzelfallabhängigen Faktoren fällt zunächst der Wortlaut der Vereinbarung. Je nachdem, wie die Klausel formuliert ist, kann dies für eine Kostendeckelung in Form einer Baukostengarantie, eine Kostenobergrenze im Sinne einer Beschaffenheitsvereinbarung oder für eine Kostenspanne sprechen.

Auch bei den Faktoren der Vertragsparteien und des Ablaufs der Vertragsverhandlungen kommt es auf die jeweilige Konstellation an. Es gibt an dieser

Stelle so viele unterschiedliche Konstellationen, in denen die Vertragsparteien zusammenfinden können, dass auch hier keine Kategorisierung möglich ist. So kommt es bereits darauf an, ob es sich bei dem Architekten und dem Bauherren um Verbraucher oder Unternehmer handelt. Daneben muss noch beurteilt werden, ob es sich um erfahrene Architekten und Bauherren handelt und, wie genau die Vertragsverhandlungen abgelaufen sind – insbesondere, ob eine der Parteien überlegen war und dies zu ihren Gunsten ausgenutzt hat. Auch dem Verhalten der Parteien nach Vertragsschluss kann keine allgemeine indizielle Wirkung beigemessen werden und es kommt erneut auf den jeweiligen Einzelfall an.

Insgesamt wird also deutlich, dass diesen vier Faktoren nicht verallgemeinernd eine indizielle Wirkung für ein bestimmtes Szenario zugeordnet werden kann. Es kommt bei ihnen vielmehr auf den jeweiligen Einzelfall an. Die Faktoren müssen dabei auch im Zusammenhang zueinander betrachtet werden. So wurde beispielsweise bei den Faktoren der Vertragsparteien und der Vertragsverhandlungen deutlich, dass die einzelnen Faktoren regelmäßig in einem engen Verhältnis zueinander stehen und Einfluss aufeinander haben.

4.2.3.2 Indizien für einen niedrigen Verbindlichkeitsgrad der Kostendeckelung

Neben den einzelfallabhängigen Faktoren gibt es jedoch auch solche Faktoren, denen eine eindeutige Indizwirkung zugemessen werden kann.

Um Indizien für einen niedrigen Verbindlichkeitsgrad auszumachen, muss letztlich überprüft werden, wie viele Risiken mit der jeweiligen Kostendeckelung einhergehen. Ist eine Kostendeckelung mit einem hohen Risiko verbunden, so ist es unwahrscheinlicher, dass der Architekt in dem Fall eine Kostendeckelung in Form einer Baukostengarantie vereinbaren möchte. Auf der anderen Seite kann aber bei Kostendeckelung mit weniger Risiken nicht automatisch davon ausgegangen werden, dass dies ein Indiz dafür darstellt, dass der Architekt dann eine Kostendeckelung mit einem hohen Verbindlichkeitsgrad vereinbaren möchte. Auch wenn mit der Kostendeckelung weniger Risiken verbunden sind, hat der Architekt nicht unbedingt ein Interesse daran, eine Baukostengarantie zu vereinbaren, da bereits die persönliche und verschuldensunabhängige Haftung mit einem hohen wirtschaftlichen Risiko für den Architekten verbunden ist. Die nachstehenden Ausführungen sollen sich daher auf Indizien für eine Kostendeckelung mit einem niedrigen Verbindlichkeitsgrad beschränken. Dafür bietet sich zunächst ein Blick auf den Inhalt der Vereinbarung an.

Die Vereinbarung eines Architektenvertrages in Form eines Generalplanervertrages stellt ein erstes Indiz für eine Kostendeckelung mit einem niedrigen Verbindlichkeitsgrad dar. Der Architekt verpflichtet sich in diesem Fall, die gesamte Objekt- und Fachplanung des Bauobjektes zu übernehmen. Da er dem Bauherren als einziger Ansprechpartner verbleibt, übernimmt er bereits durch die Vereinbarung des Generalplanervertrages selbst ein hohes Risiko. Die Vereinbarung einer Baukostengarantie ist daher unwahrscheinlich, da neben das mit dem Generalplanervertrag verbundene Haftungsrisiko nun noch das Risiko einer persönlichen und verschuldensunabhängigen Haftung treten würde.

Auch eine nicht bauwerksbezogene Kostendeckelung stellt ein Indiz für eine Kostendeckelung mit einem niedrigen Verbindlichkeitsgrad dar. In dem Fall hat der Architekt das Bauwerk und seine Kosten noch nicht erörtert und kann diese entsprechend auch nicht einschätzen, sodass er durch die Vereinbarung dieser Kostendeckelung bereits ein hohes Risiko übernimmt. Er wird daher vermutlich keine Baukostengarantie mit einem solchen Inhalt vereinbaren wollen, da er sonst verschuldensunabhängig für ein Bauvorhaben einstehen müsste, bei dem er selbst noch nicht einschätzen kann, wie viele Kosten tatsächlich entstehen.

Für eine Kostendeckelung mit einem niedrigen Verbindlichkeitsgrad spricht zudem ein Bauwerk mit einem großen Umfang. Bei einem Bauvorhaben mit einem großen Umfang ist der Eintritt einer Kosten- oder Bauzeitüberschreitung sehr wahrscheinlich, sodass der Architekt ein höheres Risiko übernimmt. Auch hier wird der Architekt neben dem Risiko aufgrund des umfangreichen Bauvorhabens nicht noch zusätzlich die mit einer Baukostengarantie verbundenen Haftungsrisiken übernehmen wollen.

Werden fremde Leistungen, die von dem Architekten nicht beeinflussbar sind, zum Inhalt des Vertrages, so stellt dies ein Indiz für eine Kostendeckelung mit einem niedrigen Verbindlichkeitsgrad dar. Der Architekt übernimmt hier ein höheres Risiko, da er für Leistungen einstehen soll, die er selbst nicht beeinflussen kann. Es ist dementsprechend wahrscheinlicher, dass der Architekt eine Kostendeckelung mit einem niedrigeren Verbindlichkeitsgrad vereinbaren möchte, da er sonst verschuldensunabhängig für fremde Leistungen und deren Kosten einstehen müsste.

Sind hingegen fremde Leistungen zum Inhalt der Kostendeckelung geworden, die der Architekt zumindest mittelbar beeinflussen kann, so stellen die Einflussmöglichkeiten ein maßgebliches Indiz dar. Hat der Architekt, beispielsweise aufgrund einer zurückhaltend ausgestalteten Architektenvollmacht, lediglich wenige Einflussmöglichkeiten, geht diese Kostendeckelung ebenfalls mit einem höheren Risiko einher. Insofern ist davon auszugehen, dass der Architekt auch in dem Fall eher eine Kostendeckelung mit niedrigem Verbindlichkeitsgrad vereinbaren möchte, da sonst das zuvor ausgeführte Risiko neben die verschuldensunabhängige Haftung einer Baukostengarantie treten würde.

Daneben muss auch der Planungsstand im Zeitpunkt der Vereinbarung berücksichtigt werden. Je weniger weit die Planung fortgeschritten ist, desto eher ist von einer Indizwirkung zugunsten einer Kostenobergrenze im Sinne einer Beschaffenheitsvereinbarung auszugehen. Bei allen Planungsphasen unterhalb der Entwurfsplanung (Leistungsphase 3) ist daher eine Indizwirkung zugunsten einer Beschaffenheitsvereinbarung anzunehmen. Wenn noch keine fortgeschrittene Planung vorliegt, ist das Risiko des Architekten höher, dass es zu einer Baukostenüberschreitung kommt, da regelmäßig noch nicht genau absehbar ist, welche Kosten noch entstehen werden. Er wird daher vermutlich keine Baukostengarantie vereinbaren wollen, da er sonst persönlich und verschuldensunabhängig für die Überschreitung einstehen muss.

Es wurde also insgesamt deutlich, dass überprüft werden muss, inwieweit die Kostendeckelung mit besonderen Risiken für den Architekten verbunden ist. Ergibt sich für den Architekten, dass dieser mit der Vereinbarung einer Kostendeckelung ein hohes Risiko übernimmt, so ist es unwahrscheinlich, dass er eine Baukostengarantie, die eine persönliche und verschuldensunabhängige Haftung vorsieht, vereinbaren möchte.

4.3 Rechtsprechungsanalyse

Im Folgenden sollen exemplarisch Urteile anhand der zuvor beschriebenen Kategorisierung und des allgemein geltenden Rechts überprüft werden.

Bei der Auswahl der Urteile beschränkt sich die Untersuchung auf höchstrichterliche und obergerichtliche Rechtsprechung. Die Rechtsprechungsanalyse steht jedoch vor dem grundsätzlichen Problem, dass die mit den Urteilen veröffentlichten Tatbestände oftmals nicht alle maßgeblichen Informationen enthalten. Diese Tatbestände haben dementsprechend nur einen begrenzten Aussagewert für die Untersuchung der Kostendeckelungen. Die nachstehend behandelten Urteile wurden daher auch deswegen ausgewählt, da ihre Tatbestände im Vergleich hinreichende Informationen für eine Untersuchung der jeweiligen Kostendeckelungen enthalten.

Im Idealfall sollte das Urteil den genauen Wortlaut der Kostendeckelung enthalten oder dieser sollte sich aus den sonstigen Ausführungen ergeben. Darüber hinaus sollte der Tatbestand bestenfalls weitere Informationen, die für die Bestimmung des Verbindlichkeitsgrades von Relevanz sein könnten, zum Inhalt haben. Darunter fallen alle Informationen, die die zuvor als maßgeblich identifizierten

Faktoren betreffen – so zum Beispiel die Umstände des Vertragsschlusses oder, welche Leistungen zum Inhalt der Vereinbarung geworden sind.[251]

Gewiss fehlen auch bei den ausgewählten Urteilen relevante Informationen, sodass die gesamte Urteilsanalyse dahingehend limitiert ist, dass nur die dargelegten Informationen zugrunde gelegt werden konnten.

Die Untersuchung teilt sich im Wesentlichen in zwei Elemente auf. Zunächst wird analysiert, ob die in den Urteilen behandelten Klauseln den allgemeinen, an die Kostendeckelung gestellten Anforderungen entsprechen.[252] Dabei steht im Fokus, ob überhaupt eine Kostendeckelung vereinbart wurde und mit welchem Inhalt. Hierüber besteht regelmäßig Uneinigkeit zwischen den Vertragsparteien.

Liegt eine Kostendeckelung nach diesen Anforderungen vor, ist in einem zweiten Schritt zu überprüfen, welchen Verbindlichkeitsgrad die Kostendeckelung hat. Die Bestimmung des Verbindlichkeitsgrades der Kostendeckelung erfolgt mittels Anwendung der vorab entwickelten Faktoren.

4.3.1 BGH, Urteil vom 13.02.2003, VII ZR 395/01

4.3.1.1 Sachverhalt

In dem am 13.02.2003 vom BGH entschiedenen Fall wandte sich die Bauherrin an den Architekten und bat diesen um ein kostenfreies Angebot für die Planung eines Autohauses.[253] Dieses Angebot enthielt eine Kostenschätzung in Höhe von 3.749.000 DM.[254] Das Bauvorhaben musste dann jedoch auf einem anderen Grundstück verwirklicht werden, sodass der Architekt seine Kostenschätzung an die neuen Gegebenheiten anpasste (3.386.387,50 DM).[255] Um Baukosten zu sparen, wollte die Bauherrin nun das Raumprogramm ändern, erteilte dem Architekten aber – ohne dass die Änderung des Raumprogramms bereits stattgefunden hatte – den Auftrag für die schlüsselfertige Übergabe des

---

[251] OLG Stuttgart, Urteil vom 28.11.2017, 10 U 68/17 NJW 2018, 1263 (= NZBau 2018, 360); in Verbindung mit LG Ulm, Urteil vom 26.01.2017, 6 O 133/14 BeckRS 2017, 138231 enthält nicht den Wortlaut der Kostenobergrenze; ebenso OLG Köln, Urteil vom 30.10.2014, 24 U 76/14 NJOZ 2015, 1400 (= BeckRS 2015, 9031); in Verbindung mit LG Aachen, Urteil vom 25.03.2014, 12 O 560/11 juris; sowie LG Mönchengladbach, Urteil vom 28.07.2005, 10 O 505/03 NZBau 2006, 318 (= BeckRS 2006, 2628); LG Bamberg, Endurteil vom 19.02.2016, 3 S 108/15 BeckRS 2016, 18421 enthält gar keinen Sachverhalt.

[252] Dazu bereits unter 4.1.2.4.

[253] OLG Naumburg, Urteil vom 14.10.2003, 11 U 1610/97 juris Rn. 2.

[254] OLG Naumburg, Urteil vom 14.10.2003, 11 U 1610/97 juris Rn. 3.

[255] OLG Naumburg, Urteil vom 14.10.2003, 11 U 1610/97 juris Rn. 4.

Autohauses.[256] Der Architekt übersandte der Bauherrin daraufhin einen Entwurf eines Architektenvertrages.[257] Dieser wurde von dem Geschäftsführer der Bauherrin unterzeichnet und mit einem Schreiben ergänzt.[258] Dieses Schreiben beinhaltete einen Absatz, der als Bausumme 2,0 Mio. DM vorsah.[259] Nach einer Überarbeitung der Planung durch den Architekten wurde eine überschlägige Kostenschätzung in Höhe von ca. 2,3 Mio. DM ermittelt.[260] Daher wies der Architekt im Anschluss darauf hin, dass die Bausumme mit dem bisherigen Bauvolumen nicht realisierbar sei und das Raumprogramm entsprechend reduziert werden müsse.[261] Er forderte die Bauherrin daher zweimal auf, ihm mitzuteilen, an welchen Stellen das Bauvorhaben reduziert werden solle.[262] In der Folgezeit erstellte der Architekt den Bauantrag mit einer Kostenschätzung von 2.509.690,60 DM.[263] Dieser Bauantrag wurde vom Geschäftsführer unterzeichnet und an die Behörde weitergeleitet.[264] Anschließend kam es zu Uneinigkeiten bezüglich der einzuhaltenden Bausumme – während die Bauherrin auf die im Vertrag festgehaltenen 2,0 Mio. DM hinwies, merkte der Architekt an, dass die Bauherrin das Raumprogramm trotz seiner Aufforderungen nicht reduziert hatte.[265] Schließlich wurden in einem Gespräch geringfügige Änderungen des Bauantrags vorgenommen, sodass die Einhaltung der Baukosten theoretisch möglich sein musste.[266] Die Bauherrin schaltete anschließend einen Generalunternehmer ein, der den Architekten zur abschließenden Beurteilung der Ausführungsplanung zur Kostenaufstellung aufforderte.[267] Diese Kostenaufstellung des Architekten belief sich auf 2.209.704 DM.[268] Daraufhin merkte der Generalunternehmer an, dass nur Baukosten bis maximal 2,1 Mio. DM zumutbar seien und sonst eine Planungsanpassung vorgenommen werden müsse.[269]

[256] OLG Naumburg, Urteil vom 14.10.2003, 11 U 1610/97 juris Rn. 5 f.

[257] OLG Naumburg, Urteil vom 14.10.2003, 11 U 1610/97 juris Rn. 7.

[258] OLG Naumburg, Urteil vom 14.10.2003, 11 U 1610/97 juris Rn. 8.

[259] OLG Naumburg, Urteil vom 14.10.2003, 11 U 1610/97 juris Rn. 10 f.

[260] OLG Naumburg, Urteil vom 14.10.2003, 11 U 1610/97 juris Rn. 13.

[261] OLG Naumburg, Urteil vom 14.10.2003, 11 U 1610/97 juris Rn. 13.

[262] OLG Naumburg, Urteil vom 14.10.2003, 11 U 1610/97 juris Rn. 13, 15.

[263] OLG Naumburg, Urteil vom 14.10.2003, 11 U 1610/97 juris Rn. 16, 24.

[264] OLG Naumburg, Urteil vom 14.10.2003, 11 U 1610/97 juris Rn. 16.

[265] OLG Naumburg, Urteil vom 14.10.2003, 11 U 1610/97 juris Rn. 17 ff.

[266] OLG Naumburg, Urteil vom 14.10.2003, 11 U 1610/97 juris Rn. 26.

[267] OLG Naumburg, Urteil vom 14.10.2003, 11 U 1610/97 juris Rn. 29 ff.

[268] OLG Naumburg, Urteil vom 14.10.2003, 11 U 1610/97 juris Rn. 32.

[269] OLG Naumburg, Urteil vom 14.10.2003, 11 U 1610/97 juris Rn. 34.

Der Architekt blieb bei seiner Einschätzung, dass eine Unterschreitung von 2,2 Mio. DM nicht möglich sei, sodass daraufhin der Architektenvertrag gekündigt wurde und der Generalunternehmer das Autohaus auf Grundlage einer neuen und abgeänderten Planung für 2.084.000 DM ohne den Architekten ausführen ließ.[270]

4.3.1.2 Rechtliche Bewertung der Instanzgerichte

Das LG Halle nahm in erster Instanz an, dass aufgrund eines versteckten Dissenses nach § 155 BGB überhaupt kein Architektenvertrag zustande gekommen sei.[271] Die Vertragsparteien hätten sich nicht über die Höhe der Kosten für den Bau des Autohauses einigen können, welche einen wesentlichen Vertragsbestandteil des Architektenvertrages darstellten, sodass aus diesem Grund kein Vertrag habe entstehen können.[272] Das OLG Naumburg entschied daraufhin im Rahmen einer Anschlussberufung der Bauherrin, dass das Urteil dahingehend abgeändert werden müsse, dass zunächst eine Kostendeckelung und ein Architektenvertrag vereinbart wurden. Die Kostendeckelung sei aber durch den im Bauantrag benannten Betrag abgeändert worden. Das Angebot läge hier in der Vorlage zur Unterschrift und die Annahme in der Unterzeichnung durch den Geschäftsführer und der Weiterleitung an die Baubehörde. Der in dem Bauantrag benannte Betrag sei jedoch keine absolute Höhe, da dem Architekten ein Toleranzrahmen zustehen müsse.[273]

4.3.1.3 Rechtliche Bewertung nach dem BGH und dem OLG Naumburg

Der BGH entschied auf die Revision der Bauherrin hin, dass ein Bauantrag bei der Baubehörde keine für den Bauherren bestimmte und für einen Vertragsschluss erforderliche Willenserklärung enthalte. Der Bauantrag diene insbesondere nicht der Bestimmung eines einzuhaltenden Kostenrahmens. Ihm solle vielmehr eine indizielle Bedeutung zukommen. Gleichzeitig hob der BGH das Urteil des OLG Naumburg – soweit zum Nachteil der Bauherrin entschieden wurde – auf und verwies die Entscheidung im Übrigen an das Berufungsgericht zurück.[274]

---

[270] OLG Naumburg, Urteil vom 14.10.2003, 11 U 1610/97 juris Rn. 35 ff.

[271] LG Halle, Urteil vom 25.07.1997, 6 O 534/96 (nicht veröffentlicht).

[272] OLG Naumburg, Urteil vom 14.10.2003, 11 U 1610/97 juris Rn. 59; LG Halle, Urteil vom 25.07.1997, 6 O 534/96 (nicht veröffentlicht) unter A.

[273] So im Ganzen BGH, Urteil vom 13.02.2003, VII ZR 395/01 NJW-RR 2003, 877 (= BauR 2003, 1061).

[274] So im Ganzen BGH, Urteil vom 13.02.2003, VII ZR 395/01 NJW-RR 2003, 877, 877 f. (= BauR 2003, 1061).

Das OLG Naumburg entschied daraufhin, dass eine Kostendeckelung in Höhe von 2,0 Mio. DM vereinbart wurde.[275] Hierbei entschied das Gericht nicht darüber, ob es sich bei der Kostendeckelung um eine Kostenobergrenze als Beschaffenheitsvereinbarung handelte, da der Architekt auch ohne eine solche Vereinbarung dazu verpflichtet sei, die Kostenvorstellung des Bauherren bei der Planung zu berücksichtigen.[276] Es liege kein Änderungsvertrag und auch kein Anerkenntnis vor, wie vom Architekten behauptet.[277] Zudem seien im Architektenvertrag keine Anhaltspunkte für einen Toleranzrahmen ersichtlich.[278] Auch die vom Generalunternehmer benannte maximale Angebotssumme von 2,1 Mio. DM sei nicht als Toleranzrahmen oder gar als eine Erhöhung der Kostendeckelung zu qualifizieren.[279]

4.3.1.4 Analyse und Bewertung der Entscheidung

Das zentrale Problem des Sachverhaltes liegt nicht in der Frage, wie die Kostendeckelung zu qualifizieren ist, sondern darin, ob und in welcher Höhe sie überhaupt vereinbart wurde. Zunächst muss der vorliegende Sachverhalt daher mit den Anforderungen an die Vereinbarung einer Kostendeckelung aus Rechtsprechung und Literatur abgeglichen werden, um anschließend, zumindest wenn von einer Kostendeckelung ausgegangen werden kann, den Verbindlichkeitsgrad der Kostendeckelung mithilfe der herausgearbeiteten Faktoren zu ermitteln.

4.3.1.4.1 Vereinbarung der Kostendeckelung

4.3.1.4.1.1 Umfang der Kostendeckelung

Anfänglich muss bestimmt werden, welche Kosten unter die Kostendeckelung fallen sollen. In allen Urteilen, unabhängig von den Instanzen, wurde von der Gesamtsumme oder den Gesamtkosten gesprochen.[280] Folglich sollten die Gesamtbaukosten unter die Kostendeckelung fallen und nicht nur die Kosten für die Leistungen, die der Architekt selbst erbringt. Der Umfang der Kostendeckelung war somit hinreichend bestimmt.

[275] OLG Naumburg, Urteil vom 14.10.2003, 11 U 1610/97 juris Rn. 80 ff.

[276] OLG Naumburg, Urteil vom 14.10.2003, 11 U 1610/97 juris Rn. 84.

[277] OLG Naumburg, Urteil vom 14.10.2003, 11 U 1610/97 juris Rn. 88 f.

[278] OLG Naumburg, Urteil vom 14.10.2003, 11 U 1610/97 juris Rn. 86 ff.

[279] OLG Naumburg, Urteil vom 14.10.2003, 11 U 1610/97 juris Rn. 93.

[280] BGH, Urteil vom 13.02.2003, VII ZR 395/01 NJW-RR 2003, 877 (= BauR 2003, 1061); OLG Naumburg, Urteil vom 14.10.2003, 11 U 1610/97 juris Rn. 34.

4.3.1.4.1.2 Höhe der Kostendeckelung

Ferner müsste die genaue Höhe der Kostendeckelung festgelegt sein. Die Bauherrin ging von einer Kostendeckelung von 2,0 Mio. DM aus. Es muss dabei jedoch überprüft werden, ob die Kostendeckelung in Höhe von 2,0 Mio. DM tatsächlich wirksam vereinbart wurde. In der Übersendung des Entwurfes des Architektenvertrages sah das OLG Naumburg ein Angebot im Sinne des § 145 BGB.[281] Das darauffolgende Schreiben der Bauherrin stelle eine Annahme unter der Erweiterung, dass zusätzlich eine Kostendeckelung festgelegt werde, dar.[282] Die Annahme unter einer Erweiterung wird gemäß § 150 Abs. 2 BGB als Ablehnung, verbunden mit einem neuen Angebot, beurteilt. Das OLG Naumburg hat die darauffolgende Willenserklärung des Architekten nach §§ 133, 157 BGB derart ausgelegt, dass der Architekt mit der Kostendeckelung einverstanden sei und auch seine Aufforderung, dass das Bauvolumen reduziert werden müsse, nichts daran ändere.[283] Darin sei also eine Annahme nach §§ 146 f. BGB zu sehen, sodass ein wirksamer Architektenvertrag mit einer Kostendeckelung in Höhe von 2,0 Mio. DM vereinbart wurde. Die Aufforderung habe lediglich zum Ziel gehabt, dass durch die Reduzierung des Raumprogrammes die vereinbarte Kostendeckelung eingehalten werden könne.[284]

4.3.1.4.1.2.1 Aussage des Architekten als Modifikation i. S. d. § 150 Abs. 2 BGB

Es scheint jedoch fraglich, inwieweit in der Aussage des Architekten tatsächlich eine Vertragsannahme zu sehen ist oder ob möglicherweise auch hier § 150 Abs. 2 BGB anwendbar ist. Würde man die Aussage des Architekten ebenfalls als Annahme unter Erweiterungen, Einschränkungen oder Änderungen qualifizieren, so würde es zumindest zu diesem Zeitpunkt an einer Einigung über die Höhe der Kostendeckelung fehlen.

Damit § 150 Abs. 2 BGB einschlägig ist, muss das Angebot in irgendeiner Weise inhaltlich durch den Antragsempfänger modifiziert werden.[285] Um zu überprüfen, inwieweit eine Modifikation vorliegt, muss mittels Auslegung analysiert werden, ob sich das Angebot und die vermeintliche Annahme inhaltlich decken. Die Auslegung der Willenserklärung muss dabei aus Sicht des objektiven

---

[281] OLG Naumburg, Urteil vom 14.10.2003, 11 U 1610/97 juris Rn. 80.

[282] OLG Naumburg, Urteil vom 14.10.2003, 11 U 1610/97 juris Rn. 80.

[283] OLG Naumburg, Urteil vom 14.10.2003, 11 U 1610/97 juris Rn. 82.

[284] OLG Naumburg, Urteil vom 14.10.2003, 11 U 1610/97 juris Rn. 82.

[285] *Möslein*, in: BeckOGK-BGB, § 150 BGB (Stand: 01.02.2018) Rn. 29; *Busche*, in: MüKo-BGB, § 150 BGB Rn. 6.

Empfängerhorizontes vorgenommen werden.[286] Es kommt folglich insbesondere nicht darauf an, ob die Willenserklärungen sich vom Wortlaut her entsprechen, sondern auf den Inhalt der Erklärung beziehungsweise wie dieser nach Maßgabe des objektiven Empfängerhorizontes zu verstehen ist.[287] Sobald von einer inhaltlichen Änderung ausgegangen werden kann, ist unerheblich, von welcher Art oder welchem Ausmaß sie ist.[288] Dabei sollen Modifikationen von Haupt- und Nebenleistungspflichten sowie sonstige abweichende Wirksamkeitsvoraussetzungen wie Bedingungen, Befristungen und Rücktrittsvorbehalte in Frage kommen.[289]

Die Modifikation könnte in dem dargelegten Sachverhalt darin liegen, dass der Architekt deutlich gemacht hat, dass das Raumprogramm reduziert werden müsse, um das Bauvorhaben innerhalb der vorgegebenen Bausumme von 2,0 Mio. DM zu realisieren.[290] Gleichzeitig wurde die Bauherrin vom Architekten aufgefordert, eine Reduzierung dieses Bauvolumens vorzunehmen.[291] Man könnte in dieser Aussage folglich eine abweichende Wirksamkeitsvoraussetzung in Form einer Bedingung sehen. Die Annahme des Architekten würde unter die Bedingung gestellt, dass das Raumprogramm reduziert wird, damit der Architekt die (vermeintliche) Kostendeckelung einhalten kann. Der Architekt hat zusätzlich auch klargestellt, dass ohne eine Reduzierung des Bauvorhabens die Bausumme von 2,0 Mio. DM nicht eingehalten werden kann. Demnach müsste § 150 Abs. 2 BGB einschlägig sein.

Etwas anderes könnte jedoch dann gelten, wenn der Architekt das Angebot auf jeden Fall annehmen wollte, auch wenn sein Vorschlag nicht berücksichtigt wird.[292] Inhaltliche Modifikationen gemäß § 150 Abs. 2 BGB sind schließlich auch von solchen Fällen abzugrenzen, in denen der Antragsempfänger lediglich Modifikationswünsche äußern möchte, aber gleichzeitig erkennen lässt, dass er das Angebot dennoch annehmen will, wenn der Antragende die gewünschten Modifikationen nicht vornimmt.[293] Hierin ist eine Annahme des ursprünglichen

---

[286] *Möslein*, in: BeckOGK-BGB, § 150 BGB (Stand: 01.02.2018) Rn. 25; *Busche*, in: MüKo-BGB, § 150 BGB Rn. 6.

[287] *Möslein*, in: BeckOGK-BGB, § 150 BGB (Stand: 01.02.2018) Rn. 25; *Bork*, in: Staudinger, § 150 BGB Rn. 9.

[288] *Möslein*, in: BeckOGK-BGB, § 150 BGB (Stand: 01.02.2018) Rn. 29.

[289] *Möslein*, in: BeckOGK-BGB, § 150 BGB (Stand: 01.02.2018) Rn. 30; *Bork*, in: Staudinger, § 150 BGB Rn. 8.

[290] Vgl. OLG Naumburg, Urteil vom 14.10.2003, 11 U 1610/97 juris Rn. 13.

[291] OLG Naumburg, Urteil vom 14.10.2003, 11 U 1610/97 juris Rn. 13.

[292] *Busche*, in: MüKo-BGB, § 150 BGB Rn. 7.

[293] *Eckert*, in: BeckOK-BGB, § 150 BGB (Stand: 01.02.2022) Rn. 11; *Busche*, in: MüKo-BGB, § 150 BGB Rn. 7.

Angebotes und zugleich der Vorschlag zu sehen, den Vertrag nachträglich zu Gunsten des Annehmenden zu erweitern oder einzuschränken.[294] Der Antragsempfänger muss dafür klar zum Ausdruck bringen, dass er das Angebot in jedem Falle annehmen möchte, damit der Vorschlag zur Vertragsergänzung nicht unter § 150 Abs. 2 BGB fällt.[295]

Der Sachverhalt muss insofern dahingehend überprüft werden, ob der Architekt das Angebot trotzdem annehmen wollte und dies auch gegenüber der Bauherrin deutlich gemacht hat. Dabei ist die Willenserklärung des Architekten nach dem objektiven Empfängerhorizont, also aus Sicht der Bauherrin, auszulegen. Das OLG Naumburg hat diesbezüglich festgehalten, dass der Architekt hier deutlich gemacht habe, dass er die Baukostengrenze in Höhe von 2,0 Mio. DM anerkenne.[296] Dies werde dadurch signalisiert, dass er die Bauherrin aufforderte, das Raumprogramm zu reduzieren, um dadurch die Einhaltung der Kostendeckelung gewährleisten zu können.[297]

Die Argumentation des Oberlandesgerichtes ist grundsätzlich nachvollziehbar. Der Architekt selbst schrieb, dass *„[w]enn die von [der Bauherrin] ermittelte KIP jetzt bei 2,0 Mio liegt, [...] davon ausgegangen werden [muss], daß dieser ein wesentlich geringeres Bauvolumen, sprich Raumprogramm zugrunde liegt*"[298]. Hier wird also deutlich, dass auch der Architekt von der Kostendeckelung von 2,0 Mio. DM ausging. Jedoch wird durch das Gericht nicht hinreichend berücksichtigt, dass er gleichzeitig deutlich machte, dass die Kostendeckelung nicht eingehalten werden kann, wenn das Raumprogramm nicht entsprechend reduziert wird. Die Aussage des Architekten könnte daher gleichermaßen auch so interpretiert werden, dass er die Kostendeckelung grundsätzlich anerkannt hat, aber nur unter der Bedingung, dass die Bauherrin das Bauvolumen anpasst. Dies könnte sich zumindest aus dem von dem Architekten gewählten Wortlaut ergeben, da nach dem Architekten davon ausgegangen werden muss, dass der Kostendeckelung ein geringeres Bauvolumen zugrunde liegt. Diese Wortwahl verdeutlicht, dass der Architekt eine Änderung des Bauvolumens als obligatorisch ansah. Gleichzeitig wird dies auch dadurch veranschaulicht, dass der Architekt

---

[294] BGH, Urteil vom 25.03.2015, VII ZR 125/14 NJW 2015, 2584 (= BeckRS 2015, 9080) Rn. 51; BGH, Urteil vom 30.01.1997, IX ZR 133/96 NJW-RR 1997, 684, 685 (= BeckRS 9998, 15376).

[295] OLG Brandenburg, Urteil vom 22.01.2009, 5 U (Lw) 149/08 BeckRS 2009, 4547; *Armbrüster*, in: Erman, § 150 BGB Rn. 4.

[296] OLG Naumburg, Urteil vom 14.10.2003, 11 U 1610/97 juris Rn. 82.

[297] OLG Naumburg, Urteil vom 14.10.2003, 11 U 1610/97 juris Rn. 82.

[298] OLG Naumburg, Urteil vom 14.10.2003, 11 U 1610/97 juris Rn. 13.

eine Kostenschätzung in Höhe von 2,3 Mio. DM anhand des bis dahin bestehenden Raumprogrammes vorgenommen hat. Er hat folglich hinreichend deutlich gemacht, dass die Kostendeckelung unter den gegebenen Umständen keinesfalls eingehalten werden kann.

Gegen die Annahme, dass der Architekt hier das Vertragsangebot inklusive der Kostendeckelung annehmen wollte, spricht zudem, dass er, nachdem eine Reduzierung des Raumprogrammes durch die Bauherrin ausblieb, die Kostenschätzung im Bauantrag anhand des ursprünglichen Raumprogrammes vornahm und die Schätzung mit 2.509.690,60 DM über der vermeintlichen Kostendeckelung lag. Dies könnte verdeutlichen, dass der Architekt sich eher an das Planungsziel des Raumprogrammes gebunden fühlte als an die Kostendeckelung, die aus seiner Sicht mangels Reduzierung des Bauvorhabens nicht bindend war.

Die Aussage des Architekten kann im Ergebnis in beide Richtungen gedeutet werden. Unabhängig von den bisherigen Erwägungen könnte es hier jedoch insbesondere an der Voraussetzung fehlen, dass der Architekt klar deutlich gemacht hat, dass er unabhängig davon, ob die Bauherrin das Raumprogramm ändert, die Kostendeckelung einhalten möchte.[299] Es genügt also gerade nicht, wenn der Antragsempfänger nicht ausdrücklich geltend macht, dass er den Vertrag nur dann abschließen will, wenn sein Vorschlag berücksichtigt wird. Der Architekt muss daher unmissverständlich darlegen, dass er den Vertrag abschließen möchte, selbst wenn das Raumprogramm nicht reduziert wird.

Der Architekt machte hier jedoch keineswegs ausdrücklich deutlich, dass er ungeachtet seines Vorschlags an dem Vertrag inklusive der Kostendeckelung festhalten wollte. Aufgrund dessen muss hier als Umkehrschluss davon ausgegangen werden, dass in der Aussage des Architekten ein neues Angebot gemäß § 150 Abs. 2 BGB lag. Dieses Angebot hat die Bauherrin zunächst nicht angenommen. Ein Architektenvertrag inklusive der Vereinbarung einer Kostendeckelung ist somit in diesem Zeitpunkt nicht wirksam zustande gekommen.

4.3.1.4.1.2.2 Vereinbarung einer Kostendeckelung durch den Bauantrag

Möglicherweise könnte eine Kostendeckelung durch die Erstellung des Bauantrags in Verbindung mit der Unterzeichnung und Weiterleitung an die Baubehörde vereinbart worden sein. Der BGH hat diesbezüglich dargelegt, dass der Bauantrag regelmäßig keine für den Bauherren bestimmte Willenserklärung enthalte und nicht dazu diene, einen Kostenrahmen zu bestimmen.[300] Dementsprechend kam

[299] Vgl. OLG Brandenburg, Urteil vom 22.01.2009, 5 U (Lw) 149/08 BeckRS 2009, 4547.

[300] BGH, Urteil vom 13.02.2003, VII ZR 395/01 NJW-RR 2003, 877, 877 f. (= BauR 2003, 1061).

der BGH zu dem Ergebnis, dass durch den Bauantrag die Kostendeckelung nicht nachträglich abgeändert werden könne.[301] Vorliegend wird nun davon ausgegangen, dass bisher noch keine Kostendeckelung wirksam vereinbart wurde. Fraglich ist daher, inwieweit eine Kostendeckelung durch den Bauantrag vereinbart werden konnte.

Der Bauantrag hat nach Ansicht des BGH nicht das Ziel, den Kostenrahmen für ein Bauvorhaben zu bestimmen.[302] Welches Ziel ein Bauantrag im Allgemeinen verfolgen soll, wird in den entsprechenden Urteilen jedoch nicht behandelt. Die Baugenehmigung ist ein mitwirkungsbedürftiger Verwaltungsakt, der nur dann erteilt werden kann, wenn zuvor ein entsprechender Antrag bei der zuständigen Bauaufsichtsbehörde eingereicht wurde.[303] Zweck des Bauantrags ist es folglich, dass eine Baugenehmigung zugunsten des Antragenden durch die zuständige Bauaufsichtsbehörde erteilt wird. Der Bauantrag betrifft daher die öffentlich-rechtliche Beziehung zwischen dem Bürger, der ein Bauvorhaben realisieren möchte und der zuständigen Bauaufsichtsbehörde, die darüber befindet und dient gerade nicht der Kommunikation zwischen zwei privaten Vertragsparteien.

Die Angaben in einem Bauantrag sollen daher grundsätzlich nicht zur Bestimmung des Inhaltes eines Architektenvertrages dienen, sondern können lediglich als Indiz herangezogen werden.[304] Daher kann selbst bei einer fehlenden Kostenermittlung nicht ohne weiteres auf die im Bauantrag festgelegten Baukosten abgestellt werden.[305] Um Baugenehmigungsgebühren zu sparen, wird in der Praxis in Bauanträgen zudem häufig bewusst ein falscher Betrag angegeben.[306] Auch

---

[301] BGH, Urteil vom 13.02.2003, VII ZR 395/01 NJW-RR 2003, 877 (= BauR 2003, 1061).

[302] BGH, Urteil vom 23.01.1997, VII ZR 171/95 NJW-RR 1997, 850, 851 (= BauR 1997, 494); BGH, Urteil vom 13.02.2003, VII ZR 395/01 NJW-RR 2003, 877, 878 (= BauR 2003, 1061).

[303] BVerwG, Urteil vom 14.04.1989, 4 C 22/88 NVwZ 1989, 860, 861 (= BeckRS 9998, 47289); siehe diesbezüglich auch beispielhaft *Fricke*, in: BeckOK BauO Nds, § 67 NBauO (Stand: 01.12.2021) Rn. 1.

[304] BGH, Urteil vom 21.03.2013, VII ZR 230/11 BGHZ 197, 93 (= NJW 2013, 1593) Rn. 10; BGH, Urteil vom 13.02.2003, VII ZR 395/01 NJW-RR 2003, 877, 878 (= BauR 2003, 1061).

[305] OLG Stuttgart, Schlussurteil vom 19.10.1999, 10 U 89/97 BeckRS 2000, 22596 (= BauR 2000, 1893).

[306] BauNetz, Kostenschätzung und Kostenangabe im Bauantrag führen noch nicht zu verbindlich vereinbarter Kostenobergrenze, abrufbar unter: https://www.baunetz.de/recht/Kostenschaetzung_und_Kostenangabe_im_Bauantrag_fuehren_noch_nicht_zu_verbindlich_vereinbarter_Kostenobergrenze._222129.html (zuletzt abgerufen am: 05.03.2020); vgl. *Koeble*, in: Kompendium des Baurechts, 11. Teil Rn. 889.

aus diesem Grund ist ein Rückgriff auf die im Bauantrag festgelegten Baukosten nicht möglich.

Insgesamt wird durch diese Ausführungen deutlich, dass der Kostenschätzung im Bauantrag diesbezüglich keine allzu große Bedeutung zukommen darf und daher auch nicht für die Bestimmung einer etwaigen Kostendeckelung ohne weiteres darauf zurückgegriffen werden kann. Konsequenterweise kann also auch keine Kostendeckelung dadurch vereinbart worden sein, dass der Architekt in dem Sachverhalt der Bauherrin einen Bauantrag inklusive einer Kostenschätzung zur Unterschrift vorgelegt hat und die Bauherrin den Bauantrag auch unterschrieben und an die Behörde weitergeleitet hat. Es wurde demnach also bis zu diesem Zeitpunkt immer noch keine Kostendeckelung wirksam vereinbart. Die gleichen Grundsätze müssen auch für die Abänderung einer Kostendeckelung gelten, von welcher der BGH ausgegangen ist.

4.3.1.4.1.2.3 Vereinbarung einer Kostendeckelung durch Gespräche zwischen Bauherrin und Architekt

In den darauffolgenden Gesprächen zwischen Bauherrin und Architekt beschränkte sich der Inhalt etwaiger Aussagen der Bauherrin regelmäßig darauf, den Architekten auf die Einhaltung der vermeintlichen Kostendeckelung hinzuweisen. Der Architekt machte hingegen immer wieder auf die Tatsache aufmerksam, dass eine Kostendeckelung von 2,0 Mio. DM nur dann möglich sei, wenn das Raumprogramm reduziert würde. Auch hier kam es somit zunächst zu keiner Einigung.

Erst bei dem Gespräch am 21.11.1994 wurden Modifikationen des Raumprogrammes vorgenommen, indem die Betriebsfläche des Autohauses reduziert wurde. Durch diese Reduktion konnte nun auch mit einer Einhaltung der Baukosten gerechnet werden. In diesem Zeitpunkt bestand also Einigkeit zwischen dem Architekten und der Bauherrin über die Höhe der Baukosten und den Umfang des damit zu realisierenden Bauvorhabens. Die Bedingung des Architekten wurde nun erfüllt und über die ursprüngliche Kostendeckelung, welche vorsah, dass die Bausumme inklusive Außenanlagen 2,0 Mio. DM nicht überschreiten darf, bestand nun Einigkeit. Folglich wurde die genaue Höhe der Kostendeckelung bestimmt. Die Tatsache, dass der Architekt danach eine Kostenschätzung in Höhe von 2,1 Mio. DM vornahm, ändert daran nichts, da zumindest im Zeitpunkt der Vereinbarung Einigkeit über die Reduzierung der Betriebsfläche bestand und der Architekt eine Einhaltung der Kostendeckelung zugesagt hat.

Eine Anhebung der Kostendeckelung ergibt sich auch nicht daraus, dass der Generalunternehmer erklärt hat, dass eine Auftragssumme von maximal

2,1 Mio. DM noch vertretbar sei.[307] Für eine solche Annahme hätte die Berechtigung des Generalunternehmers für eine derartige Maßnahme nachgewiesen werden müssen.[308]

4.3.1.4.1.3 Eindeutige und unmissverständliche Vereinbarung

Die Vereinbarung der Kostendeckelung war in dem Gespräch vom 21.11.1994 zudem eindeutig und unmissverständlich, sodass eine wirksam vereinbarte Kostendeckelung vorliegt. Da es keiner bestimmten Form für die Vereinbarung der Kostendeckelung bedarf, ist diese auch formell wirksam.

Auch die Ausführungen zu einem etwaigen Toleranzrahmen ändern nichts daran, dass eine Kostendeckelung eindeutig und unmissverständlich vereinbart wurde. Ein solcher hätte gegebenenfalls gegen eine verbindliche Kostendeckelung und für eine unverbindliche Kostenvereinbarung gesprochen. Für das Vorliegen eines Toleranzrahmen ist jedoch zwingend notwendig, dass sich im Vertrag Anhaltspunkte dafür finden, dass die vereinbarte Bausumme keine feste Grenze darstellen soll.[309] Es muss sich folglich aus dem Vertrag selbst ergeben, dass die Bausumme lediglich eine Orientierung oder eine ungefähre Größenordnung darstellt.[310] Die Kostendeckelung sieht hier vor, dass der Betrag nicht überschritten werden soll. Die Bauherrin machte im Laufe der Verhandlungen über die Kostendeckelung zudem immer wieder deutlich, dass der Architekt diese Kostendeckelung einzuhalten hat und das Bauvorhaben nur innerhalb dieser Grenze realisiert werden soll. Dies signalisiert, dass die Bauherrin eine verbindliche Kostendeckelung vereinbaren wollte. Dementsprechend finden sich keine Anhaltspunkte, die für einen Toleranzrahmen und damit gegen eine verbindliche Kostendeckelung sprechen.

4.3.1.4.2 Verbindlichkeitsgrad der Kostendeckelung

Letztendlich stellt sich noch die Frage, wie die Kostendeckelung zu qualifizieren ist. Das OLG Naumburg ging davon aus, dass es sich um eine Kostenobergrenze

---

[307] OLG Naumburg, Urteil vom 14.10.2003, 11 U 1610/97 juris Rn. 34.

[308] So zutreffend OLG Naumburg, Urteil vom 14.10.2003, 11 U 1610/97 juris Rn. 93.

[309] BGH, Urteil vom 13.02.2003, VII ZR 395/01 NJW-RR 2003, 877, 878 (= BauR 2003, 1061); BGH, Urteil vom 23.01.1997, VII ZR 171/95 NJW-RR 1997, 850 (= BauR 1997, 494).

[310] BGH, Urteil vom 23.01.1997, VII ZR 171/95 NJW-RR 1997, 850, 851 (= BauR 1997, 494).

im Sinne einer Beschaffenheitsvereinbarung gemäß § 633 Abs. 2 S. 1 BGB handele.[311]

4.3.1.4.2.1 Die Bezeichnung der Kostendeckelung im Wortlaut der Vereinbarung

Die Bezeichnung der Kostendeckelung im Wortlaut der Vereinbarung könnte bei der Beurteilung des Verbindlichkeitsgrades Aufschluss bringen. Die Vereinbarung stand bis zu dem einschlägigen Gespräch nur noch unter der Bedingung der Anpassung des Raumprogrammes. Dieser Bedingung wurde in dem Gespräch schließlich Genüge getan. Die Kostendeckelung wurde also mit dem Wortlaut vereinbart, dass „*die von [der Bauherrin] vorgegebene Bausumme […] inklusive Außenanlage […]2,0 Mio DM nicht überschreiten [soll]*". Hier wird zwar keine eindeutige Begrifflichkeit wie „*Beschaffenheitsvereinbarung*" oder „*Garantie*" verwendet, jedoch könnte sich aus der Formulierung der Klausel ergeben, welche Art von Kostendeckelung hier vorliegen soll. Für eine Garantie wird nicht hinreichend deutlich gemacht, dass der Architekt für die Einhaltung der Baukosten in jedem Fall unabhängig von externen Einflüssen persönlich einstehen wollte.[312]

Dies spricht dafür, dass hier eine Kostenobergrenze in Form einer Beschaffenheitsvereinbarung vereinbart wurde.

4.3.1.4.2.2 Umstände des Vertragsschlusses

Möglicherweise könnte sich zur weiteren Determinierung etwas aus den Umständen des Vertragsschlusses ableiten lassen. Bei dem Architekten handelte es sich vorliegend um einen erfahrenen Architekten, der bereits zahlreiche Autohäuser gebaut hatte.[313] Das Gericht äußerte sich in dem Urteil nicht zu der bisherigen Bauerfahrung der Bauherrin. Es ist insgesamt jedoch nicht ersichtlich, dass eine der Vertragsparteien in den Vertragsverhandlungen besonders überlegen war und dies entsprechend ausgenutzt hat. Folglich ergeben sich aus den Umständen der Vereinbarung sowie aus der Stellung der Vertragsparteien keine relevanten Folgen für die Bestimmung des verlautbarten Willens der Parteien und die Determinierung des Verbindlichkeitsgrades.

---

[311] OLG Naumburg, Urteil vom 14.10.2003, 11 U 1610/97 juris Rn. 98.

[312] Zu dieser Anforderung unter 4.2.1.1.2.

[313] OLG Naumburg, Urteil vom 14.10.2003, 11 U 1610/97 juris Rn. 2.

4.3.1.4.2.3 Inhalt der Kostendeckelung

Aus dem Sachverhalt ergibt sich zunächst nicht, dass ein Generalplanervertrag vereinbart wurde. Es wird weiterhin nicht deutlich, ob es sich um eine nicht bauwerksbezogene Kostendeckelung gehandelt hat oder um ein Bauvorhaben mit großem Umfang. Die Faktoren hätten ebenfalls für eine Kostendeckelung mit einem niedrigen Verbindlichkeitsgrad gesprochen. Da diese Faktoren jedoch nicht einschlägig sind, gibt es keine entsprechende indizielle Wirkung.

Vorliegend wurden die Gesamtkosten zum Inhalt der Vereinbarung. Folglich sind auch die Kosten für Leistungen Dritter von der Kostendeckelung umfasst. Entscheidend ist daher, inwieweit der Architekt auf die Kosten für diese fremden Leistungen Einfluss nehmen konnte. Dazu werden im Sachverhalt jedoch keinerlei Aussagen getroffen, sodass davon auszugehen ist, dass der Architekt – zumindest mittelbar – die Kosten für die fremden Leistungen beeinflussen konnte. Diese Vermutung ergibt sich aus dem Umstand, dass der Architekt mit der Vereinbarung der Kostendeckelung eine Koordinierungspflicht übernommen hat, im Rahmen derer er regelmäßig zumindest mittelbar auf die Leistungen und ihre Kosten Einfluss nehmen kann. Etwas anderes ergibt sich gewiss dann, wenn dem Architekten mittels einer Architektenvollmacht kaum Einflussmöglichkeiten übertragen wurden. Eine solche Architektenvollmacht stellt jedoch die Ausnahme dar und es bedarf besonderer Anhaltspunkte dafür.[314]

Der Tatsache, dass fremde Leistungen zum Inhalt der Kostendeckelung wurden, wird zunächst keine Indizwirkung zugemessen. Auch aus dem Umstand, dass für den Architekten Einflussmöglichkeiten bestanden, folgt keine spezielle Indizwirkung, da sich daraus kein besonderes Risiko für den Architekten ergibt.

Anders wäre dies nur zu beurteilen, wenn der Architekt kaum Einflussmöglichkeiten hätte, wofür es vorliegend jedoch keine Anhaltspunkte gibt. Die Übernahme der Verantwortung für die Kosten fremder Leistungen, die der Architekt lediglich mittelbar beeinflussen kann, hat somit keine spezielle Indizwirkung.

4.3.1.4.2.4 Planungsstand im Zeitpunkt der Vereinbarung

Der Verbindlichkeitsgrad könnte auch mithilfe des Planungsstandes im Zeitpunkt der Vereinbarung näher bestimmt werden. In dem Sachverhalt wird immer wieder von der Kostenschätzung des Architekten gesprochen. Die Kostenschätzung wird gemäß Anlage 10 zu §§ 34 Abs. 4, 35 Abs. 7 HOAI in der Leistungsphase 2 durchgeführt. Folglich ist davon auszugehen, dass zumindest schon eine Planung auf Ebene der Vorplanung vorliegt. Damit liegt eine Planung unterhalb

314 Dazu bereits unter 4.2.2.4.1.

der Entwurfsplanung im Sinne der Leistungsphase 3 vor. Dementsprechend ist von einer Indizwirkung zugunsten einer Beschaffenheitsvereinbarung auszugehen. Dies stimmt auch mit den zuvor gewonnenen Ergebnissen überein.

4.3.1.4.3 Fazit

Insgesamt ist der Einordnung als Kostenobergrenze im Sinne einer Beschaffenheitsvereinbarung durch das OLG Naumburg nichts entgegenzusetzen. Lediglich der Zeitpunkt der Vereinbarung wurde durch das OLG Naumburg unzutreffend gewählt. Während dort die Ansicht vertreten wurde, dass in dem Schreiben des Architekten, die Kostenobergrenze könne nur dann eingehalten werden, wenn das Raumprogramm entsprechend reduziert würde, eine Annahme des Angebotes der Bauherrin zu sehen sei, darf von einer Vereinbarung der Kostenobergrenze tatsächlich erst zu dem Zeitpunkt ausgegangen werden, als auch Einigkeit über die Maßnahmen zur Reduzierung des Bauvorhabens bestand.

4.3.2 OLG Frankfurt, Urteil vom 02.05.2007, 3 U 211/06

4.3.2.1 Sachverhalt

In dem am 02.05.2007 durch das OLG Frankfurt entschiedenen Sachverhalt hatten die Vertragsparteien schon in der Vergangenheit mehrmals zusammengearbeitet, bisher aber noch nie eine Kostendeckelung vereinbart. Der Bauherr beauftragte nun den Architekten mit der Planung eines Geschäfts- und Wohnhauses, wofür der Architekt eine Kostenschätzung nach DIN 276 für die Kostengruppen 100 bis 700 in Höhe von 3.572.000 DM vornahm. Die Vertragsparteien vereinbarten zudem ein Architektenhonorar von 230.000 DM. Im Laufe des Bauvorhabens mussten Planungsänderungen vorgenommen werden, die dazu führten, dass das Architektenhonorar auf 175.000 DM reduziert wurde. Im Zuge der Einholung der Baugenehmigung für das Vorhaben erstellte der Architekt eine weitere Kostenschätzung. Dort wurden die Gesamtkosten auf 4.038.007 DM geschätzt. Am 26.07.1999 fand ein Gespräch zwischen den Vertragsparteien statt, dessen Inhalt und Umstände streitig sind. Während der Bauherr behauptete, dass sich das Gespräch um die Baukosten gedreht habe und er hinreichend deutlich gemacht habe, dass er das Bauvorhaben für die in der Kostenschätzung benannten Kosten nicht realisieren lassen wolle, ging der Architekt davon aus, dass es in dem Gespräch ausschließlich um sein Honorar gegangen sei. Im Rahmen dessen wurde zweifelsfrei ein Schriftstück mit folgendem Inhalt erstellt und von beiden Parteien unterzeichnet:

„(Kostengruppe 100 bis 700)

Baukosten incl. Grundstück

max. 3.500.000,- DM Brutto

Dadurch Honorarerhöhung

Von Brutto 20.000,- DM

(= 195.000,- DM Gesamthonorar)

Bei Baukostenminderung von

Je 100.000,- DM erfolgt ein

Honorarbonus von 10.000,- DM

Incl. 16 % MwSt.“[315]

Der Architekt erstellte später eine Kostenberechnung nach DIN 276, die die Gesamtkosten des Bauvorhabens auf 3.991.000 DM bezifferte. Diese Berechnung wurde daraufhin auch der finanzierenden Bank vorgelegt, um ein Darlehen in Höhe von 4.000.000 DM zu erhalten. Der Bauherr übersandte nach Beginn der Rohbauarbeiten eine eigene Kostenaufstellung, die einen voraussichtlichen Bedarf von 3.953.759,58 DM bestimmte. Es bestand hier jedoch Uneinigkeit darüber, ob es sich bei der Vereinbarung um eine Vereinbarung einer Kostendeckelung handelte oder ob die 3,5 Mio. DM lediglich eine Bezugsgröße für die Honorarvereinbarung darstellten.[316]

4.3.2.2 Rechtliche Bewertung des Instanzgerichtes

Das LG Gießen entschied zugunsten des Architekten und ging davon aus, dass keine Kostendeckelung vereinbart worden war.[317] Der Betrag von 3,5 Mio. DM habe demnach letztendlich lediglich eine Bezugsgröße für das Architektenhonorar

[315] LG Gießen, Urteil vom 21.07.2006, 3 O 203/05 (nicht veröffentlicht) S. 4.

[316] So im Ganzen LG Gießen, Urteil vom 21.07.2006, 3 O 203/05 (nicht veröffentlicht) S. 3 ff.

[317] LG Gießen, Urteil vom 21.07.2006, 3 O 203/05 (nicht veröffentlicht) S. 8.

dargestellt.[318] Folglich habe keine Überschreitung einer Kostendeckelung vorgelegen und mangels Fristsetzung zur Nachbesserung habe man Ansprüche wegen sonstiger Pflichtverletzungen des Architekten nicht geltend machen können.[319]

4.3.2.3 Rechtliche Bewertung nach dem OLG Frankfurt

Der Bauherr ging daraufhin vor dem OLG Frankfurt in Berufung. Dieses entschied jedoch ebenfalls zugunsten des Architekten und stimmte der Vorinstanz im Ergebnis zu. Auch das OLG Frankfurt erkannte in der Vereinbarung keine Kostendeckelung, sondern eine Bezugsgröße für die Honorarvereinbarung. Das Gericht ging ebenfalls davon aus, dass mangels Fristsetzung zur Nachbesserung keine anderen Pflichtverletzungen geltend gemacht werden konnten.[320] Die Beschwerde gegen die Nichtzulassung der Revision durch den Bauherren wurde von dem BGH abgelehnt.[321]

4.3.2.4 Analyse und Bewertung der Entscheidung

Erneut liegt der Kernpunkt des Sachverhaltes in der Frage, ob überhaupt wirksam eine Kostendeckelung vereinbart wurde. Um die Entscheidung des OLG Frankfurts zu überprüfen, muss insbesondere der Wortlaut der Vereinbarung berücksichtigt werden. Im Rahmen der Untersuchung müssen die Argumentation des Gerichtes und relevante Ausführungen der Vertragsparteien überprüft werden.

4.3.2.4.1 Vereinbarung der Kostendeckelung

4.3.2.4.1.1 Umfang der Kostendeckelung

In beiden Urteilen wird immer wieder von den *„Gesamtkosten“*[322] des Bauvorhabens gesprochen, sodass pauschal zunächst die Gesamtbaukosten Inhalt der vermeintlichen Kostendeckelung wurden. In dem Schriftstück wurde explizit festgelegt, dass die vermeintliche Kostendeckelung sich auf Baukosten für die Kostengruppen 100 – 700 inklusive der Kosten für das Baugrundstück beziehen sollte.[323] Somit wurde auf die Kostengruppen der DIN 276 zurückgegriffen, wodurch der Umfang der Kostendeckelung regelmäßig zu Genüge

[318] LG Gießen, Urteil vom 21.07.2006, 3 O 203/05 (nicht veröffentlicht) S. 8.

[319] LG Gießen, Urteil vom 21.07.2006, 3 O 203/05 (nicht veröffentlicht) S. 10.

[320] So im Ganzen OLG Frankfurt, Urteil vom 02.05.2007, 3 U 211/06 BeckRS 2011, 24415.

[321] BGH, Beschluss vom 14.08.2008, VII ZR 103/07 BeckRS 2008, 29554.

[322] LG Gießen, Urteil vom 21.07.2006, 3 O 203/05 (nicht veröffentlicht) S. 3; OLG Frankfurt, Urteil vom 02.05.2007, 3 U 211/06 BeckRS 2011, 24415 unter I.

[323] LG Gießen, Urteil vom 21.07.2006, 3 O 203/05 (nicht veröffentlicht) S. 4.

begrenzt wird.[324] Der Umfang der vermeintlichen Kostendeckelung wurde somit hinreichend bestimmt.

4.3.2.4.1.2 Höhe der Kostendeckelung

In dem Schriftstück wurde als Budget für das Bauvorhaben 3,5 Mio. DM brutto festgehalten. Die Höhe der Baukosten ist somit zumindest bestimmbar und das Schriftstück genügt auch dieser Anforderung.

4.3.2.4.1.3 Eindeutige und unmissverständliche Vereinbarung

Zuletzt sollte im Idealfall eine eindeutige und unmissverständliche Vereinbarung der Kostendeckelung vorliegen. Zwischen den Vertragsparteien bestand Uneinigkeit darüber, ob es sich bei den 3,5 Mio. DM um eine Kostendeckelung oder lediglich eine Bezugsgröße für das Architektenhonorar handelte.

4.3.2.4.1.3.1 Möglichkeit einer gleichzeitigen Vereinbarung von Bezugsgröße und Kostendeckelung

Fraglich ist zunächst, ob die Bezugsgröße auch gleichzeitig eine Kostendeckelung sein konnte. Die zu dem Zeitpunkt einschlägige HOAI 1996 (§ 10 HOAI 1996) ging noch davon aus, dass das Architektenhonorar lediglich anhand der tatsächlichen Baukosten bemessen werden konnte und die tatsächlichen Baukosten folglich die Bezugsgröße darstellen mussten. Wollte man eine Kostendeckelung als Bezugsgröße verwenden, war dies aufgrund der Voraussetzung, dass sich das Architektenhonorar auf die tatsächlichen Baukosten beziehen musste, nur dann möglich, wenn die Kostendeckelung auf hinreichenden Kostenschätzungen oder Kostenberechnungen beruhte. Die Kostendeckelung kann bezüglich des maximalen Honorars, wenn sie dieser Anforderung gerecht wird, eine Bezugsgröße darstellen.

Jedoch ist nicht jede Kostenvereinbarung, welche eine Bezugsgröße für das Architektenhonorar darstellt, auch automatisch eine Kostendeckelung. Im Endeffekt könnte die Vereinbarung sowohl eine Kostendeckelung als auch eine Bezugsgröße darstellen, es handelt sich aber keineswegs um eine zwingende Konsequenz. Für das Vorliegen einer verbindlichen Kostendeckelung müssten noch weitere Argumente sprechen und alle Voraussetzungen an eine Kostendeckelung müssen erfüllt sein. Das setzt insbesondere auch voraus, dass sich in der Klausel zumindest Anhaltspunkte für die Vereinbarung der Kostendeckelung finden müssen.

---

[324] Siehe 4.1.2.2.

4.3.2.4.1.3.2 Anhaltspunkte für die gleichzeitige Vereinbarung einer Kostendeckelung

4.3.2.4.1.3.2.1 Bezeichnung der Kostendeckelung im Wortlaut der Vereinbarung

Der Wortlaut der Vereinbarung vom 26.07.1999 könnte erste Anhaltpunkte dafür bieten, was hier tatsächlich vereinbart wurde.

Das Landgericht wies zutreffend daraufhin, dass die Abkürzung *„max.“* in dem vorliegenden Kontext für maximale Baukosten steht und dieser Begriff im Sinne einer Kostendeckelung verstanden werden kann.[325] Die Begrifflichkeit *„maximal“* bedeutet *„im Höchstfall“* oder *„höchstens“*[326] und muss im Zusammenhang mit den Baukosten so interpretiert werden, dass es sich um den höchsten Wert handelt, über den die Baukosten nicht hinausgehen dürfen. Die 3,5 Mio. DM könnten daher als der Höchstwert der Baukosten verstanden werden, der nicht überschritten werden darf. Diese Auslegung des Wortlautes würde für eine Kostendeckelung sprechen. Der Bauherr wies im Zuge dessen auch daraufhin, dass bei einer Honorarvereinbarung eine Verwendung des Begriffes *„maximal“* weiterhin nicht notwendig gewesen wäre, sodass der Gebrauch nur den Zweck haben konnte, der Bestimmung einer Kostendeckelung zu dienen.[327] Grundsätzlich ist dieser Aussage zuzustimmen, jedoch darf die Verwendung dieser Begrifflichkeit nicht automatisch dazu führen, dass die Vereinbarung als Kostendeckelung auszulegen ist. Wie schon zuvor erläutert, könnte ein derartiges Vorgehen in der juristischen Laiensphäre zu Problemen führen, da regelmäßig falsche Begrifflichkeiten verwendet werden.[328] Die Verwendung des Begriffes *„maximal“* stellt also lediglich ein Indiz für die Vereinbarung einer Kostendeckelung dar. Gleichzeitig handelt es sich – zumindest nach der Ansicht des Oberlandesgerichtes – um den einzigen Anhaltspunkt für die Vereinbarung einer Kostendeckelung.[329]

4.3.2.4.1.3.2.2 Aufbau des Schriftstücks

Das Gericht übersah an dieser Stelle jedoch, dass auch der Aufbau des Schriftstückes für eine Kostendeckelung sprechen könnte. In dem Schriftstück wird zwischen der Regelung bezüglich der Baukosten, der Regelung des Architektenhonorars und der Regelung bezüglich einer etwaigen Baukostenminderung

---

325 LG Gießen, Urteil vom 21.07.2006, 3 O 203/05 (nicht veröffentlicht) S. 8.

326 Duden, „maximal“, abrufbar unter: https://www.duden.de/rechtschreibung/maximal (zuletzt abgerufen am: 08.05.2020).

327 OLG Frankfurt, Urteil vom 02.05.2007, 3 U 211/06 BeckRS 2011, 24415.

328 Dazu unter 4.2.2.1.1.

329 OLG Frankfurt, Urteil vom 02.05.2007, 3 U 211/06 BeckRS 2011, 24415.

und deren Auswirkungen auf das Architektenhonorar eine eindeutige räumliche Trennung vorgenommen. Bei dieser Aufteilung könnte es sich um eine bewusste Entscheidung gehandelt haben, um deutlich zu machen, dass dort drei unabhängige Vereinbarungen getroffen wurden.

In Architektenverträgen wird regelmäßig sowohl eine Kostendeckelung als auch eine Honorarvereinbarung in einem Vertrag vereinbart.[330] Es wäre also möglich, dass auch in dem Schriftstück diese beiden Vereinbarungen nebeneinander getroffen wurden.

Die Vertragsparteien wählten jedoch die Begrifflichkeit „*dadurch*", was grundsätzlich dazu dient, einen kausalen Zusammenhang zwischen zwei Aussagen zu verdeutlichen. Diese Wortwahl demonstriert die Verbindung zwischen der Summe von 3,5 Mio. DM und dem Architektenhonorar. Dies könnte also dafür sprechen, dass die 3,5 Mio. DM die Bezugsgröße für das Honorar darstellen und es sich daher insgesamt um eine reine Honorarabrede handeln muss.[331] Auch die Zeichensetzung könnte für eine Honorarabrede sprechen. Erst ganz am Ende des gesamten Schriftstückes wird ein Zeichen in Form eines Punktes gesetzt. Dadurch könnte impliziert werden, dass es sich bei dem Schriftstück um eine einheitliche Vereinbarung handeln sollte. Zudem würde hierdurch der Zusammenhang zwischen den einzelnen Abschnitten unterstrichen, sodass der Wert von 3,5 Mio. DM eine Bezugsgröße für das Architektenhonorar darstellt.

Eine Bezugsgröße für das Honorar ist zudem grundsätzlich notwendig, da sich das Honorar an einem bestimmten Wert orientieren muss.[332] In dem vor dem OLG Frankfurt verhandelten Fall hatte der Architekt bereits mehrere Kostenschätzungen vorgenommen, aber nur eine Kostenschätzung konnte Grundlage der Honorarberechnung werden. Ohne eine Bestimmung der Bezugsgröße hätten theoretisch alle Kostenschätzungen als Bezugsgröße verwendet werden können, sodass es hier einer expliziten Bestimmung der Bezugsgröße durch den Architekten bedurfte. Bei den 3,5 Mio. DM musste es sich folglich um eine solche handeln. Die vorstehenden Argumente sprechen zwar für eine Honorarabrede, schließen aber nicht zwingend aus, dass nicht gleichzeitig auch eine Kostendeckelung vorliegen kann. Die Instanzgerichte und Vertragsparteien führten diesbezüglich jedoch Argumente an, die gegen das Vorliegen einer Kostendeckelung sprechen könnten.

---

[330] Siehe zum Beispiel *Jakobs*, in: BeckOF Baurecht, Architektenvertrag – Objektplanung Gebäude (Stand: 01.02.2021); *Webeler*, in: Webeler/Summa/Klaeser, Kapitel 7 Text der Musterverträge.

[331] So auch LG Gießen, Urteil vom 21.07.2006, 3 O 203/05 (nicht veröffentlicht) S. 8.

[332] Vgl. *Jochem*, NZBau 2013, 352.

4.3.2.4.1.3.3 Argumentation der Instanzgerichte und der Vertragsparteien gegen das Vorliegen einer Kostendeckelung

Das OLG Frankfurt stellte in seinem Urteil infrage, inwieweit die Parteien bei der Vereinbarung Rechtsbindungswillen hatten, da Kostendeckelungen sonst regelmäßig im Zuge des Architektenvertrages vereinbart werden.[333] Zudem sei nach Ansicht des LG Gießen der Rechtsbindungswille auch deshalb anzuzweifeln, da von einer Kostendeckelung, zumindest soweit es sich um eine Beschaffenheitsvereinbarung oder Garantie handelt, ein großes Haftungsrisiko ausgehe. Das große Haftungsrisiko lasse sich insbesondere auf die Tatsache zurückführen, dass die Berufshaftpflichtversicherung des Architekten im Rahmen der Baukosten nicht greife. Aus diesem Grund würden regelmäßig ausführlichere Erläuterungen bezüglich einer Kostendeckelung erwartet.[334] Aus diesen Tatsachen dürfen jedoch keine unmittelbaren Rückschlüsse gezogen werden. Würde man aufgrund des großen Haftungsrisikos oder aufgrund der Tatsache, dass Kostendeckelungen regelmäßig in Architektenverträgen vereinbart werden, zu dem Schluss kommen, dass es allen Kostendeckelungen, die dieser Anforderung nicht Genüge tun, am Rechtsbindungswillen des Architekten mangelt, würde man gewissermaßen eine zusätzliche Voraussetzung für die Vereinbarung einer Kostendeckelung schaffen. Das OLG Frankfurt merkte selbst an, dass eine Kostendeckelung sogar mündlich vereinbart werden könne.[335] Die Tatsache, dass das Schriftstück hier so knapp gehalten ist und auch erst nach dem Abschluss des Architektenvertrages verfasst wurde, konnte also keine Auswirkungen auf die Wirksamkeit oder den Verbindlichkeitsgrad der Vereinbarung haben. Daraus ergeben sich somit keine Konsequenzen für die Frage, ob hier eine Kostendeckelung vereinbart wurde.

Das Landgericht zog aus der Tatsache, dass bei vorherigen Vereinbarungen zwischen dem Bauherren und dem Architekten keine Kostendeckelung vereinbart wurden, die Konsequenz, dass auch im betreffenden Streitfall keine Kostendeckelung bestimmt worden war.[336] Dagegen wehrte sich der Bauherr,[337] wobei diese Argumentation nicht durch das OLG Frankfurt aufgegriffen wurde. Grundsätzlich dürfen andere Bauvorhaben betreffende Vereinbarungen keinen unmittelbaren

---

[333] OLG Frankfurt, Urteil vom 02.05.2007, 3 U 211/06 BeckRS 2011, 24415.

[334] Dazu im Ganzen LG Gießen, Urteil vom 21.07.2006, 3 O 203/05 (nicht veröffentlicht) S. 9.

[335] OLG Frankfurt, Urteil vom 02.05.2007, 3 U 211/06 BeckRS 2011, 24415.

[336] LG Gießen, Urteil vom 21.07.2006, 3 O 203/05 (nicht veröffentlicht) S. 9.

[337] OLG Frankfurt, Urteil vom 02.05.2007, 3 U 211/06 BeckRS 2011, 24415.

Einfluss auf den Architektenvertrag haben. Es handelt sich hierbei um selbstständige Vereinbarungen, die bis auf die Vertragsparteien keine Gemeinsamkeiten haben.

Ist der Vertragsinhalt nicht vollumfänglich geklärt und ergeben sich diesbezüglich Fragen, soll dieser zunächst mithilfe dispositiven Rechts oder nachrangig mithilfe einer ergänzenden Vertragsauslegung bestimmt werden.[338] Ziel der ergänzenden Vertragsauslegung ist es, den hypothetischen Parteiwillen zu ermitteln.[339] Dabei soll bestimmt werden, wie die Parteien in dem fraglichen Punkt entschieden hätten, um einen gerechten Interessenausgleich zu erzielen.[340]

Die Parteien hatten bei dem vorliegenden Sachverhalt zuvor noch nie ein Interesse an einer Vereinbarung einer Kostendeckelung. Ein Indiz für den Parteiwillen zugunsten der Bezugsgröße könnten die vorherigen Vereinbarungen folglich dann darstellen, wenn diese inhaltlich mit der betroffenen Vereinbarung übereinstimmen. Anders müsste dies jedoch beurteilt werden, wenn die Vereinbarungen sich in ihrem Inhalt dahingehend unterscheiden, dass erstmalig ein Wortlaut gewählt wurde, der im Sinne einer Kostendeckelung interpretiert werden kann. Dies würde für die Vereinbarung einer Kostendeckelung sprechen. Aus dem in den Urteilen dargelegten Sachverhalt ergibt sich jedoch nicht, wie der Inhalt der vorherigen Vereinbarungen zu der betroffenen Vereinbarung steht. Es ist die Aufgabe des Gerichtes, ein Urteil derart zu begründen, dass nicht nur die Parteien die Entscheidung nachvollziehen können, sondern auch das Rechtsmittelgericht diese auf ihre prozess- und materiell-rechtliche Richtigkeit überprüfen kann.[341] Das Gericht hat es hier versäumt, eine für das Rechtsmittelgericht nachprüfbare Begründung zu gewährleisten, indem es nur allgemein auf die vorherigen Vereinbarungen als Indiz für die Bezugsgröße abstellt und nicht auf den konkreten Inhalt, welcher grundsätzlich auch genau auf das Gegenteil hinweisen könnte. Die Ausführungen können mangels hinreichender Begründung somit nicht überzeugen.

Das OLG Frankfurt setzte weiterhin voraus, dass zur Vereinbarung einer Kostendeckelung die Grundlage der Berechnung der Obergrenze festgelegt werden

---

[338] *Biehl*, JuS 2010, 195, 199 f.

[339] *Biehl*, JuS 2010, 195, 199.

[340] BGH, Urteil vom 15.11.2012, VII ZR 99/10 NJW 2013, 678 (= BauR 2013, 236) Rn. 16; BGH, Urteil vom 28.10.2015, VIII ZR 158/11 BGHZ 207, 209 (= NJW 2016, 1718) Rn. 70; *Biehl*, JuS 2010, 195, 200.

[341] *Elzer*, in: BeckOK ZPO, § 313 ZPO (Stand: 01.03.2022) Rn. 222 f.; vgl. BVerwG, Beschluss vom 05.06.1998, 9 B 412/98 NJW 1998, 3290 (= BeckRS 9998, 50612) allgemein zur Nachprüfung von Rechtsmittelgerichten.

müsse.[342] Diese Voraussetzung wurde hier erstmals durch das OLG Frankfurt angeführt[343] und – soweit ersichtlich – auch nur sehr selektiv durch die Literatur fortgeführt.[344] Im Rahmen einer Baukostengarantie könnte diese Anforderung aufgrund des großen Haftungsrisikos noch gerechtfertigt sein. Durch eine derartige Voraussetzung könnte verhindert werden, dass ohne das Vorliegen einer Planung voreilig eine Baukostengarantie vereinbart würde. Eine insoweit vergleichbare Voraussetzung ist bereits darin zu sehen, dass bei der Baukostengarantie eine Planung mindestens auf dem Stand der Leistungsphase 3 erwartet wird.[345]

Diese Voraussetzung stünde jedoch im Widerspruch zu der Behauptung, dass grundsätzlich bauwerksbezogene und bauwerksunabhängige Kostenobergrenzen in Form einer Beschaffenheitsvereinbarung vereinbart werden können. Die Anforderung wäre zudem nur dann vertretbar, wenn man die Kosten des Bauvorhabens nicht als Eigenschaft des Werkes anerkennen würde.[346] Geht man jedoch von der Eigenschaftsfähigkeit von Baukosten aus, so darf es nicht auf die Konkretisierung der Planungsaufgabe ankommen.[347] Als Ausschlusskriterium kommt diesbezüglich nur in Frage, dass die Beschaffenheit (der Soll-Zustand) in der Beschaffenheitsvereinbarung selbst nicht hinreichend beschrieben wurde und einer Konkretisierung bedarf.[348] Der Soll-Zustand ist jedoch schon dann eindeutig beschrieben, wenn eine Kostenobergrenze in Form einer Beschaffenheitsvereinbarung festlegt, welche Kosten das Bauvorhaben höchstens verursachen darf. Folglich ist mit dieser Angabe bereits die Anforderung der Beschreibung des Soll-Zustandes erfüllt. Die Anforderung, dass die Grundlage der Berechnung bestimmt werden muss, steht also nicht im Einklang mit der Möglichkeit, eine Kostenobergrenze im Sinne einer Beschaffenheitsvereinbarung zu bestimmen.

Eine derartige Anforderung kann daher nicht pauschal an eine Kostenobergrenze gestellt werden und die Ausführungen des OLG Frankfurt gehen an dieser Stelle entsprechend fehl.[349]

---

[342] OLG Frankfurt, Urteil vom 02.05.2007, 3 U 211/06 BeckRS 2011, 24415.

[343] OLG Frankfurt, Urteil vom 02.05.2007, 3 U 211/06 BeckRS 2011, 24415; zur Annahme, dass das OLG Frankfurt diese Voraussetzung als erstes anführte siehe *Schmidt*, IBR 2008, 663.

[344] *Zahn*, in: Locher/Koeble/Frik, Einleitung Rn. 294; *Zahn*, BauR 2019, 1513, 1515.

[345] Siehe 4.2.2.8.

[346] *Schotten*, in: FS Koeble, S. 499, 503.

[347] *Schotten*, in: FS Koeble, S. 499, 503.

[348] *Lorenz*, in: MüKo-BGB, § 476 BGB Rn. 10; *Vuia*, DS 2015, 111, 113.

[349] So im Ergebnis auch *Schotten*, in: FS Koeble, S. 499, 503.

Der Bauherr merkte zugunsten einer Kostendeckelung an, dass zweifelhaft sei, warum man mit einer angeblich nicht realisierbaren Bezugsgröße ein Architektenhonorar vereinbaren solle.[350] Damit bezog er sich auf die Tatsache, dass keine der Kostenschätzungen des Architekten unter 3,5 Mio. DM lag.[351] Das Argument des Bauherren überzeugt auf den ersten Blick. Es macht tatsächlich wenig Sinn, eine Honorarvereinbarung auf einen Betrag zu stützen, der effektiv nicht realisierbar ist. Der Betrag könnte lediglich eine grobe, unverbindliche Schätzung darstellen, aber auch ein solches Vorgehen wäre zumindest aus Sicht des Architekten schwer nachvollziehbar. Der Architekt wies diesbezüglich darauf hin, dass schon am 26.07.1999 absehbar gewesen sei, dass die Baukosten höher ausfallen würden als die in dem Schriftstück benannten 3,5 Mio. DM.[352] Dies hätte zur Konsequenz, dass das Architektenhonorar geringer ausfallen würde, als wenn es sich auf die tatsächlichen Baukosten gestützt hätte. Es bleibt also fraglich, warum der Architekt sein Architektenhonorar auf diese Vereinbarung stützen sollte, wenn schon zu Beginn bekannt war, dass die Baukosten überschritten würden und ihm eigentlich ein höheres Architektenhonorar zustehen würde. Diese Tatsache spricht gleichzeitig aber auch gegen eine Vereinbarung einer Kostendeckelung, da der Architekt grundsätzlich auch keine Kostendeckelung in dem Wissen abschließen würde, dass er diese nicht einhalten kann. Die haftungsrechtlichen Folgen, die mit der Überschreitung einer Kostendeckelung einhergehen, sind insgesamt weitreichender als die Folgen bei der Vereinbarung einer zu geringen Bezugsgröße für das Architektenhonorar. Das Argument des Bauherren kann also sowohl gegen die Vereinbarung einer Kostendeckelung als auch einer Bezugsgröße angeführt werden.

Alles in allem ist der Entscheidung des LG Gießen und OLG Frankfurt nicht zuzustimmen, da die besseren Gründe für die Vereinbarung einer Kostendeckelung sprechen. Wie zuvor dargelegt, können die bezifferten Baukosten in Höhe von 3,5 Mio. DM nicht nur eine Bezugsgröße, sondern gleichzeitig auch eine Kostendeckelung darstellen. Dafür bedarf es einer eindeutigen und unmissverständlichen Erklärung. Die Verwendung der Begrifflichkeit „*max.*“ sowie der Aufbau der Klausel deuten auf eine Kostendeckelung hin. Zudem konnten einige Ausführungen der Gerichte und Vertragsparteien, welche gegen die Vereinbarung einer Kostendeckelung sprechen sollten, nicht überzeugen – unter anderem die Anforderung, es bedürfe der Festlegung einer Grundlage für die Kostendeckelung und die Behauptung, es würde an dem Rechtsbindungswillen fehlen. Letztendlich

---

350 OLG Frankfurt, Urteil vom 02.05.2007, 3 U 211/06 BeckRS 2011, 24415.

351 LG Gießen, Urteil vom 21.07.2006, 3 O 203/05 (nicht veröffentlicht) S. 3 ff.

352 OLG Frankfurt, Urteil vom 02.05.2007, 3 U 211/06 BeckRS 2011, 24415.

wurde hier somit eine Kostendeckelung vereinbart, fraglich bleibt jedoch der ihr zuzuordnende Verbindlichkeitsgrad.

4.3.2.4.2 Verbindlichkeitsgrad der Kostendeckelung

Das OLG Frankfurt ging in dem streitgegenständlichen Sachverhalt davon aus, dass in der Vereinbarung keine Kostendeckelung zu sehen sei, sondern eine Bezugsgröße für die Honorarvereinbarung.[353] Dementsprechend äußerte sich das OLG Frankfurt auch nicht dazu, welchen Verbindlichkeitsgrad die Kostendeckelung hat.

4.3.2.4.2.1 Die Bezeichnung der Kostendeckelung im Wortlaut

Der Wortlaut der Vereinbarung sah weder eine Begrifflichkeit wie „*Beschaffenheitsvereinbarung*", „*Kostenobergrenze*", „*Garantie*" oder „*Kostenrahmen*" bzw. „*Kostenspanne*" für die Kostendeckelung vor, noch wurde auf gesetzliche Regelungen verwiesen. Aus der Formulierung der Klausel könnte sich trotzdem ergeben, welche Art von Kostendeckelung hier vorliegen soll. Die Klausel verwendet den Ausdruck „*max.*", was regelmäßig für die Begrifflichkeit „*maximal*" steht. Durch die Verwendung der Begrifflichkeit „*maximal*" wird deutlich gemacht, dass die Baukosten diesen Betrag nicht überschreiten dürfen. Aus der Klausel ergibt sich zunächst nicht, dass der Architekt persönlich und verschuldensunabhängig haften sollte, was gegen die Vereinbarung einer Baukostengarantie spricht. In dem Wortlaut finden sich auch keine Hinweise darauf, dass dem Architekten in irgendeiner Form Toleranzen zugestanden werden sollten, insbesondere da ein absolut bezifferter und kein ungefährer Betrag angegeben wurde. Aus dem Vertrag selbst ergibt sich zudem nicht, dass die Bausumme lediglich eine Orientierung oder eine ungefähre Größenordnung darstellen sollte.[354] Dies spricht für eine Kostenobergrenze in Form einer Beschaffenheitsvereinbarung und gegen eine Kostenspanne. Der Wortlaut der Vereinbarung spricht daher insgesamt für eine Kostenobergrenze in Form einer Beschaffenheitsvereinbarung.

4.3.2.4.2.2 Umstände des Vertragsschlusses

Die Ausführungen der Vertragsparteien zu den Umständen dieser Vereinbarung widersprachen sich in wesentlichen Aspekten, sodass hieraus keine Konsequenzen für den verlautbarten Willen der Vertragsparteien gezogen werden konnten. Beide

---

[353] So im Ganzen OLG Frankfurt, Urteil vom 02.05.2007, 3 U 211/06 BeckRS 2011, 24415.

[354] BGH, Urteil vom 23.01.1997, VII ZR 171/95 NJW-RR 1997, 850, 851 (= BauR 1997, 494).

Vertragsparteien hatten schon mehrere Bauprojekte gemeinsam durchgeführt,[355] sodass keine der Parteien unerfahren war, was ein Indiz für ein Ungleichgewicht bei den Vertragsverhandlungen hätte sein können. Aus den Umständen des Vertragsschlusses ergeben sich daher keine maßgeblichen Folgen für die Bestimmung der Rechtsnatur der Kostendeckelung.

4.3.2.4.2.3 Inhalt der Kostendeckelung

In dem Sachverhalt finden sich keine Indizien dafür, dass ein Generalplanervertrag vereinbart wurde. Es spricht vorliegend auch nichts dafür, dass eine bauwerksbezogene Kostendeckelung oder ein Bauvorhaben mit besonders großem Umfang vorliegen könnte. Entsprechend ergibt sich daraus auch keine Indizwirkung zugunsten einer Vereinbarung mit einem niedrigen Verbindlichkeitsgrad. Laut der Vereinbarung wurden die Baukosten für die Kostengruppen 100 – 700 nach DIN 276 inklusive der Kosten für das Baugrundstück zum Inhalt der Kostendeckelung. Inwieweit davon auch fremde Leistungen und deren Kosten umfasst sind, wurde in der Klausel nicht ausdrücklich behandelt. Architekten erbringen regelmäßig nur Bauleistungen, die von der Kostengruppe 300 umfasst sind.[356] Folglich ist davon auszugehen, dass auch fremde Leistungen in der Kostendeckelung enthalten waren. Aus dem Urteil ergibt sich nicht, inwieweit die Leistungen durch den Architekten beeinflussbar sind, sodass aufgrund der Koordinierungspflicht regelmäßig davon auszugehen ist, dass er sie zumindest mittelbar beeinflussen konnte. Daraus ergibt sich noch keine spezielle Indizwirkung. Es wurde vorliegend jedoch auch nicht dargelegt, wie die Architektenvollmacht und die Einflussmöglichkeiten des Architekten ausgestaltet waren. Insgesamt ergibt sich daher aus dem Inhalt der Kostendeckelung keine Indizwirkung.

4.3.2.4.2.4 Planungsstand im Zeitpunkt der Vereinbarung

Der Architekt nahm erst nach der Vereinbarung des relevanten Schreibens eine Kostenberechnung im Sinne der DIN 276 vor.[357] Kostenberechnungen nach DIN 276 werden in der Leistungsphase 3 vorgenommen,[358] sodass eine Planung auf dem Niveau der Leistungsphase 3 erst nach Abschluss der Kostendeckelung vorgelegen hat. Folglich lag im Zeitpunkt der Vereinbarung noch

355 LG Gießen, Urteil vom 21.07.2006, 3 O 203/05 (nicht veröffentlicht) S. 3.

356 *Schotten*, in: FS Koeble, S. 499, 502.

357 LG Gießen, Urteil vom 21.07.2006, 3 O 203/05 (nicht veröffentlicht) S. 4.

358 Dazu unter 4.1.3.2.1.3.

keine Planung auf dem Niveau der Leistungsphase 3 vor. Dies spricht ebenfalls dafür, dass die Kostendeckelung als Kostenobergrenze im Sinne einer Beschaffenheitsvereinbarung vereinbart wurde.

4.3.2.4.3 Fazit

Insgesamt ist somit entgegen der Ansicht des OLG Frankfurt vorliegend anhand der durch das Gericht mitgeteilten Kriterien von der Vereinbarung einer Kostenobergrenze in Form einer Beschaffenheitsvereinbarung auszugehen. Dadurch standen dem Bauherren mit Überschreitung der Kostenobergrenze grundsätzlich die werkvertraglichen Mängelgewährleistungsrechte zu.

4.3.3 OLG Brandenburg, Urteil vom 13.07.2011, 13 U 69/10

4.3.3.1 Sachverhalt

In dem am 13.07.2011 von dem OLG Brandenburg entschiedenen Sachverhalt schlossen die Vertragsparteien am 10.07.2008/18.07.2008 einen Architektenvertrag über die Errichtung eines Einfamilienhauses. Dieser Architektenvertrag beinhaltete unter § 1 des Architektenvertrages folgende Kostenvereinbarung:

> *„Für die Kosten der Baumaßnahme nach 300 und 400 aus DIN 276 wird folgender wirtschaftlicher Rahmen gesetzt:*
>
> *170.000,- € netto bei einer Nettowohnfläche von 157,07 m2 nach dem Planungsstand vom 07.07.2008.*
>
> *Der oben genannte Kostenrahmen ist als Obergrenze verbindlich.*
>
> *Werden im Rahmen der weiteren Planung Sonderwünsche der Bauherrenschaft mit einem höheren Qualitätsstandard Planungsgrundlage, so werden diese innerhalb eines Sonderbudgets geführt. Entstehen durch nicht vorhersehbare Umstände außerhalb der Standardbau- und Leistungsbeschreibung Mehrkosten – z. B. durch ggfs. erforderlichen Bodenaustausch o. ä. – werden diese ebenfalls in dem oben genannten Sonderbudget geführt.“*

In § 13 des Vertrages wurde zudem Folgendes festgehalten:

> *„Der Höchstpreis der Baumaßnahme nach DIN 276, 300 und 400 wird mit 203.000,- € brutto festgelegt. Wird der Höchstpreis bei nachgewiesener gleich bleibender Qualität unterschritten, wird eine Prämienvereinbarung gem. HOAI vorgenommen. Diese Vereinbarung ist vor dem Beginn der Bauarbeiten abzuschließen.“*

Am 14.10.2008 wurde die Bau- und Leistungsbeschreibung von den Parteien durch eine solche mit Planungsstand vom 14.10.2008 ersetzt. Am 23.11.2008 wiesen die Bauherren die Architektin darauf hin, dass deutliche Kostensteigerungen erkennbar seien, sodass ein Baubeginn Anfang 2009 nicht mehr realisierbar sei. Die Bauherren äußerten daraufhin drei Möglichkeiten, wie weiter verfahren werden könnte, wobei die Architektin sich am 24.11.2008 dafür entschied, das Haus trotz der erkennbaren Kostensteigerungen unter Einhaltung der Grundsätze des Architektenvertrages, jedoch mit verspätetem Baubeginn, zu realisieren. Am 06.02.2009 teilte die Architektin nach Einholung der Angebote zum 05.02.2009 mit, dass sich die voraussichtlichen Baukosten auf 234.224,92 € belaufen würden. Am 20.02.2009 forderten die Bauherren sie aufgrund der Überschreitung des Kostenrahmens um 15,78 % zur Nachbesserung bis zum 06.03.2009 auf. Am 05.03.2009 ermittelte die Architektin anhand von Nachverhandlungen mit Unternehmern Baukosten in Höhe von 223.833,35 € und damit eine Baukostenüberschreitung von 10,64 % und teilte dies den Bauherren in einem Schreiben mit. Am 16.03.2009 erfolgte dann die Kündigung des Architektenvertrages aus wichtigem Grund durch die Bauherren und die Aufforderung, bis zum 03.04.2009 alle Vorschüsse zurückzuerstatten.[359]

4.3.3.2 Rechtliche Bewertung des Instanzgerichtes

Das LG Potsdam sprach den Bauherren einen Schadensersatzanspruch nach §§ 280, 281 BGB zu. Die Kostendeckelung sei als Beschaffenheit vereinbart und nicht eingehalten worden, sodass ein Festhalten an dem Architektenvertrag für die Bauherren unzumutbar und eine Kündigung aus wichtigem Grund möglich gewesen sei. Aus dem Sachverhalt habe sich zudem kein Anhaltspunkt dafür ergeben, dass bei der Kostenobergrenze ein Toleranzrahmen zugestanden werden müsse. Die vereinbarte Kostenobergrenze sei auch nicht aufgrund der Änderung von Konstruktion, Material und Ausstattung nachträglich gegenstandslos geworden. Eine modifizierte Bau- und Leistungsbeschreibung rechtfertige kein Entfallen

---

[359] So im Ganzen LG Potsdam, Urteil vom 10.06.2010, 3 O 127/09 juris Rn. 1 ff.

der Kostenobergrenze und zudem sei die Leistungsbeschreibung einvernehmlich geändert worden.[360]

4.3.3.3 Rechtliche Bewertung nach dem OLG Brandenburg

Auch das OLG Brandenburg ging von einem Kostenrahmen (auch Kostenspanne) aus, der als Beschaffenheit vereinbart wurde und keine Anhaltspunkte für Toleranzen enthielt.[361] Es sprach den Bauherren ebenfalls ein Recht auf fristlose Kündigung zu.[362] Das Oberlandesgericht stimmte dem LG Potsdam weiter dahingehend zu, dass die Kostenobergrenze auch nicht nachträglich gegenstandslos geworden sei, da es zumindest einer deutlichen Kostensteigerung bedurft hätte.[363] Zudem liege auch nach dem OLG Brandenburg eine einvernehmliche Änderung der Leistungsbeschreibung vor.[364]

4.3.3.4 Analyse und Bewertung der Entscheidung

4.3.3.4.1 Vereinbarung der Kostendeckelung

Der Umfang der Kostendeckelung wurde auf die Kosten der Baumaßnahme nach den Kostengruppen 300 und 400 aus DIN 276 festgelegt. Die Höhe der Kostendeckelung wurde auf 170.000 € netto und 203.000 € brutto festgesetzt. Darin könnte man auf den ersten Blick einen Widerspruch sehen und von einer nicht bestimmbaren Höhe ausgehen. Die Beträge stimmen jedoch in der Höhe überein, da 170.000 € netto hier 203.000 € brutto entsprechen. Wie sich auch aus dem Wortlaut selbst ergibt, soll es sich bei der Vereinbarung um eine Kostendeckelung handeln, sodass eine eindeutige und unmissverständliche Erklärung vorlag. Die allgemeinen Anforderungen an eine Kostendeckelung wurden somit allesamt erfüllt. Fraglich bleibt jedoch, wie verbindlich die vereinbarte Kostendeckelung tatsächlich sein sollte.

---

[360] Dazu im Ganzen LG Potsdam, Urteil vom 10.06.2010, 3 O 127/09 juris Rn. 31 ff.

[361] OLG Brandenburg, Urteil vom 13.07.2011, 13 U 69/10 juris (= NJW-RR 2011, 1315 (unvollständig)) Rn. 57 f.

[362] OLG Brandenburg, Urteil vom 13.07.2011, 13 U 69/10 juris (= NJW-RR 2011, 1315 (unvollständig)) Rn. 69.

[363] OLG Brandenburg, Urteil vom 13.07.2011, 13 U 69/10 juris (= NJW-RR 2011, 1315 (unvollständig)) Rn. 59.

[364] OLG Brandenburg, Urteil vom 13.07.2011, 13 U 69/10 juris (= NJW-RR 2011, 1315 (unvollständig)) Rn. 61.

4.3.3.4.2 Verbindlichkeitsgrad der Kostendeckelung

Das OLG Brandenburg ging vorliegend von der Vereinbarung einer Kostenspanne in Form einer Beschaffenheitsvereinbarung aus.[365]

4.3.3.4.2.1 Bezeichnung der Kostendeckelung im Wortlaut der Vereinbarung

§ 1 des Architektenvertrages sieht zunächst vor, dass die Architektin nicht für etwaige Mehrkosten durch Sonderwünsche oder Mehrkosten aufgrund von unvorhersehbaren Umständen einstehen soll, da dafür ein gesondertes Budget vorgesehen wurde. Dementsprechend sollte die Architektin nicht persönlich für jegliche Schäden einstehen, unabhängig davon, ob diese von ihr verschuldet waren oder nicht. Eine solche Vereinbarung wäre jedoch eine notwendige Voraussetzung für die Festlegung als Garantie.

In § 1 des Architektenvertrages wird außerdem die Begrifflichkeit des „*wirtschaftlichen Rahmens*" verwendet. Dieser Begriff ist bereits bekannt, da Architekten im Allgemeinen die Pflicht trifft, den wirtschaftlichen Rahmen im Zuge der Grundlagenermittlung nach Leistungsphase 1 für das Bauvorhaben abzustecken.[366] Diese Leistungspflicht ist zumindest in Bezug auf die Einhaltung des bezifferten Preisrahmens unverbindlich, da ihr Ziel vielmehr darin liegt, den Umfang des Bauvorhabens zu bestimmen, indem die baulichen Vorstellungen und Wünsche des Bauherren im Vergleich zu seinen preislichen Möglichkeiten betrachtet und in Einklang miteinander gebracht werden sollen. Die verwendete Begrifflichkeit darf vorliegend allein schon aufgrund der Tatsache, dass hier eine Entwurfsplanung im Sinne der Leistungsphase 3 vorliegt,[367] nicht in diesem Kontext verstanden werden. Die Festsetzung des wirtschaftlichen Rahmens meint letztlich lediglich, dass festgelegt wurde, wie viel das Bauvorhaben kosten soll. Dies wird insbesondere auch dadurch verdeutlicht, dass die Klausel weiter vorsieht, dass „*[d]er oben genannte Kostenrahmen [...] als Obergrenze verbindlich [ist]*"[368].Damit wird eindeutig kenntlich gemacht, dass die Vereinbarung der

---

[365] OLG Brandenburg, Urteil vom 13.07.2011, 13 U 69/10 juris (= NJW-RR 2011, 1315 (unvollständig)) Rn. 57 f.

[366] Siehe 3.2.1.1.1.

[367] OLG Brandenburg, Urteil vom 13.07.2011, 13 U 69/10 juris (= NJW-RR 2011, 1315 (unvollständig)) Rn. 56.

[368] OLG Brandenburg, Urteil vom 13.07.2011, 13 U 69/10 juris (= NJW-RR 2011, 1315 (unvollständig)) Rn. 5.

Kostendeckelung für die Architektin verbindlich sein sollte. Zudem wird hier ausdrücklich die Begrifflichkeit des „*Kostenrahmen*" verwendet, welcher der zuvor dargelegten Kostenspanne entspricht.

In § 13 des Architektenvertrages wird zusätzlich der Begriff des „*Höchstpreises*" verwendet. Auch diese Begrifflichkeit ist bereits aus dem allgemeinen Architektenrecht bekannt, wobei sie dabei insbesondere mit der HOAI und der Honorarberechnung in Verbindung gebracht wird. Die Verwendung dieser Begrifflichkeit passt nicht wirklich in den Zusammenhang, da es in § 13 des vorliegenden Architektenvertrages darum geht, dass der Architektin eine Prämie zugestanden werden soll, wenn sie den Höchstpreis bei gleichbleibender Qualität unterschreitet. Die Wortwahl ist somit an dieser Stelle missverständlich und es ist davon auszugehen, dass der Höchstpreis sich auch in dem Fall auf die Höhe der Baukosten bezieht und damit dasselbe meint wie die Kostendeckelung.

Die Wahl dieser Begrifflichkeit könnte jedoch auch verdeutlichen, dass der Betrag den Maximalbetrag darstellen soll, der nicht überschritten werden darf.

Die Ausführungen deuten daher insgesamt daraufhin, dass hier eine Beschaffenheitsvereinbarung vorliegen sollte, unter Umständen in Form einer Kostenspanne.

Vorliegend könnte sich aus dem Wortlaut der Vereinbarung noch ergeben, dass der Architektin ausnahmsweise Toleranzen zugestanden werden sollten. Damit Toleranzen zugestanden werden können, bedarf es jedoch eines Anhaltspunktes dafür. Sowohl das LG Potsdam als auch das OLG Brandenburg gingen davon aus, dass keine Anhaltspunkte dafür ersichtlich waren.[369]

Dabei muss hier insbesondere überprüft werden, ob ein Anhaltspunkt für das Vorliegen von Toleranzen darin gesehen werden konnte, dass die Kosten für Sonderwünsche der Bauherren sowie für unvorhersehbare Umstände in einem Sonderbudget berücksichtigt werden sollten. Das Oberlandesgericht setzte sich mit dieser Überlegung explizit auseinander, aber konnte darin keinen Anhaltspunkt dafür identifizieren, dass der Architektin ein Spielraum bei der Einhaltung der Kostenobergrenze eingeräumt werden sollte.[370] Im Folgenden soll nun überprüft werden, ob dem OLG Brandenburg diesbezüglich zuzustimmen ist und vorliegend tatsächlich kein Toleranzrahmen vorliegt.

Toleranzrahmen bedeutet im Allgemeinen, dass innerhalb dieses zugestandenen Spielraums eine Überschreitung der Kosten geduldet wird und keine

[369] OLG Brandenburg, Urteil vom 13.07.2011, 13 U 69/10 juris (= NJW-RR 2011, 1315 (unvollständig)) Rn. 58; LG Potsdam, Urteil vom 10.06.2010, 3 O 127/09 juris Rn. 35.

[370] OLG Brandenburg, Urteil vom 13.07.2011, 13 U 69/10 juris (= NJW-RR 2011, 1315 (unvollständig)) Rn. 58, 62.

Pflichtverletzung des Architekten ist. Man könnte davon ausgehen, dass der Wert von 170.000 € netto (203.000 € brutto) tatsächlich nicht die Obergrenze darstellte, da das Sonderbudget, dessen genaue Höhe nicht bekannt ist, gewissermaßen dazu gerechnet werden musste. Dieses Sonderbudget durfte jedoch nur in den zuvor dargelegten Fällen berücksichtigt werden, alle sonstigen Mehrkosten würden zu einer Überschreitung der Kostendeckelung führen.

Toleranzrahmen begründen sich in der Regel insbesondere damit, dass die Kostenermittlungen von unvermeidbaren Unsicherheiten und Unwägbarkeiten abhängen.[371] Daraus folgt im Umkehrschluss, dass gerade die Mehrkosten, die durch Unsicherheiten und Unwägbarkeiten entstehen, von den Toleranzrahmen umfasst sein sollen. Der Architekt soll grundsätzlich nicht für solche Bausummenüberschreitungen haften, bei welchen ihm keine Pflichtverletzung vorgeworfen werden kann.[372]

Bei Toleranzrahmen dürfen daher insbesondere solche Mehrkosten nicht berücksichtigt werden, die auf Sonderwünschen, nachträglichen Änderungen und unvorhersehbaren Mehrkosten beruhen, da der Architekt diese Mehrkosten regelmäßig nicht zu vertreten hat.[373] Bei der vorliegenden Regelung war gerade relevant, wie die Mehrkosten verursacht wurden und wer dafür verantwortlich war, da nur solche Mehrkosten in dem Sonderbudget berücksichtigt werden sollten, die auf Sonderwünschen der Bauherren oder auf unvermeidbaren Umständen beruhen. Somit wurde durch die Regelung vertraglich festgehalten, was grundsätzlich sowieso nach geltendem Recht umgesetzt werden muss. Aus den vorherigen Erwägungen ergibt sich daher, dass eine derartige Beschränkung nicht als Toleranzrahmen interpretiert werden darf, da die Baukosten schon nach geltendem Recht um derartige Mehrkosten bereinigt werden müssen, bevor überprüft wird, inwieweit etwaige andere Mehrkosten durch Toleranzen gedeckt sind.

Folglich kann in der Vereinbarung kein Anhaltspunkt für einen Toleranzrahmen gesehen werden. Demnach ist hier von einer Vereinbarung als Beschaffenheitsvereinbarung auszugehen, unter Umständen in Form einer Kostenspanne.

---

371 BGH, Urteil vom 23.01.1997, VII ZR 171/95 NJW-RR 1997, 850, 851 (= BauR 1997, 494).

372 OLG Düsseldorf, Urteil vom 23.10.2012, I-21 U 155/11 BeckRS 2013, 5662.

373 BGH, Urteil vom 23.01.1997, VII ZR 171/95 NJW-RR 1997, 850, 851 (= BauR 1997, 494); OLG Düsseldorf, Urteil vom 23.10.2012, I-21 U 155/11 BeckRS 2013, 5662; OLG Stuttgart, Schlussurteil vom 19.10.1999, 10 U 89/97 BeckRS 2000, 22596 (= BauR 2000, 1893); OLG Köln, Urteil vom 27.01.1993, 11 U 166/92 NJW-RR 1993, 986 (= BeckRS 9998, 12000); *Werner/Pastor*, Der Bauprozess, Rn. 2278.

4.3.3.4.2.2 Umstände des Vertragsschlusses

Bei den Bauherren handelte es sich um Eheleute, die ein Einfamilienhaus errichten wollten. Es ist davon auszugehen, dass die Eheleute somit als Verbraucher handelten. Zu der Stellung der Architektin sind keine Informationen bekannt, insbesondere nicht inwieweit sie besonders erfahren oder unerfahren war. Sie war jedoch gewiss in Ausübung ihrer gewerblichen oder selbstständigen beruflichen Tätigkeit aktiv und stellte daher eine Unternehmerin im Sinne von § 14 BGB dar. Der vorliegende Architektenvertrag ist somit ein Verbrauchervertrag. Auch wenn es bei Verbraucherverträgen einer besonderen Vorsicht bedarf, so hat sich aus dem Sachverhalt für den vorliegenden Einzelfall nicht ergeben, dass bei den Vertragsverhandlungen ein Ungleichgewicht vorgelegen hätte. Aus den Umständen der Vereinbarung sind ansonsten auch keine Besonderheiten ersichtlich, die auf die Beurteilung der Verbindlichkeit der Kostendeckelung Einfluss gehabt haben könnten.

4.3.3.4.2.3 Inhalt der Kostendeckelung

Aus dem Sachverhalt ergibt sich vorliegend nicht, dass ein Generalplanervertrag vereinbart wurde. Es liegen auch keine Indizien dafür vor, dass hier eine nicht bauwerksbezogene Kostendeckelung oder ein Bauvorhaben mit einem besonders großen Umfang vorgelegen hätte.

In der Kostenvereinbarung selbst wurde zudem nicht zwischen fremden und eigenen Leistungen differenziert. Die Ausführungen des Oberlandesgerichtes machen jedoch deutlich, dass die Kosten des Bauvorhabens von den Angeboten Dritter – und damit auch deren Leistungen – abhängig waren.[374] Somit umfasste die Kostendeckelung ebenfalls fremde Leistungen. Die Tatsache, dass die Architektin durch Nachverhandlungen die Kosten für das Bauvorhaben senken konnte, macht deutlich, dass sie die fremden Leistungen und ihre Kosten zumindest bedingt beeinflussen konnte. Daraus ergibt sich noch keine Indizwirkung zugunsten eines hohen oder niedrigen Verbindlichkeitsgrades. Aus dem Sachverhalt ergibt sich jedoch, dass die Architektin Nachverhandlungen mit den Dritten führen konnte. Die Architektenvollmacht war dementsprechend zumindest nicht außergewöhnlich zurückhaltend ausgestaltet. Somit ergibt sich aus dem Inhalt der Vereinbarung letztlich keine indizielle Wirkung.

[374] Vgl. OLG Brandenburg, Urteil vom 13.07.2011, 13 U 69/10 juris (= NJW-RR 2011, 1315 (unvollständig)) Rn. 56.

4.3.3.4.2.4 Planungsstand im Zeitpunkt der Vereinbarung

Das OLG Brandenburg führte aus, dass zwar eine Entwurfsplanung im Sinne der Leistungsphase 3 vorlag, diese aber noch nicht im Detail feststand, sodass sie nicht den Anforderungen genügen konnte, die bei einer Entwurfsplanung notwendig seien.[375] Die Voraussetzung, dass eine Entwurfsplanung im Detail feststehen müsse, führte das OLG Brandenburg auf eine Entscheidung des OLG Düsseldorfs[376] zurück. Dort wurde für die Vereinbarung einer Baukostengarantie vorgesehen, dass das Bauvolumen bestimmt sein müsse.[377] In dem Sachverhalt mangelte es jedoch an dem hinreichend bestimmten Bauvolumen, was mit dem Fehlen einer Entwurfsplanung begründet wurde.[378] Daraus ergibt sich, dass der genaue Umfang der zu erbringenden Leistungen feststehen und wohl mindestens eine Entwurfsplanung vorliegen soll.[379] Dem OLG Düsseldorf genügte für eine indizielle Wirkung zugunsten der Vereinbarung einer Baukostengarantie somit das Vorliegen einer Entwurfsplanung, während das OLG Brandenburg nun davon ausging, dass eine Entwurfsplanung nicht immer genügen könne, sondern hier zwischen unterschiedlich fortgeschrittenen und detaillierten Entwurfsplanungen unterschieden werden müsse.

Diese neue Anforderung könnte damit begründet werden, dass das OLG Düsseldorf vorausgesetzt hat, dass der Umfang der Leistung genau bestimmt sein muss. Sollte also eine Entwurfsplanung vorliegen, wo der Umfang der Leistung nicht bestimmt ist, könnte man davon ausgehen, dass die Entwurfsplanung nicht für eine entsprechende indizielle Wirkung genügen kann. Der Wortlaut der Entscheidung des OLG Düsseldorf sieht jedoch lediglich eine Entwurfsplanung vor und differenziert diesbezüglich nicht weiter. Würde man davon ausgehen, dass regelmäßig zwischen den unterschiedlichen Entwurfsplanungen differenziert werden müsste, würde dies weiterhin zu einer Rechtsunsicherheit bei der Beurteilung von Kostendeckelungen führen. Es bliebe an der Stelle fraglich, wann eine Entwurfsplanung tatsächlich detailliert genug wäre. Aufgrund der sehr unterschiedlichen Bauvorhaben und damit verbundenen Planungsleistungen würde es sich schwierig gestalten eine einheitliche Regelung im Hinblick auf die indizielle

---

[375] OLG Brandenburg, Urteil vom 13.07.2011, 13 U 69/10 juris (= NJW-RR 2011, 1315 (unvollständig)) Rn. 56.

[376] OLG Düsseldorf, Urteil vom 20.12.1991, 22 U 145/91 NJW-RR 1993, 285 (= BauR 1993, 356).

[377] OLG Düsseldorf, Urteil vom 20.12.1991, 22 U 145/91 NJW-RR 1993, 285, 286 (= BauR 1993, 356).

[378] OLG Düsseldorf, Urteil vom 20.12.1991, 22 U 145/91 NJW-RR 1993, 285, 286 (= BauR 1993, 356).

[379] Ausführungen diesbezüglich bereits unter 4.2.2.8.

Wirkung festzuhalten. Es empfiehlt sich daher grundsätzlich davon auszugehen, dass eine Entwurfsplanung genügt und eine Ausnahme lediglich dann vorliegen soll, wenn besondere Umstände gegeben sind, die wesentlich gegen das Vorliegen einer hinreichend detaillierten Entwurfsplanung sprechen. Liegt ausnahmsweise eine solche, nicht hinreichend detaillierte Entwurfsplanung vor, ist von einer Indizwirkung zugunsten einer Beschaffenheitsvereinbarung auszugehen, obwohl formell eine Entwurfsplanung gegeben ist. Inwieweit eine solche Ausnahme hier vorlag, kann mangels weiterer Informationen nicht beurteilt werden. Die Frage kann jedoch dahinstehen, da bereits der Wortlaut der Vereinbarung gegen die Vereinbarung als Baukostengarantie gesprochen hat. Demnach sprechen die Indizien insgesamt für die Vereinbarung der Kostenobergrenze im Sinne einer Beschaffenheitsvereinbarung.

4.3.3.4.2.5 Abgrenzung von Kostendeckelung und Kostenspanne

Aus den vorstehenden Ausführungen wurde zwar deutlich, dass die Indizien für eine Kostenobergrenze im Sinne einer Beschaffenheitsvereinbarung sprechen. Es ergibt sich jedoch nicht, ob es sich um eine einfache Kostendeckelung oder eine Kostenspanne handelt. Weder das LG Potsdam noch das OLG Brandenburg verwendeten in ihren Entscheidungen einheitliche Begrifflichkeiten und keines der Gerichte differenzierte stringent zwischen dem Kostenrahmen und der Kostendeckelung.[380] Der Kostenrahmen ist inhaltlich gleichzusetzen mit der zuvor dargelegten Kostenspanne.[381] Damit ignorieren beide Instanzen die Tatsache, dass es zwischen einer Kostenspanne und einer Kostendeckelung Unterschiede gibt, sogar selbst dann, wenn beide eine Beschaffenheitsvereinbarung darstellen. Der wesentliche Unterschied liegt darin, dass bei einer Kostenspanne nicht ein bestimmter Betrag festgelegt wird, sondern eine preisliche Spanne innerhalb dessen sich die Baukosten bewegen dürfen. Es ist jedoch fraglich, worin vorliegend eine solche Spanne gesehen wurde. Es handelte sich bei der Benennung der Budgets von 170.000 € netto und 203.000 € brutto um ein und denselben Wert, einmal abzüglich und einmal inklusive der Steuern. Folglich stellt dies keine Kostenspanne dar. Möglicherweise wurden die Instanzgerichte durch die Verwendung der Begrifflichkeit des „*Kostenrahmens*" fehlgeleitet. Im Ergebnis wurde dabei nur ein bestimmter Wert als Obergrenze festgelegt und keine Kostenspanne, unabhängig davon, welcher Begriff verwendet wurde. An dieser Stelle wird erneut

---

[380] OLG Brandenburg, Urteil vom 13.07.2011, 13 U 69/10 juris (= NJW-RR 2011, 1315 (unvollständig)) Rn. 51, 55, 60; LG Potsdam, Urteil vom 10.06.2010, 3 O 127/09 juris Rn. 34, 36.

[381] Siehe 4.2.1.3.

deutlich, dass der Wortlaut keineswegs als einziger Anhaltspunkt genügen kann, um eine Kostenvereinbarung zu charakterisieren. Auch wenn der Wortlaut auf eine Kostenspanne hindeutete, so könnte eine solche tatsächlich nur dann vorliegen, wenn irgendeine Form der preislichen Spanne vereinbart wurde. Dafür hätte es nicht zwingend zwei oder mehrerer Geldbeträge bedurft. Auch die Verwendung von Prozentualbeträgen oder beispielsweise der Begrifflichkeit „*circa*" hätte für die Vereinbarung einer Kostenspanne genügen können. Die Klausel sowie die Umstände der Vereinbarung enthalten jedoch keine Hinweise darauf, dass eine Kostenspanne vereinbart werden sollte. Es wurde daher entgegen der Ansicht des LG Potsdam und des OLG Brandenburg eine Kostendeckelung und keine Kostenspanne vereinbart.

4.3.3.4.3 Fazit

Im Gegensatz zu den Instanzgerichten ist aufgrund der durch das Gericht dargelegten Kriterien also nicht von einer Kostenspanne, sondern von einer Kostendeckelung auszugehen. Für die Beurteilung der Kostendeckelung ergeben sich daraus aber keine weitreichenden Konsequenzen, da die Kostenspanne eine Modifikation der Kostendeckelung und dementsprechend ebenfalls eine Beschaffenheitsvereinbarung darstellt.

4.3.4 OLG Frankfurt, Urteil vom 15.12.2011, 12 U 71/10

4.3.4.1 Sachverhalt

In dem von dem OLG Frankfurt entschiedenen Fall befassten sich die Architekten bereits seit 2004 mit der Entwicklung eines Konzepts für das Bauvorhaben der Bauherren. Im August 2006 veräußerten die Bauherren dann die Teilfläche des Grundstückes, die mit einer Villa bebaut war. Auf der anderen Teilfläche sollte ein Patio-Haus errichtet werden, welches ebenfalls verkauft werden sollte, um den Neubau eines behindertengerechten Wohnhauses für die Bauherren selbst zu finanzieren. Ebenfalls im August 2006 wurden „*die voraussichtlichen Baukosten für das [behindertengerechte] Wohnhaus mit rund 249.000 € und für das Patio-Haus mit rund 107.000 € kalkuliert und auf dieser Grundlage [...] [das] Architektenhonorar ermittelt*"[382]. Im Anschluss an die Veräußerung erteilten die Bauherren den Architekten mündlich einen Architektenauftrag. Im Oktober 2006

[382] OLG Frankfurt, Urteil vom 15.12.2011, 12 U 71/10 juris (= NJW 2012, 1739 (unvollständig)) Rn. 4 – im Rahmen der Ausführungen wird hierbei davon ausgegangen, dass die Wortwahl der tatsächlichen Wortwahl der Vereinbarung entspricht.

wurde mit der Errichtung der Häuser begonnen. Im Januar 2007 beanstandeten die Bauherren erstmals die Überschreitung der veranschlagten Baukosten für das Patio-Haus. Am 29.05.2007 erstellten die Architekten eine Kostenaufstellung anhand der ihnen vorliegenden, geprüften Rechnungen und schätzten die voraussichtlichen Baukosten auf 146.447 €. Nach der Kostenaufstellung der Bauherren betrugen die Kosten für die unvollständige Herstellung des Patio-Hauses sogar 178.287 €. Im Dezember 2009 veräußerten die Bauherren das unfertige Patio-Haus für 180.000 € anstelle der ursprünglich vorgesehenen 268.000 €. Die Bauherren verlangten nun Schadensersatz unter anderem wegen Baukostenüberschreitung.[383]

4.3.4.2 Rechtliche Bewertung des Instanzgerichtes

Nach dem LG Darmstadt ist der Kostenrahmen vorliegend unter besonderen Umständen vereinbart worden, sodass die Architekten diesen nicht als unverbindlich hätten einschätzen können. Eine Überschreitung der Baukosten um 15–20 % wäre zwar noch hinnehmbar gewesen, aber eine Überschreitung von 66 % hätten die Bauherren nicht zu tolerieren. Die Architekten hätten eine erhebliche Fehleinschätzung zu verantworten. Die Pflichten zur kostengerechten und richtigen Kostenermittlung sowie zur entsprechenden Berücksichtigung der wirtschaftlichen Belange der Bauherren seien zumindest fahrlässig verletzt worden. Den Bauherren sei daher aufgrund von grob fehlerhafter Kostenermittlung ein Schadensersatzanspruch zuzugestehen.[384]

4.3.4.3 Rechtliche Bewertung nach dem OLG Frankfurt

Auch das OLG Frankfurt erkannte aufgrund der besonderen Investitionslage der Bauherren in der Vereinbarung einen verbindlichen Kostenrahmen.[385] Der vereinbarte Kostenrahmen sei in erheblichem Maße überschritten worden.[386] Die Pflichtverletzung der Architekten sei insbesondere auch darin zu sehen, dass die anfängliche Kostenschätzung besonders niedrig angesetzt wurde, um

---

[383] Dazu im Ganzen OLG Frankfurt, Urteil vom 15.12.2011, 12 U 71/10 juris (= NJW 2012, 1739 (unvollständig)) Rn. 2 ff.

[384] So im Ganzen LG Darmstadt, Urteil vom 20.04.2010, 10 O 353/08 (nicht veröffentlicht) S. 5 f.

[385] OLG Frankfurt, Urteil vom 15.12.2011, 12 U 71/10 juris (= NJW 2012, 1739 (unvollständig)) Rn. 42 ff.

[386] OLG Frankfurt, Urteil vom 15.12.2011, 12 U 71/10 juris (= NJW 2012, 1739 (unvollständig)) Rn. 46 ff.

den Entschluss der Bauherren zur Umsetzung des Gesamtprojektes zu fördern.[387] Den Bauherren steht daher auch nach Ansicht des OLG Frankfurt ein Schadensersatzanspruch zu.[388]

4.3.4.4 Analyse und Bewertung der Entscheidung

Der Sachverhalt zeichnet sich insbesondere durch die besonderen Umstände der Vereinbarung aus. Die Realisierbarkeit und Planungssicherheit des gesamten Bauvorhabens hingen vorliegend von den zu erwartenden Kosten für das Patio-Haus ab. Sowohl das LG Darmstadt als auch das OLG Frankfurt gingen in ihren Entscheidungen davon aus, dass diese Umstände die Verbindlichkeit der Vereinbarung rechtfertigen. Inwieweit diesen Entscheidungen zuzustimmen ist, muss im Folgenden überprüft werden.

4.3.4.4.1 Vereinbarung der Kostendeckelung

Der Umfang der Kostendeckelung umfasste die voraussichtlichen Baukosten für das Patio-Haus. Es ist folglich davon auszugehen, dass die Gesamtbaukosten für das Patio-Haus darunterfallen sollten, da der Umfang der Kostendeckelung nicht weiter eingeschränkt wurde. Die Höhe der Kostendeckelung wurde auf 107.000 € festgelegt. Leider geben die Urteile nicht den genauen Wortlaut der Vereinbarung wieder, sodass fraglich bleibt, ob dieser Betrag die Umsatzsteuer bereits beinhaltete. Es ist jedoch davon auszugehen, dass die Höhe der Kostendeckelung hinreichend bestimmt wurde. Für die Vereinbarung einer Kostendeckelung sollte im Idealfall weiterhin eine eindeutige und unmissverständliche Erklärung vorliegen, dass eine solche vereinbart werden soll. Der Wortlaut ging hier jedoch davon aus, dass die *„voraussichtlichen Baukosten"* 107.000 € betragen sollten. Es handelte sich also primär um eine Prognose der Baukosten und nicht zwingend um eine verbindliche Kostenangabe.

In Rechtsprechung und Literatur wird jedoch unter besonderen Umständen die Möglichkeit der Vereinbarung eines verbindlichen Kostenrahmens vorgesehen.[389] Der verbindliche Kostenrahmen soll eine Alternative zu der Vereinbarung

---

[387] OLG Frankfurt, Urteil vom 15.12.2011, 12 U 71/10 juris (= NJW 2012, 1739 (unvollständig)) Rn. 54.

[388] OLG Frankfurt, Urteil vom 15.12.2011, 12 U 71/10 juris (= NJW 2012, 1739 (unvollständig)) Rn. 66 ff.

[389] BGH, Urteil vom 21.03.2013, VII ZR 230/11 BGHZ 197, 93 (= NJW 2013, 1593); BGH, Urteil vom 23.01.1997, VII ZR 171/95 NJW-RR 1997, 850 (= BauR 1997, 494); OLG Frankfurt, Urteil vom 14.12.2006, 16 U 43/06 BeckRS 2007, 18433 (= BauR 2007, 18433); *Seifert/Fuchs*, in: Fuchs/Berger/Seifert, § 4 HOAI Rn. 57; *Werner/Pastor*, Der Bauprozess, Rn. 2265 ff.

einer Kostendeckelung darstellen, sodass diese Form der Vereinbarung dann an die Stelle der eindeutigen und unmissverständlichen Erklärung tritt.[390] Dieser Kostenrahmen darf insbesondere nicht mit dem gleichlautenden Kostenrahmen (vorliegend Kostenspanne genannt) verwechselt werden, welcher eine Preisspanne umfasst und eine Modifikation der Kostendeckelung darstellt.

Die vom Bauherren zum Ausdruck gebrachten Kostenvorstellungen, insbesondere die Finanzierungsmöglichkeiten oder der Verwendungszweck des Bauvorhabens, können verbindlicher Bestandteil des Architektenvertrages werden.[391] Dies setzt voraus, dass der Architekt und der Bauherr von der gleichen Kostenbasis ausgehen und diese zur Grundlage ihres Vertrages wird.[392] Dabei ist grundsätzlich irrelevant, welche Stufe der Kostenermittlung zur Grundlage des Vertrages gemacht wird – insbesondere kann nicht nur der Kostenrahmen im Sinne der DIN 276 zum Ausgangspunkt des Vertrages werden.[393] Die Verwendung des Terminus des verbindlichen Kostenrahmens soll die Möglichkeiten der Vereinbarung folglich nicht auf die Kostenermittlungsstufe des Kostenrahmens nach DIN 276 beschränken.

Der vor dem OLG Frankfurt verhandelte Sachverhalt zeichnete sich insbesondere durch das einzigartige Investitionskonzept und die besondere Investitionslage der Bauherren aus.[394] Sowohl das Investitionskonzept als auch die Investitionslage waren den Architekten von Anfang an bekannt.[395] Das Investitionskonzept wurde zunächst durch die Architekten selbst mitentwickelt.[396] Zudem handelte es sich um erfahrene Architekten, denen die Bedeutung der zu erwartenden Kosten des Patio-Hauses nicht verborgen bleiben konnten.[397] Die Bauherren brachten

---

[390] Siehe zum Beispiel *Seifert/Fuchs*, in: Fuchs/Berger/Seifert, § 4 HOAI Rn. 57; *Werner/Pastor*, Der Bauprozess, Rn. 2267.

[391] Vgl. BGH, Urteil vom 21.03.2013, VII ZR 230/11 BGHZ 197, 93 (= NJW 2013, 1593); OLG Frankfurt, Urteil vom 14.12.2006, 16 U 43/06 BeckRS 2007, 18433 (= BauR 2007, 18433); *Seifert/Fuchs*, in: Fuchs/Berger/Seifert, § 4 HOAI Rn. 57; *Werner/Pastor*, Der Bauprozess, Rn. 2265.

[392] *Werner/Pastor*, Der Bauprozess, Rn. 2264.

[393] Vgl. OLG Schleswig, Urteil vom 24.04.2009, 1 U 76/04 BeckRS 2009, 20062.

[394] Vgl. OLG Frankfurt, Urteil vom 15.12.2011, 12 U 71/10 juris (= NJW 2012, 1739 (unvollständig)) Rn. 44.

[395] LG Darmstadt, Urteil vom 20.04.2010, 10 O 353/08 (nicht veröffentlicht) S. 4; vgl. OLG Frankfurt, Urteil vom 15.12.2011, 12 U 71/10 juris (= NJW 2012, 1739 (unvollständig)) Rn. 44.

[396] OLG Frankfurt, Urteil vom 15.12.2011, 12 U 71/10 juris (= NJW 2012, 1739 (unvollständig)) Rn. 2; LG Darmstadt, Urteil vom 20.04.2010, 10 O 353/08 (nicht veröffentlicht) S. 5.

[397] LG Darmstadt, Urteil vom 20.04.2010, 10 O 353/08 (nicht veröffentlicht) S. 5.

gegenüber den Architekten nicht nur ihre limitierten Finanzierungsmöglichkeiten, sondern auch den Verwendungszweck des Patio-Hauses als Renditeobjekt zum Ausdruck.[398] Würde man hier nicht von einer verbindlichen Vereinbarung ausgehen, wäre der Architekt ohne nachvollziehbaren Grund nicht dazu verpflichtet seine Planung und die damit verbundenen Kosten an den Kostenvorstellungen des Bauherren auszurichten, obwohl er von den besonderen Umständen Kenntnis hatte. Der Bauherr kann daher berechtigterweise davon ausgehen, dass sich der Architekt an die Kostenvorstellungen gebunden fühlt. Im Zusammenhang mit diesen besonderen Umständen konnte die von den Architekten vorgenommene Kostenschätzung nur als eine Vereinbarung eines verbindlichen Kostenrahmens interpretiert werden.

Etwas anderes könnte sich nur dann ergeben, wenn der Architekt darauf hingewiesen hätte, dass die Kostenschätzung nicht zur Grundlage der Investitionsentscheidung werden darf.[399] Wenn Kostenschätzungen zu besonderen Zwecken erforderlich sind, soll dann eine Ausnahme zugunsten des Architekten greifen.[400] Ein solcher Hinweis ist in dem vorliegenden Fall jedoch nicht erfolgt. Den Ausführungen des LG Darmstadt und OLG Frankfurt ist somit dahingehend zuzustimmen, dass aufgrund der Gesamtumstände zwischen den Vertragsparteien ein verbindlicher Kostenrahmen vereinbart wurde.

4.3.4.4.2 Determinierung des Verbindlichkeitsgrades

Das OLG Frankfurt ging vorliegend von der Vereinbarung eines verbindlichen Kostenrahmens aus.[401] Das Gericht äußerte sich jedoch nicht dazu, welchen Verbindlichkeitsgrad die Vereinbarung haben sollte.

4.3.4.4.2.1 Notwendigkeit der Determinierung des Verbindlichkeitsgrades

Wie bereits zuvor erläutert, kann eine Kostendeckelung mittels eines verbindlichen Kostenrahmens vereinbart werden. Es muss daher bestimmt werden, wie verbindlich der Kostenrahmen im jeweiligen Einzelfall sein sollte.[402] Die

---

[398] OLG Frankfurt, Urteil vom 15.12.2011, 12 U 71/10 juris (= NJW 2012, 1739 (unvollständig)) Rn. 44.

[399] BGH, Urteil vom 11.11.2004, VII ZR 128/03 NJW-RR 2005, 318, 320 (= BauR 2005, 400).

[400] BGH, Urteil vom 11.11.2004, VII ZR 128/03 NJW-RR 2005, 318, 320 (= BauR 2005, 400).

[401] OLG Frankfurt, Urteil vom 15.12.2011, 12 U 71/10 juris (= NJW 2012, 1739 (unvollständig)) Rn. 42 ff.

[402] Vgl. *Seifert/Fuchs*, in: Fuchs/Berger/Seifert, § 4 HOAI Rn. 57; *Werner/Pastor*, Der Bauprozess, Rn. 2266.

Determinierung des Verbindlichkeitsgrades ist dementsprechend auch hier notwendig, um zu bestimmen, welche Rechtsfolgen bei einer Überschreitung des verbindlichen Kostenrahmens einschlägig sind. Zur Bestimmung des Verbindlichkeitsgrades muss auf die zuvor entwickelten Faktoren zurückgegriffen werden, welche hier gleichermaßen Berücksichtigung finden.

4.3.4.4.2.2 Bezeichnung der Kostendeckelung im Wortlaut der Vereinbarung

Der verbindliche Kostenrahmen wird zunächst durch die konkludente Vereinbarung charakterisiert. Eine Vereinbarung einer Baukostengarantie kommt daher regelmäßig und auch in dem vorliegenden Sachverhalt schon deshalb nicht in Frage, da es an einer ausdrücklichen Erklärung der vollumfänglichen Haftungsübernahme durch den Architekten fehlt. Der verbindliche Kostenrahmen könnte im Ergebnis somit eine Kostenobergrenze in Form einer Beschaffenheitsvereinbarung darstellen.[403]

Wie schon zuvor erläutert, wird in der vorliegenden Klausel die Begrifflichkeit der *„voraussichtlichen Baukosten"* verwendet, die verdeutlicht, dass es sich hier um eine Prognose der Baukosten handeln sollte, die nicht unbedingt verbindlich ist. Da es sich um den anerkannten Sonderfall des verbindlichen Kostenrahmens handelt, darf daraus nicht geschlossen werden, dass es sich um eine unverbindliche Vereinbarung handelt.

In der Klausel wurden die voraussichtlichen Baukosten auf *„rund"* 107.000 € geschätzt. Der Begriff *„rund"* wird hier in Kombination mit einem messbaren Wert verwendet, sodass er ein Synonym für den Terminus *„circa"* darstellt.[404] Die Begrifflichkeit *„circa"* – und somit auch die Begrifflichkeit *„rund"* – wird immer dann verwendet, wenn etwas nicht genau bestimmt werden kann.[405] Damit wird deutlich, dass die Summe von 107.000 € nicht als Kostendeckelung verstanden werden darf, sondern lediglich eine Kostenspanne darstellen sollte, da keine genaue Höhe der Baukosten bestimmt werden konnte. Somit spricht der Wortlaut dafür, dass eine Kostenspanne in Form einer Beschaffenheitsvereinbarung vereinbart wurde. Bei einer Kostenspanne sind die Architekten nur an den preislichen Rahmen gebunden (rund 107.000 €). Vorliegend wird jedoch kein eindeutiger

---

[403] Vgl. BGH, Urteil vom 23.01.1997, VII ZR 171/95 NJW-RR 1997, 850 (= BauR 1997, 494).

[404] Vgl. Duden, „rund", abrufbar unter: https://www.duden.de/rechtschreibung/rund_circa_ringsum (zuletzt abgerufen am: 08.05.2020).

[405] Duden, „circa", abrufbar unter: https://www.duden.de/rechtschreibung/circa (zuletzt abgerufen am: 16.01.2022); Duden, „ungefähr", abrufbar unter: https://www.duden.de/rechtschreibung/ungefaehr_annaehernd_geschaetzt, (zuletzt abgerufen am: 08.05.2020).

Rahmen abgesteckt, da nicht deutlich ist, wann genau eine Überschreitung der Kostendeckelung vorliegt. Der Wortlaut der Vereinbarung spricht insgesamt für eine Kostenspanne in Form einer Beschaffenheitsvereinbarung.

4.3.4.4.2.3 Umstände des Vertragsschlusses

Bei den Bauherren handelte es sich um Eheleute, die das Patio-Haus als Renditeobjekt errichten wollten. Der Bau des Patio-Hauses diente dabei dem Zweck, den zum eigenen Gebrauch der Eheleute zu errichtenden Neubau zu finanzieren. Es handelte sich bei den Bauherren somit um Verbraucher. Die Architekten waren hingegen Unternehmer, sodass es sich bei dem Architektenvertrag um einen Verbrauchervertrag handelte. Obwohl es sich um einen Verbrauchervertrag handelt, ergibt sich aus dem Sachverhalt nicht, dass im Rahmen der Vertragsverhandlungen ein Ungleichgewicht zulasten der Bauherren als Verbraucher vorlag. Es ergibt sich daher keine indizielle Wirkung aus der Tatsache, dass es sich um einen Verbrauchervertrag handelt.

4.3.4.4.2.4 Inhalt der Kostendeckelung

Vorliegend handelt es sich nicht um einen Generalplanervertrag, eine nicht bauwerksbezogene Kostendeckelung oder ein Bauvorhaben mit einem besonders großen Umfang. Wie schon bei den Ausführungen zum Umfang der Kostendeckelung erläutert, wurden hier jedoch die Baukosten für das Patio-Haus und damit die Gesamtbaukosten zum Inhalt der Vereinbarung. Davon sind auch Leistungen Dritter erfasst, was schon dadurch deutlich wird, dass die Architekten den Kostenanschlag mithilfe der Preise für die eingeholten Angebote erstellen wollten.[406] Folglich wurden Dritte zur Erbringung von Teilleistungen beauftragt. Inwieweit diese Leistungen und Kosten für die Architekten beeinflussbar waren, ergibt sich jedoch nicht aus dem Sachverhalt, sodass anzunehmen ist, dass er sie zumindest mittelbar beeinflussen konnte. Der Tatsache, dass auch fremde Leistungen und Kosten, die die Architekten lediglich mittelbar beeinflussen können, zum Inhalt der Vereinbarung wurden, kann keine spezielle Indizwirkung zugeordnet werden. Der Umfang der Architektenvollmacht und der Einflussmöglichkeiten der Architekten sind nicht bekannt, sodass sich auch daraus keine Indizwirkung ergibt.

---

[406] OLG Frankfurt, Urteil vom 15.12.2011, 12 U 71/10 juris (= NJW 2012, 1739 (unvollständig)) Rn. 57.

4.3.4.4.2.5 Planungsstand im Zeitpunkt der Vereinbarung

Das Oberlandesgericht ging vorliegend davon aus, dass noch keine fertige Vorplanung inklusive Kostenschätzung vorlag.[407] Ob darin daher ein Kostenrahmen als Vorstufe zur Kostenschätzung zu sehen sei, ließ das OLG Frankfurt jedoch offen. Das LG Darmstadt ging hingegen von einer Kostenschätzung aus, die zur Grundlage des Vertrages wurde.[408] Unabhängig davon, was für eine Stufe der Kostenermittlung hier vorlag, ist vorliegend von einer Indizwirkung zugunsten einer Beschaffenheitsvereinbarung auszugehen, da hier zumindest keine Planung auf dem Niveau einer Entwurfsplanung (Leistungsphase 3) vorliegt. Der Kostenrahmen stellt grundsätzlich die Kostenermittlungsstufe im Rahmen der Grundlagenermittlung (Leistungsphase 1) dar und die Kostenschätzung wird im Rahmen der Vorplanung (Leistungsphase 2) erbracht, sodass sowohl nach der Entscheidung des LG Darmstadt als auch nach der Entscheidung des OLG Frankfurt der Planungsstand der vorliegenden Kostendeckelung für die Vereinbarung einer Kostenobergrenze im Sinne einer Beschaffenheitsvereinbarung spricht.

4.3.4.4.3 Fazit

Im Ergebnis ist den Ausführungen des OLG Frankfurt bezüglich der Vereinbarung des verbindlichen Kostenrahmens zuzustimmen. Das OLG Frankfurt verkennt die Notwendigkeit, den Verbindlichkeitsgrad des Kostenrahmens genau zu determinieren. Es handelt sich bei der Vereinbarung um eine Beschaffenheitsvereinbarung in Form einer Kostenspanne, bei der grundsätzlich Toleranzen im Rahmen der Kostenspanne zuzugestehen sind. Es bleibt daher zunächst offen, wann die Kostenobergrenze überschritten wurde, da sich aus der Vereinbarung nicht genau ergibt, welchen Umfang die Kostenspanne hat. Es kann vorliegend jedoch davon ausgegangen werden, dass eine Überschreitung von circa 20 % für ein unfertiges Haus wohl nicht mehr von der Kostenspanne gedeckt sein sollte. Dies deckt sich auch mit den besonderen Umständen im Hinblick auf die Finanzierung des Gesamtprojektes, die ein besonderes Maß an Sorgfalt voraussetzten. Es lag daher eine Überschreitung der Kostenspanne in Form einer Beschaffenheitsvereinbarung vor, die einen Schadensersatzanspruch begründet.

---

[407] OLG Frankfurt, Urteil vom 15.12.2011, 12 U 71/10 juris (= NJW 2012, 1739 (unvollständig)) Rn. 42 f.

[408] LG Darmstadt, Urteil vom 20.04.2010, 10 O 353/08 (nicht veröffentlicht) S. 4 f.

4.3.5 KG, Teilurteil vom 28.08.2018, 21 U 24/16

4.3.5.1 Sachverhalt

In dem von dem KG entschiedenen Sachverhalt plante die Bauherrin, die in ihrem Eigentum stehende Kaserne zu modernisieren, in Wohnungen umzubauen und in Wohnungseigentum aufzuteilen.[409] Am 20.04.2006 beauftragte sie zu diesem Zweck die Architekten mit den Architektenleistungen der Leistungsphasen 1–9.[410] Unter anderem wurde auch die Firma X durch die Bauherrin mit mehreren Gewerken, wie zum Beispiel der Verlegung des Parketts beauftragt.[411] Während des Bauvorhabens kam es immer wieder zu Streitigkeiten zwischen der Bauherrin und einzelnen Bauunternehmern, wodurch sich das Bauvorhaben insgesamt verzögerte.[412] Im Jahr 2007 kündigten die Architekten den Vertrag mit der Firma X bezüglich des Gewerkes Parkett und beauftragten die Firma Y.[413] Am 01.06.2007 teilten die Architekten der Bauherrin dann schriftlich mit, dass *„sich die Gesamtkosten dieses Gewerks auf 101.010,15 € belaufen und durch die Kündigung keine Mehrkosten entstehen würden“*.[414] Nach Fertigstellung ihrer jeweiligen Arbeiten haben alle Unternehmer ihre Schlussrechnungen ausgestellt, die durch die Architekten geprüft und von der Bauherrin bezahlt wurden.[415] Bevor das gesamte Bauvorhaben beendet wurde, kam es jedoch zu einem Streit zwischen der Bauherrin und den Architekten, sodass die Architekten ab dann keine Leistungen mehr erbrachten und die Bauherrin keine Leistungen mehr abnahm.[416] Die Bauherrin verlangte nun von den Architekten Schadensersatz in Höhe von 508.977,42 € wegen einer angeblich fehlerhaften Rechnungsprüfung.[417] Auf die Überschreitung eines etwaigen Kostenlimits entfielen dabei lediglich 8.827,04 €, die durch die Bauherrin koinzident geltend gemacht wurden.[418]

---

[409] KG, Teilurteil vom 28.08.2018, 21 U 24/16 BeckRS 2018, 20996 Rn. 2.
[410] KG, Teilurteil vom 28.08.2018, 21 U 24/16 BeckRS 2018, 20996 Rn. 3.
[411] KG, Teilurteil vom 28.08.2018, 21 U 24/16 BeckRS 2018, 20996 Rn. 7.
[412] KG, Teilurteil vom 28.08.2018, 21 U 24/16 BeckRS 2018, 20996 Rn. 6.
[413] KG, Teilurteil vom 28.08.2018, 21 U 24/16 BeckRS 2018, 20996 Rn. 7.
[414] KG, Teilurteil vom 28.08.2018, 21 U 24/16 BeckRS 2018, 20996 Rn. 7.
[415] KG, Teilurteil vom 28.08.2018, 21 U 24/16 BeckRS 2018, 20996 Rn. 8.
[416] KG, Teilurteil vom 28.08.2018, 21 U 24/16 BeckRS 2018, 20996 Rn. 9.
[417] KG, Teilurteil vom 28.08.2018, 21 U 24/16 BeckRS 2018, 20996 Rn. 10 f.
[418] KG, Teilurteil vom 28.08.2018, 21 U 24/16 BeckRS 2018, 20996 Rn. 127.

4.3.5.2 Rechtliche Bewertung des Instanzgerichtes

Das Landgericht Berlin sprach der Bauherrin lediglich eine Zahlung von 5.901,09 € zu und wies die Klage im Übrigen ab.[419] Eine Pflichtverletzung sei nur insoweit zu erkennen, als bei der Rechnungsprüfung bezüglich des Gewerkes Fenster ein Fehler unterlaufen sei.[420] Die Beseitigung dieses Mangels würde Kosten in Höhe von 5.901,09 € beanspruchen, sodass diesbezüglich ein Schadensersatzanspruch zustehen würde.[421] Mit der Überschreitung eines etwaigen Kostenlimits setzte sich das LG Berlin jedoch nicht auseinander.

4.3.5.3 Rechtliche Bewertung des KG

Die Bauherrin legte daraufhin Berufung vor dem KG ein. Das Kammergericht änderte das Urteil des LG Berlin dahingehend ab, dass die Architekten zur Zahlung eines Schadensersatzes in Höhe von 142.328,20 € verurteilt wurden.[422] Dieser Anspruch ergebe sich aus §§ 280, 281 BGB – je nachdem, ob eine Nacherfüllung möglich sei oder nicht, variiere die Anspruchsgrundlage.[423] Die Pflichtverletzungen seien hierbei in etwaigen Planungs- und Überwachungsfehlern durch die Architekten zu sehen.[424] Das Kammergericht behandelte alle Schadenspositionen einzeln und ging im Zuge dessen unter anderem auch auf die Überschreitung des Kostenlimits ein. Für den Fall, dass durch die Überschreitung des Kostenlimits ein Anspruch begründet würde, beliefe sich dieser nach Ansicht des Kammergerichtes auf 8.827,04 €.[425] Bei einer Garantievereinbarung würde sich der Anspruch auf Erfüllung richten, wobei kein gesteigerter Einstandswille für eine Garantievereinbarung vorgelegen habe.[426] Eine weitere Möglichkeit der Geltendmachung bestünde, wenn es sich bei dem Kostenlimit um eine Beschaffenheitsvereinbarung handeln würde und dieses überschritten wurde.[427] Das Kammergericht sprach sich jedoch im Allgemeinen gegen die Möglichkeit aus, Kostendeckelungen, welche sich auf fremde Leistungen erstrecken, als Beschaffenheitsvereinbarung zu vereinbaren.[428] Auch sonst konnte das

---

[419] LG Berlin, Urteil vom 10.02.2016, 8 O 209/12 BeckRS 2016, 133141 Rn. 14 f.

[420] LG Berlin, Urteil vom 10.02.2016, 8 O 209/12 BeckRS 2016, 133141 Rn. 21.

[421] LG Berlin, Urteil vom 10.02.2016, 8 O 209/12 BeckRS 2016, 133141 Rn. 21.

[422] KG, Teilurteil vom 28.08.2018, 21 U 24/16 BeckRS 2018, 20996 Rn. 20.

[423] KG, Teilurteil vom 28.08.2018, 21 U 24/16 BeckRS 2018, 20996 Rn. 22 f.

[424] KG, Teilurteil vom 28.08.2018, 21 U 24/16 BeckRS 2018, 20996 Rn. 22.

[425] KG, Teilurteil vom 28.08.2018, 21 U 24/16 BeckRS 2018, 20996 Rn. 127.

[426] KG, Teilurteil vom 28.08.2018, 21 U 24/16 BeckRS 2018, 20996 Rn. 135.

[427] Vgl. KG, Teilurteil vom 28.08.2018, 21 U 24/16 BeckRS 2018, 20996 Rn. 131.

[428] KG, Teilurteil vom 28.08.2018, 21 U 24/16 BeckRS 2018, 20996 Rn. 134 f.

KG keine Pflichtverletzung ausmachen, die hinreichend bewiesen wurde, sodass es einen Anspruch aufgrund der Überschreitung des Kostenlimits in Höhe von 8.827,04 € ablehnte.[429]

4.3.5.3.1 Analyse und Bewertung der Entscheidung

Diese Entscheidung ist von besonderer Brisanz, da die Möglichkeit der Vereinbarung einer Kostenobergrenze in Form einer Beschaffenheitsvereinbarung allgemein für den Fall abgelehnt wurde, dass fremde Leistungen umfasst sind. Damit widerspricht das Kammergericht der herrschenden Ansicht in Rechtsprechung und Literatur.[430]

4.3.5.3.2 Argumentation des KG gegen die Möglichkeit der Vereinbarung einer Kostendeckelung als Beschaffenheitsvereinbarung im Allgemeinen

4.3.5.3.2.1 Fehlende Eigenschaftsfähigkeit der Kosten des Bauwerks

Das KG ging zunächst davon aus, dass die Frage, zu welchen Kosten die Planung umgesetzt werden soll, keine Eigenschaft des Architektenwerkes darstelle.[431] Der Architekt könne grundsätzlich insbesondere nicht beeinflussen, zu welchen Preisen die Unternehmer eine Umsetzung der Planung anbieten würden, daher seien die Baukosten keine Eigenschaft des Architektenwerkes.[432] Der Architekt könne lediglich prognostizieren, wie hoch die Kosten vermutlich sein würden.[433] Das KG verkannte hierbei jedoch, dass der Architekt im Fall einer Kostendeckelung die besondere Aufgabe des Koordinators[434] übernommen hat und ihm persönlich damit die Leistungspflicht zukommt, das gesamte Bauvorhaben und seine Kosten im Blick zu behalten. Zudem gibt es auch schon vor Abschluss der einzelnen Bauunternehmerverträge regelmäßig Möglichkeiten auf die Baukosten Einfluss zu nehmen. Der Architekt kann beispielsweise, soweit er eine entsprechende Architektenvollmacht erteilt bekommen hat, die Bauunternehmer auswählen und auf ihm bekannte Unternehmer zurückgreifen. Seine Einflussmöglichkeiten sind

---

[429] KG, Teilurteil vom 28.08.2018, 21 U 24/16 BeckRS 2018, 20996 Rn. 128, 142.

[430] BGH, Urteil vom 13.02.2003, VII ZR 395/01 NJW-RR 2003, 877 (= BauR 2003, 1061); BGH, Urteil vom 23.01.1997, VII ZR 171/95 NJW-RR 1997, 850, 850 f. (= BauR 1997, 494); OLG Celle, Urteil vom 07.01.2009, 14 U 115/08 NJW-RR 2009, 1177 (= NZBau 2009, 663); *Kober*, in: BeckOGK-BGB, § 636 BGB (Stand: 01.04.2022) Rn. 534 f.; *Kuhn*, in: Thode/Wirth/Kuffer, § 13 Haftung im Kostenbereich Rn. 13 ff.

[431] KG, Teilurteil vom 28.08.2018, 21 U 24/16 BeckRS 2018, 20996 Rn. 131.

[432] KG, Teilurteil vom 28.08.2018, 21 U 24/16 BeckRS 2018, 20996 Rn. 132.

[433] KG, Teilurteil vom 28.08.2018, 21 U 24/16 BeckRS 2018, 20996 Rn. 132.

[434] Siehe dazu 4.2.2.4.1.

dabei gewiss beschränkt, was jedoch hinreichend bei der Haftung des Architekten berücksichtigt wird.

4.3.5.3.2.2 Fehlende Auseinandersetzung mit den rechtlichen Konsequenzen einer Kostenobergrenze in Form einer Beschaffenheitsvereinbarung

Zudem wird behauptet, dass bis dahin in der Rechtsprechung noch nicht untersucht wurde, welche rechtlichen Konsequenzen mit der Behauptung, eine Kostenobergrenze könne als Beschaffenheitsvereinbarung vereinbart werden, einher gehen würden.[435] Dabei sei insbesondere die Schadensberechnung problematisch.[436]

Diesbezüglich führte das KG zunächst an, dass die objektive Unmöglichkeit der Einhaltung der Kostenobergrenze für die Haftung des Architekten irrelevant sei, da dieser selbst im Falle der objektiven Unmöglichkeit für das Erfüllungsinteresse einstehen müsse.[437] Dieser Ausführung ist jedoch nur für den Fall der anfänglichen Unmöglichkeit zuzustimmen, worauf sich die Darstellungen des KG zumindest im Hinblick auf die zitierten Normen auch beschränken. Liegt eine nachträgliche Unmöglichkeit gemäß § 275 BGB vor, wird für einen Schadensersatzanspruch nach §§ 280 Abs. 1, 283 BGB ein Vertretenmüssen der Unmöglichkeit vorausgesetzt. Dort muss der Architekt somit nicht für die Einhaltung einer Kostenobergrenze einstehen, dessen Gewährleistung nicht durch eine von dem Architekten beeinflussbare Drittleistung gesichert werden kann. Lediglich im Rahmen der anfänglichen Unmöglichkeit nach § 311a BGB ist das Vertretenmüssen irrelevant. Dort wird auf die Kenntnis oder das Kennenmüssen des Architekten von der anfänglichen Unmöglichkeit bei Vertragsschluss abgestellt. In einem solchen Fall ist der Architekt im Zweifel ohnehin nicht schutzwürdig, da er bei Vertragsschluss davon Kenntnis hatte oder zumindest hätte Kenntnis haben müssen, dass er seine Leistungspflichten nicht erfüllen kann. Das KG ging also berechtigterweise davon aus, dass die objektive, anfängliche Unmöglichkeit bei der Einhaltung der Kostenobergrenze unerheblich ist.

4.3.5.3.2.3 Unerheblichkeit der Entscheidung der Bauherrin für oder gegen ein Bauvorhaben mit höheren Baukosten

Weiterhin ging das KG davon aus, dass es für die Haftung des Architekten bedeutungslos sei, ob sich die Bauherrin möglicherweise für das Bauvorhaben

[435] KG, Teilurteil vom 28.08.2018, 21 U 24/16 BeckRS 2018, 20996 Rn. 133.

[436] KG, Teilurteil vom 28.08.2018, 21 U 24/16 BeckRS 2018, 20996 Rn. 133.

[437] KG, Teilurteil vom 28.08.2018, 21 U 24/16 BeckRS 2018, 20996 Rn. 133.

mit höheren Baukosten entschieden hätte.[438] Dabei übersah das KG jedoch den Grundsatz des „*venire contra factum proprium*", nach dem eine Rechtsausübung unzulässig ist, wenn ihr ein widersprüchliches Verhalten zugrunde liegt. Die Bauherrin könnte die Architekten daher nicht mehr wegen einer Überschreitung der Kostenobergrenze oder einer damit verbundenen Pflichtverletzung in Anspruch nehmen, sobald sie sich für die Umsetzung des teureren Bauvorhabens entscheidet. Ein solcher Anspruch würde ihr zwar zustehen, aber seine Geltendmachung widerspräche dem zuvor benannten Grundsatz. Die Bedenken des KG können somit nicht geteilt werden. Für den Fall, dass sich die Bauherrin für das teurere Bauvorhaben entschieden hätte, wäre die Geltendmachung etwaiger Ansprüche aufgrund der Überschreitung der Kostenobergrenze ausgeschlossen.

4.3.5.3.2.4 Fazit

Letztendlich konnten die zentralen Argumente des KG widerlegt werden. Dementsprechend ist davon auszugehen, dass eine Kostenobergrenze mit fremdem Leistungen in Form einer Beschaffenheitsvereinbarung vereinbart werden kann.

4.3.5.3.3 Vereinbarung der Kostendeckelung

Durch die vorhergehenden Ausführungen wurde deutlich, dass den Ausführungen des Kammergerichtes zu der Kostenobergrenze nicht zugestimmt werden kann. Die Vereinbarung vom 01.06.2007 soll daher anhand der bereits entwickelten Methodik überprüft werden. Die Kostendeckelung umfasst in dem Sachverhalt die Gesamtkosten des Bauvorhabens. Dies wird durch den vom Gericht gewählten Wortlaut deutlich. Das Kammergericht setzte sich mit der Frage auseinander, ob eine Kostenobergrenze in Form einer Beschaffenheitsvereinbarung auch fremde Leistungen umfassen könnte. Die Gesamtkosten umfassen vorliegend daher auch Leistungen Dritter. Die Höhe der Kostendeckelung wurde auf 101.010,25 € festgelegt und die eindeutige und unmissverständliche Erklärung der Kostendeckelung liegt in dem Schreiben vom 01.06.2007. Den allgemeinen Anforderungen an die Vereinbarung einer Kostendeckelung wurde somit Genüge getan und eine wirksame Kostendeckelung liegt vor.

4.3.5.3.4 Determinierung des Verbindlichkeitsgrades

Das KG ging vorliegend davon aus, dass eine Kostenobergrenze nicht wirksam vereinbart werden konnte, da es aufgrund der Leistungen Dritter davon ausging, dass lediglich eine Vereinbarung als Baukostengarantie möglich sei. Dafür habe

[438] KG, Teilurteil vom 28.08.2018, 21 U 24/16 BeckRS 2018, 20996 Rn. 133.

nach Ansicht des KG ein entsprechender Einstandswille gefehlt.[439] Wie zuvor bereits dargelegt wurde, kann sich dieser Ansicht nicht angeschlossen werden, sodass der Verbindlichkeitsgrad der Kostendeckelung bestimmt werden muss.

Bei der Determinierung des Verbindlichkeitsgrades ist hier jedoch problematisch, dass in den Urteilen kaum bis keine Ausführungen zu der Vereinbarung der Kostendeckelung getätigt werden. Trotzdem soll im Folgenden überprüft werden, ob ein Verbindlichkeitsgrad ermittelt werden kann.

4.3.5.3.4.1 Bezeichnung der Kostendeckelung im Wortlaut der Vereinbarung

Der tatsächliche Wortlaut ist vorliegend nicht bekannt, sodass lediglich auf die Ausführungen des KG zurückgegriffen werden kann.

Bei der vorliegenden Vereinbarung dürften zumindest nicht die Anforderungen an die Vereinbarung einer Garantie erfüllt sein, da es einer ausdrücklichen Erklärung des Architekten bedarf, dass er unabhängig von dem Grund der Kostenüberschreitung in jedem Fall persönlich für die Baukostengarantie einstehen möchte. Dafür finden sich keinerlei Anhaltspunkte in den Ausführungen des KG.

Das Gericht führte weiterhin aus, dass die Architektin in dem Schreiben vom 01.06.2007 die Gesamtkosten für das Gewerk „*veranschlagte*".[440] Veranschlagen steht für den Umstand, dass aufgrund einer Schätzung oder einer vorläufigen Rechnung eine voraussichtlich sich ergebende Anzahl, Menge oder Summe angesetzt wird.[441] Die Tatsache, dass die Summe lediglich auf einer Schätzung oder vorläufigen Rechnung beruht, würde vorliegend eher für eine Vereinbarung als Kostenspanne sprechen. Zudem wird die Summe bei einem „*Veranschlagen*" lediglich angesetzt, was weniger streng auszulegen ist als beispielsweise etwas festzulegen.

Das KG formulierte jedoch ebenfalls, dass sich die Gesamtkosten auf 101.010,25 € „*belaufen*"[442] würden. Als Synonym für die Begrifflichkeit „*belaufen*" wird beispielsweise auch betragen oder ausmachen verwendet.[443] Dies spricht insgesamt für einen vorgegebenen Betrag, dessen Höhe explizit festgesetzt wurde. Die Verwendung dieses Begriffes würde somit für eine Kostenobergrenze

[439] Dazu im Ganzen bereits unter 4.3.5.3.

[440] KG, Teilurteil vom 28.08.2018, 21 U 24/16 BeckRS 2018, 20996 Rn. 127.

[441] Duden, „veranschlagen", abrufbar unter: https://www.duden.de/rechtschreibung/veranschlagen (zuletzt abgerufen am: 08.05.2020).

[442] KG, Teilurteil vom 28.08.2018, 21 U 24/16 BeckRS 2018, 20996 Rn. 7.

[443] Vgl. Duden, „belaufen", abrufbar unter: https://www.duden.de/rechtschreibung/belaufen (zuletzt abgerufen am: 08.05.2020).

in Form einer Beschaffenheitsvereinbarung sprechen. Insgesamt darf auf die Wortwahl des KG aufgrund der sehr unterschiedlichen Begrifflichkeiten nicht allzu viel Gewicht gelegt werden.

4.3.5.3.4.2 Umstände des Vertragsschlusses

Die Architekten waren vorliegend eine Gesellschaft des bürgerlichen Rechts, deren Gesellschafter beide Architekten waren.[444] Zu der Bauherrin sind hingegen keine weiteren Informationen bekannt. Bezüglich des genauen Ablaufes der Verhandlungen und der Umstände der Vereinbarung finden sich in dem Sachverhalt ebenfalls keinerlei Anhaltspunkte. Die Umstände der Vereinbarung geben daher keinen Aufschluss über den Verbindlichkeitsgrad der Kostendeckelung.

4.3.5.3.4.3 Inhalt der Kostendeckelung

Aus dem Sachverhalt ergibt sich vorliegend nicht, dass ein Generalplanervertrag vereinbart wurde. Es gibt auch keine Indizien dafür, dass hier eine nicht bauwerksbezogene Kostendeckelung oder ein Bauvorhaben mit einem besonders großen Umfang vorgelegen hätte.

Wie bereits deutlich wurde, sind auch Leistungen Dritter Inhalt der Kostendeckelung geworden. Das KG hat diesbezüglich angenommen, dass aufgrund der mangelnden Einflussmöglichkeiten grundsätzlich keine Beschaffenheitsvereinbarung vorliegen kann. Dabei ist jedoch eine wesentlich differenziertere Betrachtungsweise notwendig. Es muss für den jeweiligen Einzelfall überprüft werden, inwieweit der Architekt Möglichkeiten zur Einflussnahme auf die Kosten der Leistungen Dritter hatte. Vor Abschluss der Unternehmerverträge hat der Architekt, wie bereits zuvor erwähnt, grundsätzlich die Möglichkeit, den Bauunternehmer auszusuchen und kann dabei insbesondere auf ihm bekannte Bauunternehmer zurückgreifen. Zudem kann er die marktüblichen Preise bereits im Vorfeld berücksichtigen und die Entwicklungen auf dem Markt beobachten. Die Architekten selbst beauftragten vorliegend die Firma Y und hatten daher zumindest theoretisch die Möglichkeit, mithilfe der zuvor benannten Maßnahmen auf den Unternehmer Einfluss zu nehmen. Die Architekten bestätigten nach der Beauftragung der Firma Y mit dem Schreiben vom 01.06.2007 die Einhaltung der Kostendeckelung.[445] Die Kostenüberschreitung kann daher insbesondere nicht auf der Tatsache beruht haben, dass sich kein Unternehmen gefunden hat, dass die Arbeiten zu dem Preis von 101.010,25 € ausgeführt hätte. Diese Tatsache bleibt von dem KG jedoch unberücksichtigt. Die Kostenüberschreitung muss

[444] KG, Teilurteil vom 28.08.2018, 21 U 24/16 BeckRS 2018, 20996 Rn. 3.

[445] KG, Teilurteil vom 28.08.2018, 21 U 24/16 BeckRS 2018, 20996 Rn. 7.

sich entsprechend im Rahmen der Bauausführung ergeben haben. Dort erkennt das KG selbst die Möglichkeiten der Einflussnahme an.[446]

Die Tatsache, dass auch fremde Leistungen, die der Architekt lediglich mittelbar beeinflussen kann, zum Inhalt der Vereinbarung wurden, hat keine spezielle indizielle Wirkung. Zu der Ausgestaltung der Architektenvollmacht und den Einflussmöglichkeiten des Architekten ist nichts bekannt, sodass sich auch daraus keine Indizwirkung ergibt.

4.3.5.3.4.4 Planungsstand im Zeitpunkt der Vereinbarung

Der ursprüngliche Architektenvertrag über die Architektenleistungen der Leistungsphase 1 bis 9 nach HOAI wurde bereits am 20.04.2006 vereinbart. Daraufhin wurden die einzelnen Bauleistungen vergeben. Ursprünglich wurde die Firma X mit dem Gewerk Parkett beauftragt, doch dieser Vertrag wurde nach Streitigkeiten gekündigt. Die Firma Y wurde erst nachträglich mit dem Gewerk beauftragt. Die Kostendeckelung selbst wurde auch erst nach der Beauftragung der Firma Y – am 01.06.2007 – vereinbart, also über ein Jahr nachdem der Architektenvertrag vereinbart wurde. Im Zeitpunkt der Vereinbarung der Kostendeckelung musste daher zumindest eine Planung auf dem Stand der Leistungsphase 7 (Mitwirkung bei der Vergabe) vorliegen. Aus dem Planungsstand ergibt sich daher keine Indizwirkung, da trotz des fortgeschrittenen Planungsstandes nicht automatisch davon ausgegangen werden kann, dass eine Baukostengarantie vereinbart werden sollte.

4.3.5.3.5 Fazit

Insgesamt zeigen sich bei den Ausführungen des KG einige Schwächen und Widersprüchlichkeiten. Diese konnten identifiziert und widerlegt werden, sodass die Behauptung, es könne sich bei der Kostendeckelung nicht um eine Beschaffenheitsvereinbarung handeln, so nicht aufrechterhalten werden kann. Aufgrund der mitgeteilten Informationen zum Sachverhalt wird die Ansicht vertreten, dass die Kostenobergrenze in dem vor dem KG verhandelten Sachverhalt eine ebensolche Beschaffenheitsvereinbarung darstellt. Einem endgültigen Ergebnis stehen jedoch die fehlenden Informationen im Sachverhalt entgegen. Gerade durch die unterschiedlich verwendeten Begrifflichkeiten des KG ist eine abschließende Entscheidung nicht möglich. Es könnte sich vorliegend um eine Kostendeckelung oder eine Kostenspanne in Form einer Beschaffenheitsvereinbarung handeln.

---

[446] KG, Teilurteil vom 28.08.2018, 21 U 24/16 BeckRS 2018, 20996 Rn. 142.

4.3.6 Ergebnis der Rechtsprechungsanalyse

Insgesamt konnten einige Schwächen der behandelten Urteile aufgedeckt werden. Dabei lag das zentrale Problem nicht immer in der Determinierung des Verbindlichkeitsgrades, sondern zum Teil bereits in der Frage, ob überhaupt eine Kostenobergrenze vereinbart wurde.

Bei der Beurteilung der Entscheidungen setzten sich insbesondere der Wortlaut der Vereinbarung und der Planungsstand im Zeitpunkt der Vereinbarung als wegweisende Faktoren durch, wobei am meisten Aufschluss letztendlich regelmäßig der Wortlaut der Vereinbarung brachte, welcher gleichzeitig auch Ausgangspunkt der jeweiligen Untersuchung war. Dieser ist im Gegensatz zu den Umständen der Vereinbarung grundsätzlich dokumentiert.

Die Umstände der Vereinbarung konnten keine wirkliche Berücksichtigung in der Beurteilung finden. Es wurden zahlreiche Tatsachen identifiziert, die zumindest im Ansatz einen Rückschluss auf die Umstände des Vertragsschlusses erlauben und denen zumindest eine indizielle Wirkung zugesprochen werden kann. Bei der untersuchten Rechtsprechung waren diese aber möglicherweise bereits aufgrund der limitierten Informationen bezüglich des Sachverhaltes nicht relevant.

Auch der Inhalt der Vereinbarung war für die vorstehenden Beurteilungen von wenig Relevanz, da hier die gewählte Rechtsprechung ebenfalls nicht ergiebig war. In den Urteilen fanden sich keine Anzeichen dafür, dass es sich um einen Generalplanervertrag, eine nicht bauwerksbezogene Kostendeckelung oder ein Bauvorhaben mit besonders großem Umfang handelt. Eine Indizwirkung zugunsten einer Kostendeckelung mit einem niedrigen Verbindlichkeitsgrad konnte aufgrund dieser Faktoren nicht identifiziert werden. Dies könnte gewiss auch daran liegen, dass Kostendeckelungen mit einem solchen Inhalt die Ausnahme darstellen.

In der Regel ist hier weiterhin davon auszugehen, dass Architekten zumindest mittelbar auf alle Leistungen und die daraus resultierenden Kosten Einfluss nehmen können, da meist weitreichende Architektenvollmachten ausgestellt werden. Daraus ergibt sich ebenfalls keine spezielle indizielle Wirkung.

Unabhängig davon, welche Faktoren sich bei der Überprüfung von bereits bestehenden Kostendeckelungen als besonders praktikabel herausgestellt haben, sollten im Zeitpunkt der Vereinbarung einer Kostendeckelung grundsätzlich alle Faktoren berücksichtigt werden. Auch wenn die Wortwahl immer im Zusammenhang mit den anderen Faktoren analysiert und keineswegs als abschließend beurteilt werden sollte, kann ihr eine maßgebliche Indizwirkung nicht abgesprochen werden. Im Speziellen sollten die Vertragsparteien vermeiden, widersprüchliche Begrifflichkeiten oder Ausdrücke zu verwenden. Zudem sollte nur dann auf die bekannten Fachtermini zurückgegriffen werden, wenn über deren rechtliche Bedeutung durchweg Klarheit besteht.

Bei der Beurteilung von Kostendeckelungen gibt es letztlich eine Vielzahl von Faktoren zu berücksichtigten, um den Verbindlichkeitsgrad beurteilen zu können. Die Rechtsprechungsanalyse hat jedoch gezeigt hat, dass es im Endeffekt immer auf den jeweiligen Einzelfall und seine Besonderheiten ankommt.

5 Zusammenfassung der Untersuchung

Die vorstehende Untersuchung hat gezeigt, dass Bauvorhaben in der Regel von einer Arbeitsteilung geprägt sind und es viele Baubeteiligte geben kann. Entsprechend ist das Nebeneinander von verschiedenen Vertragsbeziehungen typisch für Bauvorhaben. Der Architekt übernimmt eine elementare Rolle bei ihrer Durchführung, da er der Koordinator des Bauvorhabens ist. Ihm kommt ein umfassendes Aufgabenfeld zu. Neben Planungs- und Überwachungsleistungen hat der Architekt grundsätzlich auch Beratungs-, Dokumentations-, Auskunfts- und weitere Leistungen als Nebenpflichten zu erbringen. Für all diese Leistungen muss der Architekt grundsätzlich die Haftung übernehmen.

Das Aufgabenfeld des Architekten kann jedoch stark variieren, woraus sich auch wesentliche Unterschiede bei der Haftung ergeben, da der Architekt nur für die Leistungen einstehen muss, die er auch übernommen hat. Um diesen Unterschieden gerecht zu werden, wurden vier unterschiedliche Architektentypen und damit einhergehende Architektenvertragstypen entwickelt. Es muss daher zwischen dem sowohl bauplanenden als auch bauüberwachenden Architekten (i), dem lediglich bauplanenden (ii), dem lediglich bauüberwachenden Architekten (iii) und dem Architekten als Generalplaner (iv) unterschieden werden. Der Architekt als Generalplaner ist für die gesamte Planung des Bauvorhabens inklusive aller Architekten- und Ingenieursleistungen zuständig und übernimmt den umfangreichsten Aufgabenkatalog und damit das größte wirtschaftliche Risiko. Das wirtschaftliche Risiko des sowohl bauplanenden und als auch bauüberwachenden Architekten ist hingegen etwas geringer, da er die Leistungen der Sonderfachleute nicht selbst übernimmt, sondern deren Leistungen nur überwacht. Der lediglich bauüberwachende Architekt übernimmt im Vergleich zum lediglich bauplanenden Architekten ein geringeres wirtschaftliches Risiko, da er nur für

M.-L. Athie, *Die wirtschaftliche Risikoverteilung bei Architektenverträgen unter besonderer Berücksichtigung der Kostendeckelung*,
https://doi.org/10.1007/978-3-658-46945-0_5

die Überwachung der Leistungen Dritter zuständig ist, für die er selbst nicht unmittelbar einstehen muss.

Abmildernd ist bei der Haftung des Architekten insgesamt zu berücksichtigen, dass der Großteil der Haftung durch die Berufshaftpflichtversicherung abgedeckt ist. Von der Berufshaftpflichtversicherung nicht umfasst ist allerdings das wirtschaftliche Planungselement. Hier ergeben sich für den Architekten daher besonders große Haftungsrisiken.

Im Rahmen des wirtschaftlichen Planungselementes gibt es unterschiedliche Leistungspflichten wie beispielsweise den finanziellen Rahmen des Bauvorhabens zu klären, eine wirtschaftliche Planung vorzunehmen oder aber eine vereinbarte Kostendeckelung einzuhalten.

Das Ziel der Vereinbarung einer Kostendeckelung liegt in der Reduzierung des wirtschaftlichen Risikos des Bauherren verbunden mit einer Weiterverlagerung des Risikos auf den Architekten. Durch die Kostendeckelung wird die vertragliche Grundlage dafür geschaffen, um sich im Falle einer Kostenüberschreitung direkt an den Architekten wenden zu können.

Liegt eine Kostenvereinbarung vor, muss jedoch zunächst bestimmt werden, ob es sich dabei tatsächlich um eine Kostendeckelung handelt oder möglicherweise um eine andere Art der Kostenvereinbarung wie einen Kostenanschlag, eine Kostenermittlungsphase oder eine Baukostenvereinbarung. Zu diesem Zweck wurden die wesentlichen Unterschiede im Hinblick auf Inhalt und Anforderungen an die Vereinbarung herausgearbeitet. Zudem wurde ermittelt, dass für das Vorliegen einer Kostendeckelung der Umfang der Kostendeckelung immer hinreichend bestimmt sein muss. Die Vereinbarung muss also deutlich zeigen, welche Kosten von der Kostendeckelung umfasst sind, wobei sich ein Rückgriff auf die Kostengruppen der DIN 276 anbietet. Zudem muss die Höhe der Kostendeckelung zumindest bestimmbar sein und im Idealfall sollte eine eindeutige und unmissverständliche Vereinbarung vorliegen.

Liegt eine wirksame Kostendeckelung vor, muss ihr Verbindlichkeitsgrad bestimmt werden. Bei der Untersuchung wurde hierbei zwischen drei Möglichkeiten differenziert, wie eine Kostendeckelung vereinbart werden kann. Eine Kostendeckelung kann als Garantie und als Kostenobergrenze im Sinne einer Beschaffenheitsvereinbarung gemäß § 633 Abs. 2 S. 1 BGB vereinbart werden. Daneben tritt noch die Möglichkeit der Vereinbarung als Kostenspanne, welche eine Modifizierung der Kostendeckelung darstellt. Die Kostenspanne kann daher genau wie die Kostendeckelung als Garantie oder als Beschaffenheitsvereinbarung ausgestaltet sein. Aus diesen Möglichkeiten ergeben sich sehr unterschiedliche Haftungsrisiken, sodass schon aufgrund dessen eine Determinierung des Verbindlichkeitsgrades notwendig ist. Zur Bestimmung des Verbindlichkeitsgrades wurde daher eine Kategorisierung entwickelt.

Zunächst müssen die einzelfallabhängigen Faktoren begutachtet werden. Dafür müssen der Wortlaut der Vereinbarung und die Umstände des Vertragsschlusses untersucht werden. Nach den einzelfallabhängigen Faktoren müssen dann weitere Faktoren mit einer eindeutigen Indizwirkung zugunsten einer Kostendeckelung mit einem niedrigen Verbindlichkeitsgrad berücksichtigt werden. Hierbei soll letztlich überprüft werden, ob die jeweilige Kostendeckelung mit einem besonders hohen Risiko für den Architekten verbunden wäre. Ist dies der Fall, so ist von einer Indizwirkung zugunsten einer Kostendeckelung mit einem niedrigen Verbindlichkeitsgrad auszugehen, da der Architekt regelmäßig keine persönliche und verschuldensunabhängige Haftung durch die Vereinbarung einer Baukostengarantie übernehmen wollen wird.

Zunächst muss dabei der Inhalt der Vereinbarung berücksichtigt werden. Es muss insbesondere überprüft werden, ob ein Generalplanervertrag vorliegt, ob es sich um eine nicht bauwerksbezogene Kostendeckelung handelt und ob ein Bauvorhaben mit einem besonders großen Umfang vorliegt. Alle drei Faktoren sind regelmäßig mit hohen Risiken verbunden und würden für die Vereinbarung einer Kostendeckelung mit niedrigem Verbindlichkeitsgrad sprechen. Weiterhin muss untersucht werden, ob fremde Leistungen zum Inhalt der Vereinbarung wurden und inwieweit diese beeinflussbar sind. Bei der Frage der Beeinflussbarkeit muss die Ausgestaltung der Architektenvollmacht begutachtet werden. Zuletzt muss auch der Planungsstand im Zeitpunkt der Vereinbarung berücksichtigt werden. Auch diesen Faktoren kann dabei eine indizielle Wirkung zugemessen werden.

Mithilfe dieser Kategorisierung wurden dann einzelne Urteile überprüft, wobei sich als wegweisende Faktoren der Wortlaut der Vereinbarung und der Planungsstand im Zeitpunkt der Vereinbarung herauskristallisierten. Dies kann aber vermutlich auf die Tatsache zurückgeführt werden, dass es sich dabei um solche Faktoren handelt, die in der Regel gut dokumentiert und bewiesen werden können.

In Verbindung damit ist sicherlich der Wortlaut der Vereinbarung als Ausgangspunkt der Auslegung der Vereinbarung als wesentliches Indiz einzustufen. Die finale Beurteilung des Verbindlichkeitsgrades ist aber trotz allem von dem jeweiligen Einzelfall abhängig. Daher dürfen die anderen Faktoren keineswegs unberücksichtigt bleiben und können dem Wortlaut der Kostendeckelung auch zweifelsohne entgegenstehen. Selbst wenn sich aus dem Wortlaut ein gewisser

Verbindlichkeitsgrad ergibt, heißt das also nicht, dass unter Berücksichtigung der weiteren Faktoren insgesamt nicht von einem anderen Ergebnis ausgegangen werden kann.

Die Untersuchung der Rechtsprechung zeigte hier außerdem, dass das Problem nicht immer in der Determinierung des Verbindlichkeitsgrades liegt, sondern teilweise auch schon vorgelagert bei der Frage, ob überhaupt eine Kostendeckelung vorliegt.

Eine pauschale Antwort auf die Frage der wirtschaftlichen Risikoverteilung bei Architektenverträgen konnte letztlich nicht gefunden werden. Insgesamt hat die Untersuchung jedoch gezeigt, dass die Risikoverteilung bei Architektenverträgen von sehr unterschiedlichen Faktoren abhängig ist. Es kommt zunächst auf den Architektentypen[1] an und welche Leistungen zum Inhalt des Architektenvertrages wurden. Auch der Umfang der Architektenvollmacht muss berücksichtigt werden. Bei der wirtschaftlichen Risikoverteilung wird zusätzlich relevant, ob eine Kostenvereinbarung getroffen wurde und welchen Inhalt diese hat. Insbesondere die Vereinbarung einer Kostendeckelung bewirkt eine Verlagerung von Haftungsrisiken auf den Architekten. Je nachdem, welche Rechtsnatur die Kostendeckelung hat, ergeben sich auch hier deutliche Haftungsunterschiede. Unter Berücksichtigung der dargelegten Faktoren lässt sich dann regelmäßig ermitteln, von welcher wirtschaftlichen Risikoverteilung bei dem jeweiligen Architektenvertrag auszugehen ist.

[1] Dazu unter 2.1.2.

Literaturverzeichnis

Architektenkammer Nordrhein-Westfalen: Praxishinweis – Prüffähige Honorarrechnung (HOAI 2021), abrufbar unter: https://www.aknw.de/fileadmin/user_upload/Praxishinweise/PH46_Prueffaehige_Honorarrechnung__01_2021_HOAI_2021.pdf (zuletzt abgerufen am: 26.02.2021).

Baden, Eberhard / Gräfin Dohna, Inge / Groscurth, Eberhard (Hrsg.) / *Neuenfeld, Klaus* (Begr.): Handbuch des Architektenrechts, 3. Auflage, 9. Ergänzungslieferung, Stuttgart (zit.: *Bearbeiter*, in: Handbuch des Architektenrechts).

BauNetz: Kostenschätzung und Kostenangabe im Bauantrag führen noch nicht zu verbindlich vereinbarter Kostenobergrenze, abrufbar unter: https://www.baunetz.de/recht/Kostenschaetzung_und_Kostenangabe_im_Bauantrag_fuehren_noch_nicht_zu_verbindlich_vereinbarter_Kostenobergrenze._222129.html (zuletzt abgerufen am: 05.03.2020).

BeckOK Bauordnungsrecht Niedersachsen, *Spannowsky, Willy; Otto, Christian W.* (Hrsg.), 21. Edition, München 2021 (zit.: *Bearbeiter*, in: BeckOK BauO Nds).

BeckOK ZPO, *Vorwerk, Volker; Wolf, Christian* (Hrsg.), 44. Edition, München 2022 (zit.: *Bearbeiter*, in: BeckOK ZPO).

beck-online.GROSSKOMMENTAR, BGB, *Gsell, Beate / Krüger, Wolfgang / Lorenz, Stephan / Reymann, Christoph* (Hrsg.), München 2022 (zit.: *Bearbeiter*, in: BeckOGK-BGB).

Beck'sche Online-Formulare Baurecht, *Börgers, Michael* (Hrsg.), 37. Edition, München 2022 (zit.: *Bearbeiter*, in: BeckOF Baurecht).

Beck'scher Online-Kommentar BGB, *Hau, Wolfgang / Poseck, Roman* (Hrsg.), 61. Edition, München 2022 (zit.: *Bearbeiter*, in: BeckOK-BGB).

Beck'scher VOB-Kommentar, Vergabe- und Vertragsordnung für Bauleistungen, *Ganten, Hans / Jansen, Günther Arnold / Voit, Wolfgang* (Hrsg.), 3. Auflage, München 2013 (zit.: *Bearbeiter*, in: BeckVOB).

Biehl, Björn: Grundsätze der Vertragsauslegung, in: JuS 2010, S. 195–200.

Bindhardt, Walther / Jagenburg, Walter (Hrsg.): Die Haftung des Architekten und seine strafrechtliche Verantwortung, 8. Auflage, Köln 1981 (zit.: *Bearbeiter*, in: Bindhardt/Jagenburg).

Blomeyer, Fabian / Zimmermann, Eric: Die Leistungsphase 0 nach § 650p II BGB nF, in: NZBau 2017, S. 703–707.

M.-L. Athie, *Die wirtschaftliche Risikoverteilung bei Architektenverträgen unter besonderer Berücksichtigung der Kostendeckelung*,
https://doi.org/10.1007/978-3-658-46945-0

Brockhaus: „Architekt“, abrufbar unter: https://brockhaus.de/ecs/enzy/article/architekt (zuletzt abgerufen am: 03.06.2019).

Bruns, Patrick: Der Architekt zwischen den Stühlen: Rechtsbetreuer „light“ oder umfassender Rechtsgestalter?, in: NZBau 2007, S. 737.

Bundesministerium für Verkehr und digitale Infrastruktur: Leitfaden Großprojekte, abrufbar unter: https://www.bmvi.de/SharedDocs/DE/Publikationen/G/leitfaden-grossprojekte.pdf?__blob=publicationFile (zuletzt abgerufen am: 21.10.2020).

Erman, Band 1: §§ 1–761, AGG, *Grunewald, Barbara; Maier-Reimer, Georg; Westermann, Harm Peter* (Hrsg.), 16. Auflage, Köln 2020 (zit.: *Bearbeiter*, in: Erman).

Dauner-Lieb, Barbara: Mehrparteienverträge für komplexe Bauvorhaben, in: NZBau 2019, S. 339–342.

Deckers, Stefan: Das neue Architekten- und Ingenieurvertragsrecht im Bürgerlichen Gesetzbuch, in: ZfBR 2017, S. 523–545.

Deutsche Bauindustrie: Deutsche Bauindustrie zur Reformkommission Großprojekte, Pressemitteilung vom 13.10.2014, abrufbar unter: https://www.bauindustrie.de/presse/presseinformationen/deutsche-bauindustrie-zur-reformkommission-grossprojekte/ (Zuletzt abgerufen am: 21.10.2020).

Diederichs, Claus Jürgen: Immobilienmanagement im Lebenszyklus, Projektentwicklung, Projektmanagement, Facility Management, Immobilienbewertung, 2. Auflage, Berlin, Heidelberg 2006.

Diekmann, Florian / Kröger, Michael / Reimann, Anna: Wie die Politik die Bürger täuscht, abrufbar unter: https://www.spiegel.de/politik/deutschland/grossprojekte-der-politik-warum-ber-s21-und-co-so-teuer-werden-a-876311.html (zuletzt abgerufen am: 14.06.2019).

Duden: „belaufen“, abrufbar unter: https://www.duden.de/rechtschreibung/belaufen (zuletzt abgerufen am: 08.05.2020).

Duden: „circa“, abrufbar unter: https://www.duden.de/rechtschreibung/circa (zuletzt abgerufen am: 16.01.2022).

Duden: „maximal“, abrufbar unter: https://www.duden.de/rechtschreibung/maximal (zuletzt abgerufen am: 08.05.2020).

Duden: „rund“, abrufbar unter: https://www.duden.de/rechtschreibung/rund_circa_ringsum (zuletzt abgerufen am: 08.05.2020).

Duden: „ungefähr“, abrufbar unter: https://www.duden.de/rechtschreibung/ungefaehr_annaehernd_geschaetzt, (zuletzt abgerufen am: 08.05.2020).

Duden: „veranschlagen“, abrufbar unter: https://www.duden.de/rechtschreibung/veranschlagen (zuletzt abgerufen am: 08.05.2020).

DWDS: Etymologie – Architekt, abrufbar unter: https://www.dwds.de/wb/Architekt (zuletzt abgerufen am: 09.05.2019).

Epping, Volker / Hillgruber, Christian (Hrsg.): BeckOK Grundgesetz, 48. Edition, München 2021 (zit.: *Bearbeiter*, in: BeckOK Grundgesetz).

Fabricius, Eugen: Architektenspiegel, Um die Rechtsstellung des Architekten, 3. Auflage, Köln 1957.

Fischer, Peter: Architektenrecht für Praktiker, Leitfaden für Architekten und Ingenieure, Stuttgart und München 1998.

Fuchs, Heiko: Regelung des Architekten- und Ingenieurvertrags, Der Referentenentwurf des Bundesjustizministeriums, in: NZBau 2015, S. 675–684.

Fuchs, Heiko: Die Kostenobergrenze – der Scheinriese der Architektenhaftung, in: Baurecht und Architektenrecht, Festschrift für Burkhard Messerschmidt zum 65. Geburtstag, *Kapellmann, Klaus Dieter* (Hrsg.), München 2018,) , S. 21–34 (zitiert: *Fuchs*, in: FS Messerschmidt).

Fuchs, Heiko: Der Leistungsbegriff des Architektenvertrags, Mängel und Verzug vor Abnahme, in: NZBau 2019, S. 25–29.

Fuchs, Heiko / Berger, Andreas / Seifert, Werner (Hrsg.): Honorar-ordnung für Architekten und Ingenieure, Beck'scher HOAI- und Architektenrechts-Kommentar: mit systematischen Darstellungen zum Architektenrecht, München 2016 (zit.: *Bearbeiter*, in: Fuchs/Berger/Seifert).

Fuchs, Heiko / Berger, Andreas / Seifert, Werner: HOAI 2021 – Orientierendes zur Preisorientierung, in: NZBau 2021, S. 3–11.

Ganten, Hans: Pflichtverletzung und Schadensrisiko im privaten Baurecht, Ein Beitrag zur Zurechnungslehre im Schuldrecht des BGB, Teilweise zugleich: Bielefeld, Universität Dissertation, 1972–1973, Bielefeld 1974.

Ganten, Hans Heinrich / Kindereit, Eduard (Hrsg.) / *Kindereit, Eduard* (Begr.): Typische Baumängel, 3. Auflage, München 2019 (zit.: *Bearbeiter*, in: Ganten/Kindereit).

Gautier, Peter / Zerhusen, Jörg: Koordination, Integration, Prüfung und Freigabe – was schuldet der Architekt in Bezug auf die Werkstatt- und Montagepläne der ausführenden Unternehmen und die Schalpläne des Tragwerksplaners, in: BauR 2015, S. 410–422.

Grüneberg, Christian (Hrsg.): Bürgerliches Gesetzbuch, Mit Nebengesetzen insbesondere mit Einführungsgesetz (Auszug) einschließlich Rom I-, Rom II- und Rom III-Verordnungen sowie EU-Güterrechtsverordnungen, Haager Unterhaltsprotokoll und EU-Erbrechtsverordnung, Allgemeines Gleichbehandlungsgesetz (Auszug), Wohn- und Betreuungsvertragsgesetz, Unterlassungsklagengesetz, Produkthaftungsgesetz, Erbbaurechtsgesetz, Wohnungseigentumsgesetz, Versorgungsausgleichsgesetz, Lebenspartnerschaftsgesetz, Gewaltschutzgesetz, 81. Auflage, München 2022 (zit.: *Bearbeiter*, in: Grüneberg).

Herding, Walter / Schmalzl, Max: Vertragsgestaltung und Haftung im Bauwesen, München 1964.

Hess, Gerhard: Die Haftung des Architekten für Mängel des errichteten Bauwerks, Bielefeld 1966.

Irlbeck-Kimberger, Dorothee: Beschaffenheitsvereinbarung in Architektenverträgen am Beispiel Einfamilienhäuser, Dresden 2018.

Jarass, Hans D. / Pieroth, Bodo (Begr.): Grundgesetz für die Bundesrepublik Deutschland, Kommentar, 16. Auflage, München 2020 (zit.: *Bearbeiter*, in: Jarass/Pieroth).

Jauernig, Mit Rom-I-, Rom-II-VO, EuUnthVO/HUntProt und EuErbVO : Kommentar, *Jauernig, Othmar* (Hrsg.), 18. Auflage, München 2021 (zit.: *Bearbeiter*, in: Jauernig).

Jochem, Rudolf: Die Kostenplanung im Leistungsbild des Architekten, in: Dem Baurecht ein Forum, Festschrift für Götz von Craushaar zum 65. Geburtstag, *Vygen, Klaus / Böggering, Peter* (Hrsg.), Köln 1997,) , S. 1–19 (zitiert: *Jochem*, in: FS Craushaar).

Jochem, Rudolf: Baukostengarantie und HOAI, in: NZBau 2013, S. 352–356.

Juris Praxiskommentar BGB, *Herberger, Maximilian / Martinek, Michael / Rüßmann, Helmut / Weth, Stephan / Würdinger, Markus / Vieweg, Klaus* (Hrsg.), 16. Auflage, Saarbrücken 2020 (zit.: *Bearbeiter*, in: jurisPK).

Kapellmann, Klaus Dieter / Messerschmidt, Burkhard (Hrsg.): VOB Teile A und B, Vergabe- und Vertragsordnung für Bauleistungen mit Vergabeverordnung (VgV) Bd. Bd. 58, 7. Auflage, München 2020 (zit.: *Bearbeiter*, in: Kapellmann/Messerschmidt).

Kemper, Jürgen F. (keine vollständige Namensangabe): Architekten und Ingenieure als Generalplaner, Wiesbaden und Berlin 2000.

Kemper, Jürgen F. / Demko, Daniela (keine vollständige Namensangabe): Der Architekt als Generalplaner, in: DAB 1999, S. 658–661.

Klein, Walter: Nacherfüllung als Mangelanspruch gegen den Architekten, insbesondere vor Abnahme, in: BauR 2015, S. 358–371.

Kniffka, Rolf (Hrsg.): Bauvertragsrecht, Kommentar: Kommentar zu §§ 631–650v BGB unter besonderer Berücksichtigung der Rechtsprechung des BGH, 3. Auflage, München 2018 (zit.: *Bearbeiter*, in: Kniffka).

Kniffka, Rolf / Koeble, Wolfgang (Hrsg.): Kompendium des Baurechts, Privates Baurecht und Bauprozess, 4. Auflage, München 2014 (zit.: *Bearbeiter*, in: Kompendium des Baurechts).

Kniffka, Rolf / Koeble, Wolfgang / Jurgeleit, Andreas / Sacher, Dagmar (Hrsg.): Kompendium des Baurechts, Privates Baurecht und Bauprozess, 5. Auflage, München 2020 (zit.: *Bearbeiter*, in: Kompendium des Baurechts).

Kniffka, Rolf / Retzlaff, Björn: Das neue Recht nach dem Gesetz zur Reform des Bauvertragsrechts, zur Änderung der kaufrechtlichen Mängelhaftung und zur Stärkung des zivilprozessualen Rechtschutzes (BauVG), in: BauR 2017, S. 1747–1900.

Koeble, Wolfgang / Locher, Ulrich / Locher, Horst / Frik, Werner / Baral, Dieter (Begr.): Kommentar zur HOAI, Mit einer Einführung in das Recht der Architekten und der Ingenieure, 10. Auflage, Köln 2010 (zit.: *Bearbeiter*, in: Locher/Koeble/Frik, 10. Auflage 2010).

Korbion, Claus-Jürgen: Generalplaner und Subplaner, Verträge, Honorare, Fallbeispiele, Urteile, Berlin, Wien, Zürich 2014.

Korbion, Claus-Jürgen / Mantscheff, Jack / Vygen, Klaus (Begr.): Honorarordnung für Architekten und Ingenieure (HOAI) mit Gesetz zur Regelung von Ingenieur und Architektenleistungen (IngAlG) Bd. Band 59, 9. Auflage, München 2016 (zit.: *Bearbeiter*, in: Korbion/Mantscheff/Vygen).

Krause-Allenstein, Florian: Die Haftung des Architekten für Bausummenüberschreitung und sein Versicherungsschutz, Zugleich: Hamburg, Universität Dissertation, 2001, Köln 2001.

Leupertz, Stefan / Preussner, Mathias / Sienz, Christian (Hrsg.) / *Althaus, Stefan* (Begr.): Bauvertragsrecht, Kommentar, München 2018 (zit.: *Bearbeiter*, in: BeckOK BauvertragsR).

Locher, Horst / Koeble, Wolfgang / Frik, Werner (Begr.): Kommentar zur HOAI, Gesamtdarstellung zum Architekten- und Ingenieurrecht, 15. Auflage, Köln 2021 (zit.: *Bearbeiter*, in: Locher/Koeble/Frik).

Locher, Horst / Locher, Ulrich: Das private Baurecht, 8. Auflage, München 2012.

Maase, Andreas: Die gesamtschuldnerische Haftung des bauüberwachenden Architekten für Ausführungsmängel des Werkes, Erwiderung auf Putzier, BauR 2012, 143 ff., in: BauR 2014, S. 889–904.

Messerschmidt, Burkhard / Niemöller, Christian / Preussner, Mathias (Hrsg.): Honorarordnung für Architekten und Ingenieure, HOAI ; Kommentar, München 2015 (zit.: *Bearbeiter*, in: Messerschmidt/Niemöller/Preussner).

Messerschmidt, Burkhard / Voit, Wolfgang (Hrsg.): Privates Baurecht, Kommentar zu §§ 631 ff. BGB samt systematischen Darstellungen sowie Kurzkommentierungen zu VOB/B, HOAI und BauFordSiG Bd. Band 60, 3. Auflage, München 2018 (zit.: *Bearbeiter*, in: Messerschmidt/Voit).

Miegel, Jürgen: Die Haftung des Architekten für höhere Baukosten sowie fehlerhafte und unterlassene Kostenermittlung, Köln 1995.

Minckwitz, Ursula von: Zielkonflikte bei Architektenverträgen, in: BrBp 2005, S. 260–266.

Motzke, Gerd: Abgrenzung der Verantwortlichkeit zwischen Bauherrn, Architekt, Ingenieur und Sonderfachleuten, in: BauR 1994, S. 47–56.

Motzke, Gerd: Die Architektur des Architekten-/Planervertrages – Der Verlust eines Leitbildes, in: BauR 1999, S. 1251–1269.

Motzke, Gerd: Der Reformgesetzgeber am Webstuhl des Architekten- und Ingenieurrechts, Das Gesetz, die HOAI und die Praxis, in: NZBau 2017, S. 251–257.

Motzke, Gerd / Preussner, Mathias / Kehrberg, Jan (Hrsg.): Die Haftung des Architekten, Handbuch für die Haftung der Planer und Sonderfachleute, 11. Auflage, Köln 2019 (zit.: *Bearbeiter*, in: Die Haftung des Architekten).

Münchener Kommentar zum Bürgerlichen Gesetzbuch, Band 1: Allgemeiner Teil, §§ 1–240, AllgPersönlR, ProstG, AGG, *Säcker, Franz Jürgen / Rixecker, Roland / Oetker, Harmut / Limperg, Bettina* (Hrsg.), 9. Auflage, München 2021 (zit.: *Bearbeiter*, in: MüKo-BGB).

Münchener Kommentar zum Bürgerlichen Gesetzbuch, Band 3: Schuldrecht – Allgemeiner Teil II, *Säcker, Franz Jürgen / Rixecker, Roland / Oetker, Harmut / Limperg, Bettina* (Hrsg.), 8. Auflage, München 2019 (zit.: *Bearbeiter*, in: MüKo-BGB).

Münchener Kommentar zum Bürgerlichen Gesetzbuch, Band 4: Schuldrecht – Besonderer Teil I, *Säcker, Franz Jürgen / Rixecker, Roland / Oetker, Harmut / Limperg, Bettina* (Hrsg.), 8. Auflage, München 2019 (zit.: *Bearbeiter*, in: MüKo-BGB).

Münchener Kommentar zum Bürgerlichen Gesetzbuch, Band 6: Schuldrecht – Besonderer Teil III §§ 631–704, *Säcker, Franz Jürgen / Rixecker, Roland / Oetker, Harmut / Limperg, Bettina* (Hrsg.), 8. Auflage, München 2020 (zit.: *Bearbeiter*, in: MüKo-BGB).

Ostendorf, Patrick: Die Abgrenzung zwischen Schadensersatz statt und neben der Leistung – Versuch einer Neubetrachtung, in: NJW 2010, S. 2833–2839.

Petroski, Henry: Gefälliger Anblick des Äusseren, in: epoc 2011, (02), S. 58–63, abrufbar unter: http://www.kunz-bauleitungen.ch/wp-content/uploads/2017/03/Vitruv.pdf (zuletzt abgerufen am: 08.05.2020).

Randhahn, Heiko: Anm. zu KG: Beweislast und Anforderungen bezüglich der Vereinbarung einer Baukostengrenze, in: IBR 2010, S. 1104.

Retzlaff, Björn: Architektenhonorar und Baukostengrenze, in: NZBau 2017, S. 131–134.

Retzlaff, Björn: Die nicht werkvertragliche Haftung des Architekten im neuen Bauvertragsrecht, in: NZBau 2019, S. 29–34.

Roquette, Andreas J. / Schweiger, Daniel (Hrsg.): Vertragsbuch Privates Baurecht, Kommentierte Vertragsmuster, 2. Auflage, München 2011 (zit.: *Bearbeiter*, in: Roquette/Schweiger).

Schlünder, Bertold: Gestaltung von Nachunternehmerverträgen in der Praxis, in: NJW 1995, S. 1057–1061.

Schmalzl, Max: Die Haftung des Architekten und des Bauunternehmers, 4. Auflage, München 1980.

Schmalzl, Max: Die Auswirkung des § 278 BGB im Verhältnis des Bauherrn zu den anderen Baubeteiligten, in: Festschrift für Horst Locher zum 65. Geburtstag, *Löffelmann, Peter / Korbion, Hermann* (Hrsg.), Köln 1990,) , S. 225–234 (zitiert: *Schmalzl*, in: FS Locher).

Schmalzl, Max / Lauer, Jürgen / Wurm, Christoph: Haftung des Architekten und Bauunternehmers, 6. Auflage, München 2012.

Schmidt, Andreas: Baukostenobergrenze bedarf nachvollziehbarer Grundlage!, in: IBR 2008, S. 663.

Schotten, Ralf: Zur Einstandspflicht des Architekten für die Gesamtbaukosten bei vereinbarter Kostenobergrenze, in: Festschrift für Wolfgang Koeble zum 65. Geburtstag, *Kniffka, Rolf / Locher, Ulrich* (Hrsg.), München 2010,) , S. 499–509 (zitiert: *Schotten*, in: FS Koeble).

Schottke, Ralf: Definition der Begriffe Entwurfs-, Ausführungs- & Werkplanung gemäß HOAI vs. Bauentwurf gem. § 1 Abs. 3 VOB/B, in: Festschrift für Wolfgang Koeble zum 65. Geburtstag, *Kniffka, Rolf / Locher, Ulrich* (Hrsg.), München 2010,) , S. 511–529 (zitiert: *Schottke*, in: FS Koeble).

Schrammel, Florian: Die Werkaufgabe des Architekten in Abgrenzung zu den anderen Baubeteiligten, Baden-Baden 2004.

Schrammel, Florian / Mitterer, Karen: § 6 B, in: Prozesse in Bausachen, Privates Baurecht, Architektenrecht, *Motzke, Gerd / Bauer, Günter / Seewald, Thomas M. A.* (Hrsg.), 3. Auflage, Baden-Baden 2018,) (zitiert: *Schrammel/Mitterer*, in: Motzke/Bauer/Seewald).

Schulze, Reiner / Dörner, Heinrich / Ebert, Ina / Hoeren, Thomas, et al. (Begr.): Bürgerliches Gesetzbuch, Handkommentar, 10. Auflage, Baden-Baden 2019 (zit.: *Bearbeiter*, in: Schulze/Dörner/Ebert).

Schulz-Eickhorst, Antje: Die Bauherren-Architekten-Beziehung, Eine institutionenökonomische Problemanalyse mit Lösungsansätzen, Köln 2002.

Scorl, Konrad: Der Bauherr als Rechtsbegriff, Zugleich ein Beitrag zu der Problematik der Vereinheitlichung gleichlautender Rechtsbegriffe, Heidelberg 1988.

Seibel, Mark: Abgrenzung der „allgemein anerkannten Regeln der Technik“ vom „Stand der Technik“, in: NJW 2013, S. 3000–3004.

Seifert, Werner: Zu den Leistungspflichten des Architekten bei der Kostenplanung, in: Recht und Gerechtigkeit am Bau, Festschrift für Gerd Motzke zum 65. Geburtstag, *Ganten, Hans* (Hrsg.), München 2006,) , S. 393–408 (zitiert: *Seifert*, in: FS Motzke).

Siemon, Klaus Dieter: Baukostenplanung und -steuerung, bei Neu- und Umbauten, 7. Auflage, Wiesbaden 2021.

Spickhoff, Andreas (Hrsg.): Medizinrecht, 3. Auflage, München 2018 (zit.: *Bearbeiter*, in: Spickhoff).

Staudinger, Julius von (Begr.): BGB – Buch 1: Allgemeiner Teil, §§ 139–163 (Allgemeiner Teil 4b – Teilnichtigkeit), Neubearbeitung 2020, Berlin (zit.: *Bearbeiter*, in: Staudinger).

Staudinger, Julius von (Begr.): BGB – Buch 2: Recht der Schuldverhältnisse, §§ 315–326 (Leistungsstörungsrecht 2), Neubearbeitung 2020, Berlin (zit.: *Bearbeiter*, in: Staudinger).

Staudinger, Julius von (Begr.): BGB – Buch 2: Recht der Schuldverhältnisse, §§ 631–650v (Werkvertragsrecht), Neubearbeitung 2019, Berlin (zit.: *Bearbeiter*, in: Staudinger).

Staudinger, Julius von (Begr.): BGB – Buch 2: Recht der Schuldverhältnisse, §§ 765–778 (Bürgschaft), Neubearbeitung 2020, Berlin (zit.: *Bearbeiter*, in: Staudinger).

Tamm, Marina / Tonner, Klaus / Brönneke, Tobias (Hrsg.): Verbraucherrecht, Rechtliches Umfeld, Vertragstypen, Rechtsdurchsetzung, 3. Auflage, Baden-Baden 2020 (zit.: *Bearbeiter*, in: Tamm/Tonner/Brönneke).

Thode, Reinhold / Wirth, Axel / Kuffer, Johann (Hrsg.): Praxishandbuch Architektenrecht, 2. Auflage, München 2016 (zit.: *Bearbeiter*, in: Thode/Wirth/Kuffer).

Vitruv: Zehn Bücher über Architektur, 7. Auflage, Darmstadt 2013.

Volkmann, Walter: Der Architekt als Generalplaner, in: DAB 1997, S. 545–548.

Vuia, Mihai: Der Sachmangel bei Kaufverträgen über Gebrauchtwagen, in: DS 2015, S. 111–117.

Webeler, Gerald / Summa, Herrmann / Klaeser, Jürgen (Hrsg.): Vergabe von Planungsleistungen, Mit kommentiertem Mustervertrag, 1. Auflage, Berlin 2015 (zit.: *Bearbeiter*, in: Webeler/Summa/Klaeser).

Weise, Stefan: Kostenobergrenze als Beschaffenheitsvereinbarung, in: NJW-Spezial 2018, S. 684–685.

Werner, Ulrich / Pastor, Walter: Der Bauprozess, Prozessuale und materielle Probleme des zivilen Bauprozesses, 17. Auflage, Köln 2020.

Wessel, Markus: Die Unvereinbarkeit des Preisrechts für Architekten und Ingenieure mit dem EU_Recht, Folgen des EuGh-Urteils v. 4.7.2019 - C-377/17, MDR 2019, 1124 für die Beratungspraxis, in: MDR 2019, S. 1349–1355.

Widmann, Mario: Die Beziehung Bauherr – Architekt, Analyse eines sensiblen Koordinatensystems, in: DAB 2000, S. 560–562.

Zahn, Alexander: Kostenobergrenze – Doch Beschaffenheit des Architektenwerkes!, in: BauR 2019, S. 1513–1523.

SPRINGER NATURE

GPSR Compliance

The European Union's (EU) General Product Safety Regulation (GPSR) is a set of rules that requires consumer products to be safe and our obligations to ensure this.

If you have any concerns about our products, you can contact us on ProductSafety@springernature.com

In case Publisher is established outside the EU, the EU authorized representative is:

Springer Nature Customer Service Center GmbH
Europaplatz 3
69115 Heidelberg, Germany

Kolibri 360 GmbH
Ferdinand-Jühlke-Straße 7
99095 Erfurt, Deutschland
produktsicherheit@kolibri360.de